7376.

DICTIONNAIRE

ÉTYMOLOGIQUE

DES MOTS FRANÇAIS

D'ORIGINE ORIENTALE

DICTIONNAIRE

ÉTYMOLOGIQUE

DES MOTS FRANÇAIS

D'ORIGINE ORIENTALE

(ARABE, PERSAN, TURC, HÉBREU, MALAIS)

PAR

L. MARCEL DEVIC.

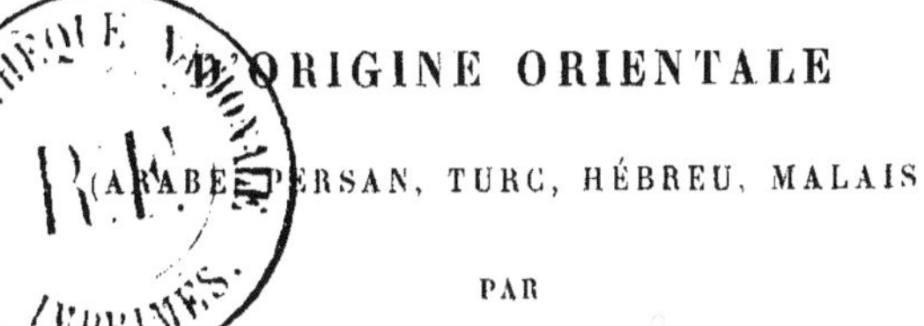

ZAMAKHSCHARI. (*Les Colliers d'or.*)

PARIS.

IMPRIMERIE NATIONALE.

M DCCC LXXVI.

PRÉFACE.

———

Sous le nom de langues orientales, on doit comprendre tous les idiomes de l'Asie, depuis l'arabe et le turc, parlés sur les côtes méditerranéennes, jusqu'au chinois et au japonais qui touchent au Grand Océan. On y peut joindre le groupe des idiomes océaniens, dont le malais est le type le plus répandu. Grâce à l'humeur voyageuse de l'Européen, poussé par la curiosité scientifique ou par les besoins du commerce, il n'est peut-être pas une de ces langues, jusqu'au dialecte le plus ignoré du massif altaïque, qui n'ait glissé quelque mot dans nos vocabulaires. Un dictionnaire vraiment complet de tous les termes français d'origine orientale devrait donc toucher, par quelque point, à la presque totalité des langages qui se rencontrent à l'est de l'Europe, depuis le 25ᵉ méridien jusqu'au 180ᵉ, c'est-à-dire sur près de la moitié de la surface terrestre.

En entreprenant le présent ouvrage, nous n'avions garde de nous essayer à une œuvre d'une telle étendue et si fort au-dessus de notre compétence. *Ne sutor ultra crepidam*, dit le plus sage des proverbes. Le groupe embrassé dans ce livre ne comprend que des langues musulmanes, l'arabe, le persan, le turc et le malais (avec le javanais). On y a joint l'hébreu, langue sœur de l'arabe. A vrai dire, si l'on

ajoutait à notre recueil les mots d'origine chinoise,
japonaise, siamoise, hindoue, etc. que nous avons
été forcés d'omettre, le volume n'en serait pas nota-
blement grossi. Peut-être même la plupart des
termes de cette catégorie s'y rencontrent-ils comme
nous étant parvenus par l'intermédiaire des Arabes
qui fréquentaient les mers de la Chine plusieurs
siècles avant les voyages de Marco Polo, ou bien par
le malais qui, dans l'extrème Orient, joue, comme
on sait, le même rôle que la langue franque aux
Échelles du Levant, et sert aux échanges commerciaux entre toutes les nations du globe attirées par
l'appât du lucre en ces lointaines et riches contrées.

Quoique neuf en divers points, ce travail n'est
pas le premier auquel ait donné lieu la recherche
des éléments orientaux introduits dans notre vocabulaire. Outre les publications assez nombreuses de
savants étrangers tels que Cobarruvias, Sousa, Ma-
rina, Moura, Diez, Müller, Mahn, Narducci, etc.
qui, sans s'occuper spécialement du français, ont
cependant éclairci bien des faits touchant l'origine
arabe d'un certain nombre de nos vocables, nous
avons en notre langue un ouvrage, dans lequel, sur
la foi du titre, on pourrait espérer trouver tout ce
qui se rapporte à ce genre de recherches. La première édition du *Dictionnaire étymologique des mots
français dérivés de l'arabe, du persan et du turc*, par
M. Pihan (1847), avait attiré l'indulgente attention
du savant Ét. Quatremère: la seconde, qui est de
1866, a été examinée, avec une bienveillance un
peu plus sévère peut-être, par M. Defrémery, si

compétent en ces matières. Je ne m'arrêterai pas
à refaire la critique de cette œuvre qui, en dehors
des questions étymologiques, offre quelques rensei-
gnements utiles et des rapprochements curieux.

Un livre d'une tout autre portée, écrit aussi en
français, quoique l'auteur appartienne à une nation
étrangère, est le *Glossaire des mots espagnols et portugais dérivés de l'arabe*, par M. Engelmann, accru
dans une forte proportion et largement amélioré
par M. Dozy, le savant professeur de Leyde. Le
nombre considérable des mots qui nous sont venus
de l'arabe par l'intermédiaire des langues hispaniques, ou qui, en tout cas, nous sont communs
avec ces idiomes, fait du glossaire de M. Dozy un
ouvrage presque aussi utile à nos philologues qu'à
ceux de la Péninsule. Néanmoins, il ne saurait suf-
fire pour la langue française qui a reçu bien des
mots de même provenance par d'autres canaux que
l'espagnol et le portugais. D'ailleurs, cet ouvrage,
plein de science et de saine critique, honoré même
des suffrages de l'Institut, ne sort pas du domaine
de la langue arabe et ne s'occupe pas des autres
langues de l'Orient.

Il est vrai que, parmi ces langues, l'arabe seul a
eu une influence vraiment sensible sur notre vocabulaire, influence médiocre assurément, cependant
plus notable que certains lexicologues ne consentent
à l'admettre. Il y a chez ces linguistes une sorte de
répugnance à accepter une étymologie arabe pour
tout mot qui ne désigne pas un objet spécial à l'O-
rient. Ils oublient trop que, malgré l'hostilité reli-

gieuse et la différence des races, une langue qui,
pendant plusieurs siècles, a dominé sur le bassin
méditerranéen, une langue dans laquelle, mieux
qu'en toute autre, s'écrivaient et s'enseignaient les
principales sciences au moyen âge, ne pouvait manquer d'introduire chez les nations voisines, infé-
rieures en bien des points, un bon nombre de mots,
acceptés dans les arts et même dans la langue courante.

Il serait superflu de refaire ici l'histoire des relations de l'Occident chrétien et de l'Orient musulman, de parler des échanges commerciaux, des
croisades, de la longue domination des Maures en
Espagne, de la conquête de la Sicile, de l'occupa-
tion d'un lambeau de la France méridionale par les
sectateurs de l'Islam; il n'est pas nécessaire de rappeler le rôle joué dans l'enseignement de toute l'Europe par les universités arabes de Séville, de To-
lède, de Grenade, de Cordoue[1], la diffusion soit directe, soit par traductions latines, des livres arabes
de mathématiques, d'astronomie, de médecine,
d'alchimie. Ce sont des faits connus de tous et qui
justifient pleinement la recherche, dans l'arabe, de
toute étymologie française, dont le latin, le germanique, le celtique ne peuvent rendre compte.

Ces recherches, à vrai dire, sont parfois bien
scabreuses. La richesse, ou plutôt le chaos, je ne
dis pas de la langue, mais des lexiques arabes, dans

---

[1] On peut voir à ce sujet l'*Histoire des sciences naturelles au moyen âge*,
par F. A. Pouchet. Voyez aussi les *Recherches* de M. Jourdain *sur les traductions d'Aristote*.

lesquels, suivant le mot très-juste de l'auteur de l'*Histoire des langues sémitiques*, on peut avec quelque bonne volonté trouver tout ce qu'on désire; cette surabondance détestable de termes aux significations vagues et contradictoires qui, au fond et à y regarder de près, n'existe pas plus en arabe qu'en toute autre langue et nous semble due surtout au désir qu'éprouve tout lexicographe de grossir son recueil; enfin cette profusion de prétendus synonymes, plus apparente que réelle, est, pour l'étymologiste qui abuse du dictionnaire, un piége sans cesse tendu dont il ne sait pas toujours se garder. L'analogie plus ou moins forcée de son et de sens, trop facile à rencontrer lorsqu'on veut établir une étymologie à l'aide des seuls lexiques, conduit à des assimilations souvent aussi trompeuses que séduisantes.

Nous n'avons pas ici, pour nous guider, cet ensemble de règles phonétiques, si parfaitement établi pour les langues romanes que, d'un mot français donné, on peut, presque à coup sûr, remonter à son prototype latin. MM. Engelmann et Dozy, s'occupant du passage de l'arabe à l'espagnol, ont pu essayer, non sans succès, de donner des règles du même genre appropriées à leur sujet. Le grand nombre des mots passés du premier de ces idiomes dans le second, grâce au contact prolongé des deux races, a permis de reconnaître quelques principes d'équivalence très-propres à éclairer dans le cas des étymologies douteuses.

En français, il faut le dire, un travail pareil serait bien difficile et ne pourrait, ce semble, conduire à aucun résultat positif. Outre que le nombre des mots qui permettraient la comparaison est beaucoup plus restreint, car on ne devrait pas faire usage de ceux qui nous sont venus indirectement par les autres langues romanes, n'oublions pas qu'il n'y a jamais eu, entre les Français et les Musulmans, des rapports d'une persistance suffisante pour façonner l'oreille et la bouche de nos pères à un système régulier de traduction vocale.

Dans le français, des expressions telles que *candorille* pour *cantharide*, *colichemarde* pour *Kœnigsmark*, sont des bizarreries assez rares tant qu'il s'agit d'emprunts au latin, au grec et même au germanique. Ces altérations extraordinaires sont au contraire fréquentes pour les mots empruntés à l'arabe. Qui reconnaîtrait au premier abord les noms propres de *Chems-eddin*, *Nasr-eddin*, *Kheir-eddin*, sous les formes étrangement défigurées de *Sensadonias*, *Noscardin*, *Hariadan*, que nous transmettent les anciens chroniqueurs?

Nos mots d'origine latine se groupent en deux classes bien distinctes : d'une part les termes de formation populaire, reçus par l'oreille, altérés suivant certaines lois phonétiques par les organes vocaux, écrits ensuite d'après leur nouveau son; d'autre part, les mots dits de formation savante, calqués sur les vocables latins, sans égard à la prononciation déjà oubliée. Si, pour les mots d'origine arabe, on veut faire une distinction du même genre, peut-être croira-t-on que ceux de la seconde classe, termes scientifiques empruntés aux livres plus qu'à l'enseignement oral, et simplement transcrits en caractères latins, n'ont dû subir aucune altération comparable à celles que nous venons de citer. Cela est vrai en bien des cas. Mais la diversité des deux systèmes graphiques est de telle nature que les transcripteurs embarrassés, essayant toutes les façons de rendre les articulations inconnues à leur propre langue, arrivent à nous transmettre de l'original arabe des copies presque méconnaissables.

Ajoutons que pour des termes rarement et difficilement prononcés, les erreurs de copistes sont fréquentes; le *t* et le *c*, l'*n* et l'*u*, le groupe *ni* et la lettre *m*, se mettent l'un pour l'autre à tort et à travers, et donnent lieu à des multiplicités de formes que plus tard, après l'invention de l'imprimerie, les éditeurs ont reproduites sans critique et définitivement fixées dans la langue. C'est ainsi, pour en donner un seul exemple, que l'*Astronomie* de Lalande, parlant de l'étoile de première grandeur ordinairement appelée *Fomalhaut* (en arabe, *foum-alhaout*, la bouche du poisson), cite cinq à six formes de ce nom prises dans divers auteurs, telles que *fomahana*, *fumahant*, *fomahaut*, *fontabant*, *fomolcuti*, etc.

Pour établir l'origine arabe d'un mot français, il faudrait donc s'attacher surtout à connaître l'histoire de ce mot, en observer les diverses formes, l'étudier dans les autres langues romanes, l'atteindre aussi loin que possible dans son passé, et s'assurer de la route qu'il a pu suivre pour venir jusqu'à nous : travail plus aisé à prescrire qu'à exécuter.

Toutefois, cet examen est souvent facilité par la

nature même des termes à considérer. Ceux-ci, en effet, appartiennent surtout aux sciences et aux arts; et lorsqu'une expression technique de sens bien défini, lorsqu'un nom de drogue, d'animal, de plante, de vêtement existe simultanément en français et en arabe, le problème se borne souvent à savoir dans laquelle des deux langues le vocable se rencontre le plus anciennement. Les dictionnaires arabes que nous possédons ne fournissent malheureusement que de rares indications sur l'âge des mots. Il y faut suppléer à l'aide de lexiques particuliers d'auteurs ou d'époques, œuvres rares, et par la lecture des écrivains arabes eux-mêmes. Heureux les étymologistes qui ont eu le loisir et les facultés nécessaires pour acquérir l'érudition d'un de Sacy, d'un Quatremère, d'un Dozy ou d'un Defrémery!

Les mots empruntés au turc sont bien loin d'offrir des difficultés étymologiques comparables à celles des mots qu'on veut rattacher à l'arabe. Soit que nous les ayons reçus directement par des compatriotes, soit que nous les devions à l'italien ou au grec moderne, les vocables fort peu nombreux pris par nous à la langue ottomane sont presque toujours aisément reconnaissables. Cet idiome, que l'alphabet arabe transcrit si mal, n'a rien qui puisse surprendre l'oreille ni gêner l'organe vocal d'un français. La transcription en était facile en caractères latins.

Autant en dirons-nous des mots venus directement du persan, langue d'ailleurs parente des nôtres. Mais c'est par l'arabe ou par le turc que la plupart nous ont été transmis; les relations commerciales ou diplomatiques, les voyageurs des trois derniers siècles nous ont apporté les autres. Quelques-uns arrivent de l'Inde où les premiers navigateurs européens trouvèrent, au xvie siècle, la langue persane établie, comme langue officielle, à la cour du Grand Mogol.

Quant au malais, langue sonore et facile à prononcer, les termes qu'il nous a fournis ont généralement été transcrits avec une suffisante exactitude, et ne peuvent guère donner lieu à des erreurs d'origine. On en compte une cinquantaine, dont deux ou trois seulement n'appartiennent pas au vocabulaire de l'histoire naturelle.

Enfin l'hébreu, qui n'a jamais été pour nous une langue parlée, n'a pu nous donner qu'un petit nombre de termes de pure érudition, environ une quarantaine, littéralement copiés sur le vocable sémitique, ou bien empruntés à la Bible par l'intermédiaire du grec des Septante et du latin de saint Jérôme. Si quelques mots hébreux sont occasionnellement cités ici pour des vocables de la langue courante, c'est seulement à l'appui d'une origine arabe et pour démontrer l'ancienneté du terme dans les langues sémitiques.

Le grec et le latin classique avaient eux-mêmes fait des emprunts aux idiomes orientaux. On ne trouvera pas ici les mots qui nous sont venus par ce double canal; car nous n'avons pas cru devoir, en général, dans nos explications étymologiques, remonter au delà de la langue qui a fourni au français le mot considéré, à moins que cette langue ne

fût une de ses trois sœurs romanes des deux Pénin-
sules. Rechercher l'origine antérieure d'un terme
grec, latin, arabe, persan ou océanien, c'est une
étude dont nous reconnaissons le très-vif intérêt,
mais qui était absolument étrangère au plan du
présent ouvrage [1].

Telle quelle, notre tâche était suffisante; et le
présent volume, nous l'avouons en toute humilité,
n'a pas laissé de nous coûter un long et persévérant
travail. Prenant pour base les publications de nos
devanciers, nous y avons joint les résultats de nos
recherches personnelles pendant plusieurs années.
Aussi trouvera-t-on dans ce dictionnaire plus de
cent articles sur des mots dont l'origine orientale
n'avait jamais été établie : les uns peu connus,
comme *alizari*, *auffe*, *alquifoux*, *bédégar*, *cuine*, *chébule*, *nizeré*, *gamache*, *orcanète*, etc.; d'autres plus
généralement usités, tels que *épinard*, *estragon*, *fardeau*, *gâche*, *moise*, *moire*, *houle*, *mortaise*, etc. Nous
avons combattu ou confirmé, à l'aide d'arguments
nouveaux, les hypothèses précédemment émises sur
des termes comme *artichaut*, *arsenal*, *avanie*, *avarie*,
caraque, *escarpin*, *nuque*, *siroc*, etc. L'examen de
quelques ouvrages scientifiques arabes, dont les traductions latines étaient fort répandues au moyen
âge, mais dont le texte arabe n'a jamais été publié,

---

[1] Les noms arabes de plantes, de drogues, etc. sont souvent d'origine
hindoue. Pour n'en citer qu'un exemple, en expliquant l'origine d'*alkermès*
par l'arabe *al-kirmiz*, nous aurions pu rapprocher celui-ci du sanscrit *krmis*
(lat. *vermis* pour *qvermis*) et montrer ainsi la parenté de nos deux mots *ver*
et *cramoisi*; mais cela nous eût entraîné sur un terrain que nous désirions
ne pas aborder, et pour cause.

notamment le grand traité de médecine de Razi
(Rhasès) et le traité d'alchimie de Geber, nous a
permis d'établir avec certitude l'existence, chez les
Arabes, de divers noms de plantes, de drogues,
d'instruments qui manquent dans les dictionnaires
classiques, ou dont l'authenticité restait douteuse;
nous avons pu reconnaître ainsi l'origine orientale
d'un certain nombre de termes de cette espèce, et
nous expliquer par quelle voie ils avaient pris pied
chez nous.

En résumé, le nouveau dictionnaire comprend
environ sept cents articles. Le nombre des mots
français dont l'origine y est recherchée s'élève à
près de mille, dont les trois quarts, quelle qu'en
soit l'origine première, nous sont venus par l'arabe
avec ou sans l'intermédiaire des langues hispaniques,
du provençal et de l'italien. Presque toujours, à côté
du mot français, on trouvera les termes congénères
des autres langues romanes, suivant l'excellent
exemple donné par M. Littré, procédé de comparaison grâce auquel un travail spécialement fait en
vue du français peut néanmoins offrir quelque utilité pour l'étude étymologique de ces autres idiomes.
Un double index très-complet, des mots européens
et des mots orientaux, placé à la fin du volume, fa-
vorisera les recherches, même pour un grand nombre
de termes français qui ne figurent point à leur ordre
alphabétique.

Quelques personnes nous reprocheront peut-être
d'avoir grossi notre liste de mots absolument étrangers à la langue courante, de noms d'étoiles, comme

Bételgeuse, Enif, Thuban, Wéga, de noms de plantes ou d'animaux comme *alvarde, alhagée, harmale, ketmie, argan, zéen, jubarte*, etc. D'autres, au contraire, regretteront de n'y pas trouver beaucoup de ces termes orientaux qui abondent dans maintes relations de voyageurs amoureux de couleur locale. Sans prétendre vanter l'utilité de nos additions ni blâmer ceux qui voudraient les accroître, nous dirons seulement que, forcé de nous limiter sous peine de transformer ce livre en dictionnaire oriental, nous avions pris pour règle presque absolue de nous en tenir aux termes relevés dans les dictionnaires français les plus répandus, tels que ceux de Littré, Boiste, Bescherelle et dans le *Dictionnaire des sciences* de Bouillet.

On trouvera cependant, groupés sous les titres ALCHIMIE et ASTRONOMIE, un assez grand nombre de termes appartenant à ces deux sciences, jadis usités, mais que les dictionnaires modernes ont généralement rejetés.

Bien que nous ayons mis tous nos soins à n'oublier aucun vocable français dont l'origine arabe, turque, persane, hébraïque ou malaise nous ait parue assurée ou probable, il est possible que plus d'un nous ait échappé. Sans doute aussi nos affirmations et nos hypothèses ne paraîtront pas toutes exemptes d'erreur. Nous accueillerons avec satisfaction et reconnaissance les critiques, les corrections, les observations de toute nature, auxquelles notre travail pourra donner lieu.

Nous devons déjà des remercîments à plusieurs

savants orientalistes, notamment à M. Defrémery, professeur au Collége de France, à M. Baudry, conservateur à la Bibliothèque Mazarine, à M. Carrière, répétiteur à l'École des Hautes Études, qui, sur plusieurs points, ont bien voulu nous communiquer d'excellentes remarques ou nous fournir d'utiles indications. Je dois beaucoup aussi à la grande érudition médicale de mon regretté frère, le docteur O. Devic, qu'une mort prématurée a surpris au milieu de ses recherches touchant l'histoire de la médecine et des sciences naturelles. Mon travail, malheureusement, était encore fort peu avancé, lorsque j'ai été privé de sa précieuse collaboration. Avec son secours peut-être eussé-je mieux réussi à satisfaire au vœu exprimé par Zamakhschari en ces quatre lignes rimées que nous avons prises pour épigraphe, bien qu'elles s'appliquent, dans la pensée du pieux écrivain arabe, à une science moins profane que l'étymologie :

لم ار فرسى رهان

مثل الحقّ والبرهان

لله درّهما متخاصرين

ولا عدمتهما من متناصرين

Ce que M. Barbier de Meynard rend ainsi, dans son élégante traduction des *Colliers d'or* : «Je n'ai jamais vu deux coursiers marcher d'un pas aussi égal que la Vérité et la Science de l'argumentation. Oh! les belles compagnes, puisses-tu les avoir toujours pour auxiliaires!»

SYSTÈME ADOPTÉ DANS CET OUVRAGE POUR LA TRANSCRIPTION DES MOTS ORIENTAUX EN CARACTÈRES LATINS.

Le système de transcription marqué dans le tableau ci-joint est des plus simples. Loin de prétendre à réaliser une représentation rigoureusement exacte des termes arabes et autres, chose difficile et d'ailleurs peu nécessaire ici, puisque chaque mot y figure avec ses caractères originaux, on a voulu seulement en marquer approximativement la prononciation, pour les personnes étrangères aux langues orientales, en conservant aux lettres de l'alphabet français leur valeur ordinaire. Peu de remarques sont nécessaires : *ch* représente l'articulation qui est dans *char*, *gn* celle qu'on a dans *agneau*; *s* a toujours le son de notre *s* initial, jamais celui de *z*; *g* est toujours dur, même devant *e*, *i*; *q* a un son guttural qui le différencie de *k*; *gh* est un *g* dur en turc, et une sorte de *r* grasseyé en arabe; *kh* figure assez mal une articulation du gosier inconnue aux Français. Quatre lettres portent un point dessous, *ḥ*, *ṣ*, *ḍ*, *ṭ*. La première marque un *h* fortement aspiré; les trois autres correspondent à des prononciations emphatiques de *s*, *d*, *t*, particulières à l'arabe. Pour les deux dernières, cette emphase intraduisible a parfois introduit un *l* dans les dérivés hispaniques, et les Malais les prononcent *dl*, *tl*. Même remarque pour le *ṭh* ou *ẓ*. Ajoutons enfin que l'apostrophe marque une articulation de la gorge exclusivement propre aux idiomes sémitiques, et qui disparaît presque toujours dans le passage des mots arabes à d'autres langues.

Hébreu.	Arabe.	Transcription.	Hébreu.	Arabe.	Transcription.
א	ا	a, ā, e, ē	ד	د	d
ב	ب	b		ذ	dh
	پ	p	ר	ر	r
ת	ت	t	ז	ز	z
ת	ث	th		ژ	j
	ج	dj	ס, שׂ	س	s
ג	گ	g	שׁ	ش	ch
	چ	tch		ص	ṣ
ח	ح	ḥ		ض	ḍ
	خ	kh	צ		ts

Hébreu.	Arabe.	Transcription.	Hébreu.	Arabe.	Transcription.
ט	ط	*ṭ*		ك	*g*
	ظ	*ṭh, ẓ*		ك ture	*n*
ע	ع	' (apostrophe)	ל	ل	*l*
	غ	*gh*	מ	م	*m*
	غ	*ng*	נ	ن	*n*
פ	ف	*f*		ۑ	*gn*
פ	ڢ	*p*	ו	و	*o, ou, ō, oū, w, v*
ק	ڧ	*q*	ה	ه	*h*
	ڨ	*g*	י	ى	*i, ī, y*
כ	ك	*k*			

⸺⟡⸺

TITRES DES PRINCIPAUX DICTIONNAIRES CITÉS.

ALCALA (PEDRO DE). *Vocabulista aravigo en letra castillana.* Grenade, 1505.

BESCHERELLE. *Dictionnaire national.* Paris, 1849.

BOCTHOR et CAUSSIN DE PERCEVAL. *Dictionnaire français-arabe.* 2ᵉ éd. Paris, 1848.

BOUILLET. *Dictionnaire universel des sciences, des lettres et des arts,* 10ᵉ éd. Paris, 1872.

CHERBONNEAU. *Dictionnaire français-arabe,* pour la conversation en Algérie. Paris, 1872. — *Dictionnaire arabe-français.* Paris. 1876.

CANGE (DU). *Glossarium mediæ et infimæ latinitatis.* Paris, 1840.

DÉTERVILLE. *Dictionnaire d'histoire naturelle.* Paris, 1816-1819.

DORVAULT. *Officine.* Paris, 1868.

DOZY et ENGELMANN. *Glossaire des mots espagnols et portugais dérivés de l'arabe.* 2ᵉ édition. Paris, 1869.

FABRICA LINGUÆ ARABICÆ, authore P. F. Dominico Germano de Silesia. Rome, 1639.

P. FAVRE (L'Abbé). *Dictionnaire malais-français.* Paris. 1875. — *Dictionnaire javanais-français.* Paris. 1870.

Freytag. *Lexicon arabico-latinum.* Hall, 1830-1835.

Gazophylacium linguæ Persarum. authore R. P. Angelo a S. Joseph. Amsterdam, 1684.

Gesenius. *Lexicon hebraicum et chaldaicum.* Leipsig, 1833.

Handjéri (Le prince Alex.). *Dictionnaire français, arabe, persan et turc.* Moscou, 1840.

Herbelot (D'). *Bibliothèque orientale.* Paris, 1697.

Lacurne de Sainte-Palaye. *Glossaire français,* manuscrit de la Bibliothèque nationale.

Littré. *Dictionnaire de la langue française.* Paris, 1863-1872.

Marsden. *Dictionnaire malais-anglais.* Trad. Elout. Harlem, 1825.

Meninski. *Thesaurus linguarum orientalium, turcicæ, arabicæ, persicæ.* Vienne, 1680.

Pavet de Courteille. *Dictionnaire turk-oriental.* Paris, 1870.

Pihan. *Dictionnaire des mots dérivés de l'arabe, du turc et du persan.* Paris, 1866.

Richardson. *A dictionary persian, arabic and english.* Éd. Johnson. Londres, 1829.

Ruland (Martin). *Lexicon alchemiæ.* Francfort, 1612.

Vullers. *Lexicon persico-latinum etymologicum.* Bonn, 1855-1864.

N. B. Plusieurs mots français dont l'étymologie est expliquée dans ce Dictionnaire n'y figurant point à leur ordre alphabétique, le lecteur est prié de consulter l'Index qui termine le volume.

DICTIONNAIRE ÉTYMOLOGIQUE

DES

MOTS D'ORIGINE ORIENTALE

(ARABE, HÉBREU, PERSAN, TURC, MALAIS).

A

ABELMOSC. Esp. *abelmosco*, latin des botanistes *abelmoschus*. Cette plante (malvacée), appelée aussi *ketmie odorante*, vulgairement *ambrette* ou *graine musquée*, doit son nom à l'odeur de musc qu'exhalent ses semences, dont la parfumerie tire profit. C'est l'arabe المسك حبّ *ḥabb el-misk*, littéralement *graine de musc*.

ABIT. Ancien terme de chimie, le blanc de céruse. Si l'on remarque qu'en espagnol la céruse est *albayalde*, venant de l'arabe البياض *al-bayāḍ*, la blancheur, que la même substance est quelquefois nommée par nos anciens alchimistes *baiac*, qui est le même mot sans l'article, et en leur latin *album*, on est conduit à regarder *abit* comme un autre dérivé de la même racine arabe, probablement l'adjectif ابيض *abiaḍ*, blanc. Ce qui tend à confirmer ma conjecture, c'est qu'on trouve *aboit* comme synonyme d'*abit*; *aboit* paraît être une métathèse typographique pour *abiot*.

ABOUMRAS. Sterne ou hirondelle de mer. «Le nom que l'on a conservé à cette espèce est celui qu'elle porte en Égypte. Elle arrive en troupes au Caire même, dès le commencement de janvier, et se tient sur les bords du

canal de Trajan, où elle fait sa proie des petits poissons
que le Nil y dépose, d'insectes aquatiques et d'autres
immondices. » (Vieillot, *Dict. d'histoire naturelle*, t. XXXII,
p. 178.) J'ignore comment il faut écrire ce nom en arabe.
La première partie paraît être ابو *abou*, père; on sait
que beaucoup de noms d'animaux commencent ainsi. Le
grand ouvrage de la commission de l'Institut d'Égypte
décrit plusieurs espèces de *sterne*, sans citer l'*aboumras*.

Abricot. La curieuse histoire de ce mot a été faite par
Diez, Mahn, Dozy. Parti du latin *præcox*, précoce, passé
chez les Grecs sous la forme πραικόκκιον, il a été adopté
par les Arabes, qui en ont fait, avec l'article, البرقوق *al-bar-
qoûq* ou *al-birqoûq*. Puis il est revenu dans les langues
romanes : *albarcoque, alvarcoque, albaricoque, etc.* en espagnol ou en portugais; *albercocca, albicocca*[1], en italien;
aubricot, arbricot, dans nos patois provinciaux : *abricot*, en
français[2].
Il est singulier que ni M. Littré, dans son *Dict. de la
langue française*, ni MM. Engelmann et Dozy, dans leur
Glossaire des mots espagnols et portugais dérivés de l'arabe,
n'aient songé à ranger à côté d'abricot le mot *alberge* et
son correspondant *alberchigo*[3], sorte de pêche ou d'abricot,
dont l'origine est certainement la même : *albirqoûq*, en
accentuant la dernière syllabe, a donné *albaricoque* et
abricot; en accentuant la pénultième, *alberchigo* (l'accent
tonique est sur *ber*) et *alberge*. C'est ainsi, disais-je en
présentant pour la première fois cette étymologie[4], que

[1] Jean Bauhin donne en outre les formes *barcoche, albercocoli.* (*Histor.
plantarum univers.*)
[2] Il est sans doute inutile de mentionner l'opinion de M. de Chevallet, qui
tire directement abricot de *præcox*, par l'adjonction d'un *a* qu'il retrouve
dans *avives.* (*Orig. et form. de la lang. fr.* t. II, p. 125.)
[3] On peut y joindre l'italien *albergese*, donné par Bauhin.
[4] *Revue de l'Instr. publ.* numéro du 25 janvier 1866, p. 677.

les doubles formes *cadi* et *alcade*, *khandjar* et *alfange*, proviennent d'un même terme différemment accentué. Mais *cadi* et *khandjar* sont de simples transcriptions de l'arabe, qu'on ne saurait invoquer ici. J'aime mieux m'appuyer sur l'exemple que m'a fourni M. Defrémery [1] : الفستق *alfostoq*, pistache, est devenu en espagnol *alfostigo*, dont l'analogie avec *alberchigo* est évidente. On peut y joindre *alhondiga*, hôtellerie, de الفندق *al-fondouq* [2]. et *albondiga*, boulette, de البندق *albondouq*.

M. Defrémery [3] a objecté contre mon étymologie la difficulté du changement de ق *q* en *ch* espagnol. Mais, dans les langues hispaniques mêmes, l'alternance de *ch* avec *q* ou *c* dur n'est pas très-rare (*charabé* = *carabe*, *chirivia* = *alquirivia*, *alchimilla* = *alquimilla*, *alchimia* = *alquimia*, etc.). La difficulté serait peut-être aussi grande à admettre pour origine d'*alberchigo* le terme persan-arabe فرسق *firsiq* ou فرسك *firsik* (qui représente le grec περσικός, en latin *persicus*, d'où notre *pêche*). Car on n'a guère d'exemple du changement de ف *f* en *b*. (Voy. cependant CABAS.)

ABUTILON. Plante de la famille des malvacées. De l'arabe اوبوطيلون *auboūtīloūn*. C'est là du moins l'orthographe du mot dans l'Avicenne de Rome (p. 137). Mais les traducteurs transcrivent tous *abutilon*, et c'est aussi l'orthographe de Bauhin, qui parle de l'abutilon d'Avicenne et d'un *abutilon Indicum*. (*Hist. plant. univ.* t. II. p. 958 et suiv.)

ACHARS. Fruits. légumes. bourgeons confits dans le vinaigre, comme nos cornichons, ou dans d'autres préparations fortement épicées. C'est un condiment très-goûté dans l'archipel Indien. à Maurice, à l'île Bourbon, etc.

---

[1] *Revue critique*, numéro du 26 décembre 1868, p. 408.
[2] Voy. plus loin FONDE.
[3] *Journ. asiat.*. mai-juin 1869, p. 531.

On écrit aussi *achards* : « Les achards colorés par le safran. » (Simonin, *Voyage à l'île de la Réunion* [1].) Le *Dictionnaire* de Déterville écrit *atchar*, qui est la forme originelle. C'est le persan اچار *atchār*, en malais اچر *atchar*. Je ne saurais dire quel est le sens primitif de ce mot, qui nous est venu, non de la Perse, mais des Indes.

ACHERNAR OU AKHARNAR. Étoile brillante à l'extrémité de la constellation d'Éridan. Elle ne s'élève jamais sur l'horizon de Paris. C'est l'arabe اخر النهر *ākhir-an-nahr*, littéralement *l'extrémité du Fleuve* [2]. *An-nahr*, le fleuve, est le nom de cette constellation. L'étoile est une des quinze que l'astronome Alfergani (vulg. Alfraganus) compte comme étant de première grandeur : و منها فى برج لحمل الكوكب الذى فى اخر صورة النهر « parmi elles se trouve, dans le signe du Bélier, celle qui est à l'extrémité de la constellation du Fleuve. » (Édit. de Golius, p. 76.)

ACHOUR. « Nom d'un impôt payé par les indigènes de l'Algérie au gouvernement français. » (Littré, *Dict. Addit.*) C'est l'arabe عشور *'achoūr*, dîme, venant de عشر *'achar*, dix. Le mot *achour* n'est pas dans le *Diction. fr.-ar.* de M. Cherbonneau, qui, du reste, a laissé de côté un grand nombre des termes introduits chez nous par la conquête de l'Algérie.

ADÈNE. Arbrisseau grimpant d'Arabie (*Adenia venenata*); en arabe عدن *'aden*.

AFFION. Ancien terme de pharmacie: électuaire à base d'opium. De l'arabe افيون *afioūn*, qui représente le grec ὄπιον, opium.

---

[1] *Le Tour du monde*, 2ᵉ sem. 1862, p. 158.
[2] C'est par inadvertance que M. Oppert (*Journ. asiat.* déc. 1871, p. 447) écrit النخير الاخر : اخر ne peut pas être ici précédé de l'article.

Afrite. Sorte de mauvais génie dont il est question dans les récits orientaux. Le roi légendaire Tahmouras soutint une lutte gigantesque contre les Afrites ou Divs, qu'il chassa dans les mers et au fond des déserts. En arabe عفرية *'ifriya* ou عفريت *'ifrīt*.

Aga. C'est le turc اغا *aghā*, maître, seigneur, chef.

Aigrefin. C'était autrefois le nom d'une monnaie qui avait cours en France. En portugais, *xarafim, xerafim*, désigne une monnaie des Indes orientales, que Baumgarten, au commencement du xvie siècle, appelle en latin *seraphi*. C'est l'arabe-persan اشرفی *achrafi* « monetæ aureæ genus, valens vii reales hispanicos » (Vullers). Le mot semble formé de اشرف *achraf*, très-illustre, comme son synonyme اكبری *akberī*, de اكبر *akbar*, très-grand. On peut voir sur le *xarafim* l'article du *Gloss.* de M. Dozy, p. 353, 354.

Si *aigrefin*, monnaie, vient de *achrafi*, il ne serait pas impossible que *aigrefin*, homme rusé, en vînt également; c'est par cette qualification de *très-illustres* que les Arabes désignaient les plus éminents philosophes. (Voy. D'Herbelot, *Bibliothèque orient.* au mot *aschrafioun*.)

Alambic. Esp. *alambique*, port. *lambique*, ital. *lambico*, de l'arabe الانبيق *al-anbīq*, venant du grec ἄμϐιξ, vase à distiller, précédé de l'article arabe *al*.

Alancabuth. Terme d'astronomie. Partie de l'astrolabe. De l'arabe العنكبوت *al-'ankaboūt*, dont le sens propre est *l'araignée*. L'alancabuth, en effet, rappelle assez bien l'idée d'une araignée posée sur sa toile (dont les fils sont figurés par le réseau des méridiens s'entre-croisant avec les parallèles). Voy. les fig. 47 et 54, dans le *Mémoire* de Sédillot *sur les instruments astronomiques des Arabes.*

ALBARA ou ALBORA. Nom d'une espèce de lèpre, dans les anciens traités de médecine. De l'arabe البرص *al-baraṣ*, la lèpre, qui a donné l'espagnol *albarazo* et le portugais *albaraz*.

ALBATROS. Ce mot, écrit *algatros* par Flacourt et Dampier, est une altération de l'espagnol et portugais *alcatraz*, qui désigne le pélican onocrotale, mais qui a été appliqué à plusieurs autres oiseaux aquatiques (entre autres au petit cormoran). Je ne doute pas qu'il ne faille l'assimiler au portugais *alcatruz*, signifiant *seau d'une noria*. Dans ce dernier sens, les Espagnols disent *arcaduz, alcaduz,* et ces expressions représentent l'arabe القادوس *al-qādoūs*, que Pedro de Alcala traduit *alcaduç de añoria*[1], ce qui ramène finalement au grec χάδος.

Pourquoi le pélican onocrotale a-t-il été comparé au seau d'une machine hydraulique qui puise l'eau et la répand à l'extérieur? Par la même raison qui a porté les Arabes à l'appeler سقّا *saqqā*, porteur d'eau, disant que cet oiseau remplit d'eau son gros bec et va en remplir les petits creux dans le désert pour abreuver ses petits[2]. Les Turcs donnent ce même nom de *porteur d'eau* سقا قوشى *saqā qoñchou* au chardonneret en cage, à qui on a appris à faire monter son eau pour boire.

ALBOTIN. Terme de l'ancienne pharmacie : le térébinthe et sa résine, autrefois si employée en médecine. Esp. *albotin.* De l'arabe البطم *al-boṭoum*, térébinthe. Je ne sais comment M. Dozy a pu oublier ce mot dans son *Glossaire.*

---

[1] Voy. Dozy, *Gloss.* p. 78.

[2] « Le nom de *porteur d'eau* que les Persans lui donnent vient de ce que ..., pour donner à boire à ses petits, on assure qu'il leur va chercher de l'eau quelquefois à deux journées de chemin, qu'il leur apporte dans la poche de son bec. » (Chardin, *Voy. en Perse*, p. 219, 220, édit. Smith.) Voir aussi le curieux article *Pelicano*, dans le *Gazophyl. ling. Pers.*

ALBOUCOR. Liqueur qu'on retire de l'arbre de l'encens. (Bosc, *Dict. d'hist. nat.*) C'est l'arabe البخور *al-boukhoūr*, encens, bois d'aloès, et en général parfum à brûler. El-lious Bocthor (*Dict. fr.-ar.*, au mot *encens*) redouble le خ *kh*. En portugais, par la transformation si fréquente du خ *kh* en *f*, le mot arabe est devenu *albafor*, encens, parfum.

ALCADE. Esp. *alcalde*. De l'arabe القاضى *al-qādi*, juge (du verbe قضى *qada*, juger). Le second *l* qui est dans l'espagnol *alcalde* provient de la prononciation emphatique du ض *d*. Il ne faut pas confondre ce mot, comme étymologie, avec *alcaide*. Voy. CAÏD.

ALCALI. Esp. et port. *alcali*. De l'arabe القلى *al-qali*, cendres de soude ou la plante elle-même. Dans certaines régions du midi de la France, on réserve le nom de *caliou* aux cendres de sarments de vigne. Le nitre est quelquefois appelé *algali* par nos alchimistes.

ALCARRAZA. Vase de terre à rafraîchir l'eau. C'est un mot que nous avons emprunté à l'espagnol et qui vient de l'arabe الكرّاز *al-kourrāz*, cruche. En Égypte, l'alcarraza porte le nom de بردك *bardak*, dont nous avons fait *bardaque* et *balasse*. Le mot est turc; cependant il semble se rattacher à la racine arabe برد *barad*, refroidir, d'où dérive assurément برّادة *barrāda*, qui désigne aussi un vase à rafraîchir les liquides, et qui a donné l'espagnol *albarrada*.

ALCHIMIE. Esp. *alquimia*, port. *alquimia, alchimia*, ital. *alchimia*. De l'arabe الكيميا *al-kīmīā*, formé de l'article *al* et du grec χυμία ou χημεία, chimie.

Je joins ici l'étymologie de quelques mots que nos alchimistes avaient empruntés aux Arabes, mais qui ne figurent plus, pour la plupart, dans les dictionnaires modernes. Le dictionnaire d'alchimie de Martin Ruland[1] en contient beaucoup d'autres également pris à la langue arabe, quoique leur origine, tant ils sont défigurés, soit souvent difficile à établir. Mais je crains qu'on ne me reproche d'avoir déjà trop grossi ma liste. Cet inventaire suffira pour montrer à quel point s'altèrent les mots étrangers qui ne sont pas d'un usage courant. Il ferait voir aussi, si cela était nécessaire, que l'alchimie nous est venue directement des Arabes.

1. *Acazdir, kazdir, kasdir, kacir, fasdir, sasdir,* étain pur, de القزدير *al-qazdīr,* même sens.

2. *Accib,* plomb, de السكب *as-sekb,* même sens.

3. *Adibat, zaibac, zaibach, zaibar, zibatum,* mercure, de زيبق *zībaq,* même sens.

4. *Adoc, adho, adec,* lait aigri, de الدوغ *al-dōgh,* même sens. *Dōgh* est d'origine hindoue.

5. *Agabor,* poudre, de الغبار *al-ghobār,* même sens.

6. *Alacap, anacab, aliocab, alcob, allocaph, ocab, ocob, ocop, obar,* sel ammoniac, de العقاب *al-'oqāb,* l'aigle. Les alchimistes donnaient le nom de cet oiseau au sel ammoniac : « Aquila, pro sale armoniaco, propter levitatem in sublimationibus, » dit Ruland (p. 45).

7. *Alastrob, usrub, uzurub, ursub,* plomb, de الاسرب *al-osrob,* même sens.

8. *Alaurat,* nitre, corruption de البورق *al-bauraq,* borax. Les deux sels sont souvent confondus : « Affronitrum est spuma nitri, quod arabice dicitur baurach. » (*Lex. alch.*)

9. *Albor,* urine, de البول *al-baul,* même sens.

10. *Alcamor, camar, kamar,* argent: de القمر *al-qamar,*

<hr>

[1] *Lexicon alchemiæ sive Dictionarium alchemisticum,* auctore Martino Rulando. Francfort, 1612.

la lune. On sait que les alchimistes donnaient à l'argent le nom de notre satellite.

11. *Alcara*, courge, de الغرع *al-qara'* [1]; *obelchera, obelkara*, représentent حبّ الغرع *habb al-qara'*, fruit ou graine de courge.

12. *Alcimod*, antimoine, de الاثمد *al-outhmoud*, même sens.

13. *Algali*, nitre, est le même mot que *alcali*.

14. *Algérie, algéril, gir*, chaux vive, de الجيار *aldjiyār*, même sens, ou mieux d'une forme جير *djīr*, qui est dans Bocthor, mais qui manque dans Freytag et Richardson. Cf. une note de M. Dozy (*Gloss.* p. 124) sur le mot *alger*.

15. *Alhenot, allonoc, alhonoch, aloanac*, plomb, de الآنك *al-ānok*, hébr. אֲנָךְ *anak*, même sens. *Allenec, alnec* se disaient avec le sens d'étain.

16. *Alkalap*, étain, de القلعى *al-qala'i*, même sens.

17. *Allabor, alahabar, alabari, alabri*, plomb, de الابار *al-abār*, plomb fondu, mot d'origine persane [2].

18. *Alma*, eau, de الما *al-mā*, même sens.

19. *Almetat, almartack, almarcat, almarcab, almarchat, almarchas*, litharge d'or ou d'argent; esp. *almartaga*; de المرتك *al-mourtak* ou *al-martak*, même sens. On disait encore, sans l'article : *martach, martath, marched*.

20. *Almisadre, almisadir, almizadir, amizadir, anoxadic, anotasier, misadir, mixadir, muzadir, musadi, nysadir, nusiadat, nestudar*, sel ammoniac. Tous ces mots sont des altérations plus ou moins fortes de l'arabe النشادر *an-nochādir*; comp. les formes hispaniques *almojatre, almohatre, almocrate, nochatro. Alnizadir*, borax, est le même mot.

---

[1] Les alchimistes appellent *courge, cucurbite*, la chaudière de l'alambic.

[2] Avicenne donne *al-abār* et *al-ānok*, comme signifiant *plomb noir* : يا الرصاص الاسود (p. ١٣١ de l'édit. de Rome).

21. *Alramudi*, *ramag*, cendres, de الرماد *al-ramād*, même sens.

22. *Anore*, *annora*, *ancora*, *nora*, chaux vive, de النورة *an-noūra*, même signification.

23. *Antarit*, *antérit*, *antaric*, *altaris*, mercure, de عطارد *'outārid*, qui est à la fois le nom de la planète et du métal. *Alcarith* est le même mot avec l'article *al*.

24. *Anticar*, *atinkar*, le même que TINCAL.

25. *Araxat*, *alrachas*, *rasas*, *rasasa*, plomb, de الرصاص *ar-rasās*, ou الرزاز *ar-razāz*, même sens[1].

26. *Ased*, or, de اسد *asad*, lion; c'est un des noms que les alchimistes donnaient au roi des métaux, de même que le lion est appelé le roi des animaux.

27. *Azagor*, *asugar*, *asingar*, *zingar*, *ziniar*, vert-de-gris; de الزنجار *az-zindjār*, qui est le persan زنكار *zengār*, même signification.

28. *Azar*, *azane*, *hager*, pierre, de حجر *ḥadjar*, même sens.

29. *Azarnet*, *adarnech*, *zarnich*, *zarnec*, *zarne*, orpiment; esp. *azarnefe*; de l'arabe-persan الزرنيخ *az-zernīkh*, qui est le même mot que le grec ἀρσενικός, arsenic jaune, orpiment.

30. *Azazeze*, verre, de الزجاج *az-zadjādj*, même sens.

31. *Azeg*, vitriol, esp. *aceche*, *aciche*, *acige*; port. *azeche*, de الزاج *az-zādj*, même sens.

---

[1] Le même mot se retrouve dans l'expression *blanc rasis*, blanc de plomb : « Le plomb aussi qui est noir, quand il est calciné par la vapeur salsitive du vinaigre, il se réduit en blanc de plomb, de quoy la céruse est faite, et *blanc rasis*, qui est la plus blanche de toutes les drogues. » (Bernard Palissy, *Recepte véritable*, édit. Cap. p. 41.) C'est à tort qu'on a quelquefois écrit *Album Rhazis*, comme si le mot venait du nom du célèbre médecin arabe رازي *Razi* que nous appelons Rhazès. Pour le changement, d'ailleurs fréquent, de *ā* en *i*. voy. Engelmann, *Gloss.* p. 25.

32. *Azegi, azagi,* colcotar, est identique au précédent. M. de Chézy, dans une note insérée au t. III, p. 467 de la *Chrest. ar.* de S. de Sacy, fait observer que زاج *zādj* est au Levant le nom générique des vitriols, qu'on différencie par des épithètes (bleu, blanc, vert, rouge); mais *zādj* pris seul désigne en général le vitriol vert (sulfate de protoxyde de fer). Le colcotar est un peroxyde de fer obtenu par la calcination du sulfate.

Notons encore *asagi,* vitriol rouge, *zegi, zezi, zet,* vitriol en général.

33. *Azob, azub, azef, alsech,* alun: esp. *axebe, enxebe, xepe;* de الشتّ *ach-chabb,* ou الشاب *ach-chāb,* même sens.

34. *Berne, birmine,* vase de verre: esp. *albornia;* de برنيّة *berniya,* vase à conserver les liquides ou les comestibles.

35. *Besec, besech,* mercure, métathèse de زيبق *zibac.* (Voy. ci-dessus *adibat.*)

36. *Chara,* excréments, de خراء *kherā,* même sens.

37. *Daib, deheb, deab, edetz,* or, de ذهب *dhahab,* même sens.

38. *Edic, edich, adid, hadid,* fer, de حديد *hadīd,* même signification.

39. *Fidhe, fidda, fido,* argent, de فضّة *fidda,* même sens.

40. *Melech, maleck,* sel, de ملح *milh,* même sens.

41. *Merdasengi,* litharge, du persan مرده سنك *mourdeh seng,* même sens.

42. *Misal, masal, mest,* petit lait, de مصل *masl,* même sens. (Cf. l'esp. *almece,* dans Dozy, *Gloss.* p. 162.) Dans le Languedoc on dit *mési,* et dans d'autres provinces *mesgue:* « Le mesgue pourra servir pour la nourriture des pourceaux. » (*Agriculture et maison rustique,* 1601, p. 83.)

43. *Nobach*, tambour employé par les nécromanciens; du persan نوبت *nōbat*, sorte de tambour.

44. *Nochat, nuchat, nuchar, nuchor, nuchach, nucha*[1], *nuhar*, cuivre, de نحاس *nohās*, même sens.

45. *Quebrit, quibrith, kibrith, kibrit, abric, alkibric, al-chabric, alcubrith, alkibic, algibic, alkibert, alphebriock*; tous ces mots signifiant *soufre* viennent de l'arabe الكبريت *al-kibrīt*, même sens; en espagnol, *alcrebite*.

46. *Sericon, siricon*, minium. (Voy. au mot JARGON.)

47. *Zarfa*, cuivre, métathèse de صفرة *ṣofra*, même sens. *Alzofar*, esp. *azofar*, laiton, est le même mot précédé de l'article.

48. *Zebeb*, fumier, de زبيل *zebīl*, même sens.

49. *Zengifar, zingifar, uzifar, uzufar, azemafor*, cinabre; de زنجفر *zindjafr* ou *zoundjoufr*, même sens. Le portugais *azinhavre*, vert-de-gris, est certainement le même mot, quoique M. Dozy ait voulu le rattacher à زنجار *zindjār*. (Voy. ci-dessus *azagor*.) Remarquez que *azinhavre* sonne presque à l'oreille comme *cinabre*, et reproduit lettre pour lettre l'arabe الزنجفر *az-zindjafr*. Quant à sa signification, *vert-de-gris* au lieu de *cinabre*, il ne faut pas s'en étonner; les alchimistes, dans leurs dénominations, confondaient presque constamment des substances qui ne nous semblent plus avoir que des analogies lointaines. Dans le cas particulier dont il s'agit, je puis citer à l'appui de ma correction: *zynfer*, vert-de-gris; *azimar*[2], vert-de-gris et cinabre; *azamar, azemala*, qui embrassent également ces deux significations. N'oublions pas que le vert-de-gris et le cinabre

---

[1] Martin Ruland écrit *michach, micha*; ce sont des erreurs de lecture, d'ailleurs faciles à commettre avec des manuscrits où les points sur les *i* ne sont pas marqués.

[2] *Azimar* me paraît une faute de copiste, pour *aziniar*. (Voy. ci-dessus *azagor*.)

(confondu avec le minium [1]) font tous deux partie de la classe des *zadj* ou vitriols.

50. *Zub, zubd, zebd,* beurre, de زبد *zoubd,* même sens.

ALCOOL. Esp. et portug. *alcohol,* aragon. *alcofol* [2], catal. *alcofoll.* Il est bien démontré que l'étymologie de ce mot est l'arabe الكحل *al-kohl,* le coheul ou poudre d'antimoine [3], dont les femmes, en Orient, se teignent les paupières.

On sait que ce mot a été employé à désigner un grand nombre de collyres divers, tels que كحل اغبر, كحل اصفر, كحل عزيز, etc. *Alcohol,* dans l'ancienne pharmacie, se disait de toute substance porphyrisée : « Les pierreries, dit Moïse Charas [4], les bols, les terres, le succin, les dyamants et quelques parties d'animaux sont réduits en poudre impalpable qu'on nomme *alkohol.* » Comment, après avoir désigné une poudre sèche, le mot est-il arrivé à s'appliquer au liquide obtenu par la distillation des matières spiritueuses? On peut en voir la raison dans cette explication citée par Martin Ruland : « Alkol est purior substancia rei, segregata ab impuritate sua. Sic alkol vini est aqua ardens rectificata et mundissima [5]. » Nous avons un exemple d'un changement pareil dans le sens moderne d'*élixir.* (Voy. ce mot.)

---

[1] Les anciens, Pline, Vitruve, Galien, confondent sans cesse le cinabre et le minium. Dans le Dioscoride latin de J. Ruel (1516), cette confusion est relevée en ces termes : « Argentum vivum fit ex *minio,* quod abusive *cinnabaris* dicitur. » (Lib. V, cap. ci, fol. 320 recto.) Dans ce passage, c'est précisément l'inverse qu'il faudrait dire, d'après notre terminologie actuelle; car le cinabre est un sulfure de mercure, et le minium un oxyde de plomb.

[2] *Alcofol,* id est Anthimonium. (Man. lat. du xivᵉ siècle, nᵒ 7156 de la Bibl. nat. p. 40.)

[3] Ou plutôt de sulfure de plomb. (Voy. *Alquifoux.*) Le coheul, en Perse et en Turquie, est souvent appelé سرمه *surmeh,* mot quelquefois employé dans les relations des voyageurs français.

[4] *Pharmacopée royale,* 2ᵉ édit. 1682, t. Iᵉʳ, p. 32.

[5] *Lexicon alchemiæ* (1682), p. 30.

ALCORAN. Transcription de l'arabe القرآن *al-qorān*. *Al* est l'article: aussi dit-on de préférence aujourd'hui *le Coran*. قرآن *qorān* signifie proprement *lecture, récitation*. « Le Coran, dans sa forme primitive, était une récitation plutôt qu'une lecture, et c'est dans ce sens qu'il faut entendre le verbe قَرَأَ *qara'a*, dans plusieurs des passages où on l'a traduit par *lire*. » (E. Renan [1].)

ALCÔVE. Esp. *alcoba*, portug. *alcova*, ital. *alcova, alcovo*; de l'arabe القبّة *al-qobba*, qui, entre autres sens, a celui de *petite chambre, cabinet*, ainsi que le montre M. Lane (*The thousand and one Nights*, I, 231). Voir l'intéressant article de M. Dozy, *Gloss.* p. 90, 91. Le mot est employé avec son sens le plus ordinaire dans ce passage de Niebuhr : « Les derniers seigneurs de Taœs... ont bâti de beaux palais pour eux et leur postérité, et se sont contentés d'un petit *kubbe* pour leur servir d'oratoire et de sépulture [2]. »

ALDÉBARAN. Nom d'une étoile brillante de la constellation du Taureau. C'est l'arabe الدبران *al-debarān* [3]. Elle est comptée, par Alfergani, parmi les quinze étoiles de première grandeur : وفى الثور الكوكب الاحمر الذى على عين الثور ويسمى الدبران « Dans le (signe du) Taureau, l'étoile rouge qui est sur l'œil du Taureau et qu'on nomme *ad-debarān* [4]. » Dans le commentaire des *Séances d'Ahmed ben al-Moáddem* [5], le mot est ainsi expliqué : وقيل له الدبران لدبوره الثريا

---

[1] *Hist. des langues sémit.* 4ᵉ édit. t. Iᵉʳ, p. 364.

[2] *Voy. en Arab.* édit. Smith, p. 284.

[3] La prononciation arabe serait *ad-debarān*; mais il arrive quelquefois, dans le passage de l'arabe aux langues romanes, que le *l* de l'article *al* ne s'assimile pas à la lettre *solaire* suivante, surtout quand le mot est, comme ici, un terme purement scientifique.

[4] Édit. de Golius, p. 76.

[5] *Les douze séances* du cheikh Ahmed ben al-Moa'ddem, notées et publiées par Soliman al-Haraïri, p. ٣, note 10.

«Elle est ainsi nommée parce qu'elle vient derrière les Pléiades.» دبر *dabar*, en effet, signifie *venir derrière, suivre*. Toutes les étoiles qui viennent derrière une constellation, ajoute naïvement le commentateur, n'ont pas reçu ce nom de *Débaran;* mais les Arabes l'ont ainsi appelée en particulier, de même que les Pléiades ont été plus particulièrement désignées sous le nom de النجم *an-noudjoum*, les étoiles. On peut lire la même explication dans l'ouvrage intitulé *Ephemerides Persarum*, de Math. Frider. Beckius, 1696. p. 22.

Aldée. Esp. *aldea*, portug. *aldea*, *aldeia;* de l'arabe الضيعة *aḍ-ḍay'a*, ferme, bourgade. Le *l* de l'article ne s'est pas assimilé à la lettre suivante, ce qui peut tenir ici à la prononciation emphatique du ض *ḍ*, qui, dans les langues hispaniques, entraîne souvent l'introduction d'un *l*. (*Alcalde, al-bayalde,* etc. — Voy. Alcade, Abit.)

Alépine. Étoffe qui tire son nom de la ville d'Alep, en arabe حلب *Haleb*, soit que le mot ait été formé directement en français, soit qu'on ait pris l'adjectif arabe حلبى *ḥalêbî*, d'Alep.

Alezan. Esp. *alazan*, portug. *alazão*, se dit d'un cheval de couleur fauve ou rougeâtre plus ou moins foncée. On a proposé (voy. Littré, *Dict. fr.*) trois étymologies arabes: الحسن *al-ḥasan*, le beau, الحصان *al-ḥiṣan*, le cheval de race, et enfin العثن *al-'athan*, la fumée. Aucune des trois ne me paraît satisfaisante. Sans s'arrêter à la dernière, qui me semble de pure fantaisie, on peut dire des deux autres qu'elles ne spécifient point une couleur de robe; car il serait, croyons-nous, bien difficile de montrer que les Arabes aient, à une époque quelconque, attribué une supériorité de beauté ou de race à l'alezan. *Al-ḥiṣan* est souvent pris pour l'*étalon* par opposition à فرس *faras*, jument, comme dans l'exemple cité plus loin. Il paraît même qu'au Magreb il se dit du cheval en général. Mais tout cela est sans rapport avec l'adjectif *alezan*, et M. Dozy trouve fort suspecte cette étymologie, donnée par M. Engelmann dans la première édition de son *Glossaire*[1].

Il y a quelques années, j'en ai proposé une quatrième[2], acceptée depuis par M. Littré (*Addit. au Dict.*); c'est l'adjectif احلس *ahlas*, fém. *halsa*, «spadix equus,» disent les dictionnaires (voy. Freytag au mot حلس, 9ᵉ forme), ce que nous traduirions par *cheval bai* ou *alezan*.

Nous dérivons notre mot français du féminin du terme arabe (comme nous le ferons plus loin pour *balzan*). On peut conjecturer que le féminin l'a emporté sur le masculin par suite d'un emploi plus fréquent : le terme générique فرس *faras*, cheval, signifie plus ordinairement la jument, ainsi que nous le disions tout à l'heure : ان المرأة تحيل على الرجل كما تحيل الغرس على لحصان سواء[3]. Dans ce passage, qu'on peut se dispenser de traduire, فرس est dit par opposition à حصان.

Quant à la finale *n* qui s'est ajoutée au mot *halsa*, on en peut citer d'autres exemples, tels que *camocan*, de كمخا *kamkhā*; *arduran*, de الدرا *ad-dourā* (voy. DOURA); *bosan*, de بوزة *bousa*; *alchocoden*, de كتخدا *ketkhoudā*; *azacan* (*porteur d'eau*, en espagnol), de السقاء *as-saqqā*, etc.

ALFANGE. C'est un mot espagnol introduit en France par nos écrivains du xvıı° siècle. De l'arabe الخنجر *al-khandjar*, sabre, que nous avons pris directement et sans l'article, sous les formes *cangiar*, *khanjar*, *khandjar*.

---

[1] Dozy, *Gloss.* p. 60.
[2] *Rev. de l'Instr. publ.* numéro du 25 janvier 1866, p. 677.
[3] *Man. de la Bibl. nat.* n° 1949 du supp. ar.

Alfier. Officier porte-drapeau. Mot emprunté par Brantôme et les écrivains du xvi⁰ siècle à l'italien *alfiere*, esp. *alferez*, portug. *alferes*. De l'arabe الغارس *al-fâris*, signifiant proprement *le cavalier*, venant de فرس *faras*, cheval.

Algarade. C'est l'espagnol *algarada*, qu'on s'accorde à tirer de l'arabe الغارة *al-ghâra*, incursion militaire, expédition guerrière. En tout cas, ce ne peut être une dérivation directe, vu l'accentuation. Mais *al-ghâra* a donné l'espagnol *algara*, qui a une signification identique à celle du mot arabe, et le bas latin *algaru*, *algarum* (Du Cange), et peut-être l'italien *gara*, dispute, rixe. De *algara*, l'espagnol a pu faire *algarada*. Je suis porté à croire que l'arabe العرّادة *al-'arâda*, catapulte, dont les anciens écrivains de la Péninsule ont aussi fait *algarada* ou *algarrada*, n'a pas été étranger à l'adoption de *algarada* dans le sens de *cri subit, alerte, attaque imprévue*. Quant à l'hypothèse de M. Dozy, rattachant ce mot à un vocable inconnu venant de غرد *gharid*, chanter, je ne saurais ni l'appuyer ni la combattre. (Voy. *Gloss.* p. 120.)

On aurait tort de rapprocher du mot qui nous occupe le portugais *algazara*, qui est aussi en espagnol et en italien, et dont l'origine est fort différente. Voy. l'article d'Engelmann sur ce mot (*Gloss.* p. 122. 123).

Algèbre. Esp. portug. et ital. *algebra*. De l'arabe الجبر *al-djebr*, réduction. On nomme l'algèbre علم الجبر والمقابلة *science des réductions et des comparaisons*. En espagnol, *algebrista* se dit du bailleul ou rebouteur, qui *réduit* les fractures.

Algénib. Étoile γ de la constellation de Pégase, sur le flanc du cheval. De l'arabe الجنب *al-djanb*, le côté, comme *énif* de انف *anf*. Le *Dict. des Mathématiques*, dans l'*Encyclo-*

pédie de d'Alembert. donne encore les formes *génib*, *chénib*. *chelub*.

ALGOL. Étoile de la constellation de Persée, remarquable par la variabilité de son éclat. C'est l'arabe الغول *al-ghoūl*, le même dont nous avons fait *goule*. (Voy. plus loin ce mot.) Les Arabes appellent رأس الغول *ras al-ghoūl*, tête de la goule, la tête de Méduse que Persée tient suspendue à la main.

ALGORITHME. Au XIIIᵉ siècle, ce mot signifiait l'arithmétique avec les chiffres arabes: on écrivait *algorisme* et *angorisme* [1]. Esp. *alguarismo*, *guarismo*, *algorithmo*; portug. *garismo*. C'est la transcription plus ou moins altérée du nom d'un des plus anciens auteurs de traités d'arithmétique, Abou Dja'far Mohammed ben Mousâ, surnommé الخوارزمى *al-khowārezmī*, dont l'ouvrage a été traduit ou imité en latin dès le commencement du XIIᵉ siècle. Ces sortes de livres furent désignés sous le nom d'*Algorismus*. M. Defrémery a raison de dire [2] que cette étymologie est hors de doute depuis les recherches de MM. Reinaud [3], Chasles [4] et Woepcke [5]. Dans les ouvrages d'astronomie, le terme خوارزمى *khowārezmī* s'est dit des tables des sinus et des tables des ombres (tangentes et cotangentes trigonométriques).

ALGUAZIL. C'est l'espagnol *alguacil*, qu'on trouve en

---

[1] On peut voir plusieurs exemples de ces formes dans Littré, au mot *chiffre*.
[2] *Journ. asiat.* janvier 1862, p. 88, 89.
[3] *Mémoire sur l'Inde*, p. 363, 364.
[4] *Comptes rendus de l'Acad. des sciences*, 6 juin 1859.
[5] *Mémoire sur la propag. des chiffres indiens*, dans le *Journ. asiat.* 1ᵉʳ sem. 1863, notamment p. 519. Ce travail est postérieur à la remarque de M. Defrémery. Mais M. Woepcke avait déjà publié divers opuscules sur l'arithmétique indienne, dans le recueil du prince Boncompagni.

portugais sous des formes très-variées : *alvacil, alvazil, al-vasir, etc.* venant de l'arabe الوزير *al-wazīr*, le vizir. On peut voir, dans le *Glossaire* de MM. Engelmann et Dozy [1], les explications données sur le passage du sens de vizir à celui d'officier de police. Le *Dictionnaire* de Du Cange fournit les formes suivantes : *alguazilus, alguazirius, algozirius, algatzarius, algatzerius,* qui montrent combien les désinences des mots sont peu solides dans le passage de l'arabe aux langues romanes.

ALHAGÉES. Plantes de la famille des légumineuses, dont le type est le *sainfoin alhagi,* que les anciens botanistes appellent *alhagi Maurorum* [2]. C'est l'arabe الحاج *al-ḥādj :* Avicenne a fait la remarque que cette plante produit la fameuse manne *téréniabin* ترنجبين. (Voy. *Dict. d'Hist. nat.* au mot *sainfoin,* t. XXX. p. 42.)

ALHAIOT. Étoile brillante de la constellation du Cocher, marquée α dans les catalogues et ordinairement nommée la Chèvre. On trouve aussi *Ayuk.* C'est l'arabe العيّوق *al-'ayyoūq.* Alfergani la cite parmi les quinze étoiles de première grandeur [3] : وفى النجومين العيوق كوكب اخضر بجراه قريب من سمت الراس فى الاقليم الرابع « Dans les Gémeaux. *al-ayyoūq,* étoile verte qui passe près du zénith dans le quatrième climat. » Si l'astronome arabe place la Chèvre dans les Gémeaux, c'est par suite du système de groupement de toutes les étoiles dans les douze signes du zodiaque; chaque constellation se trouve ainsi rattachée à l'un des

---

[1] P. 129.

[2] C'est Rauvolf, médecin d'Augsbourg, qui découvrit cette plante, durant son voyage au Levant, en 1537, et la décrivit sous ce nom. (Voy. Tournefort, *Voy. du Levant,* t. II, p. 4, éd. de 1717.)

[3] Édit. Golius. p. 76

signes. C'est pour cela qu'il met *Wéga*, de la Lyre, dans le Sagittaire, *Achernar* dans le Bélier, etc.

ALHANDAL. Nom pharmaceutique de la coloquinte. Esp. *alhandal*; de l'arabe الحنظل *al-ḥanḍhal*, même sens.

ALIBORON. Ce mot a préoccupé les chercheurs d'étymologies qui n'ont rien trouvé de raisonnable. Sans m'arrêter à la singulière idée du docte Huet et de l'ingénieux Ménage, qui ont voulu faire d'*aliborum* un génitif pluriel d'*alibi*, disant que *maistre aliborum* signifierait un homme fécond et subtil à trouver des alibi, je reproduirai ici une hypothèse que j'ai autrefois proposée et que je crois devoir maintenir en attendant mieux.

Il est remarquable que le mot ne se présente jamais que précédé du titre de *maître* :

> «Si je fusse roi ou régent
> Ou un grant maistre Aliboron,
> Chacun ostât son chaperon.»
>
> (Mir. de Sainte-Genev.)

«Lui-mesme (M. de Biron), en goguenardant, il disoit qu'il estoit un *maistre Aliborum* qu'on employoit à tout faire.» (Brantôme, *Vies des capit. franç.*) — «Sur ce point nous dépeschasmes ce *maistre Aliborum* du Fay, justement trompeur et trompé.» (D'Aubigné, *Confess.*) — «Qu'il vienne de là des monts quelque messer qui se vante d'estre un *maistre Aliboron* en tout et guérir de toutes maladies.» (Poissenot.) — «Les ditz de *maistre Aliborum* qui de tout se mesle.» (Titre d'un livre cité par Lacurne [1].)

Sans aucun doute, *maître Aliboron* désigne un savant, un docteur, un habile homme: puis l'appellation prend une teinte d'ironie, et un beau jour, sous la plume de La

---

[1] Ces exemples, sauf le deuxième et le dernier, sont empruntés à l'historique du mot *Aliboron*, dans le *Dict.* de M. Littré.

Fontaine, maître Aliboron devient maître Baudet en personne. Or, cet Aliboron ne serait-il pas un docte personnage, dont le nom aurait acquis la valeur d'un terme générique, comme Artaban, Pathelin, Harpagon? Mais quel
sera ce personnage[1]? Est-ce le diable, comme il est dit
dans le procès de Gilles de Retz, cité par Du Cange:
« Audivit ab eodem domino. . . . talia verba : *Il fera venir
maistre Aliborum,* intelligendo diabolum per illud vocabulum, Aliborum. »

Non, ce n'est pas le diable, mais un de ses affidés, si
l'on veut, un de ses disciples, le savant arabe Al-Birouni,
mathématicien, astronome, géographe, « très-estimé, dit
D'Herbelot[2], non-seulement pour son habileté dans les
sciences spéculatives, mais encore dans les pratiques,
comme la magie naturelle, astrologie judiciaire, art des
talismans, etc. » Al-Birouni, contemporain d'Avicenne, a
joui d'une réputation immense au moyen âge dans les
écoles arabes; son *Canoun* a servi de base à presque toutes
les cosmographies orientales. De plus, il a toujours passé
pour un magicien excellent, et sa vie, d'après les bio-
graphes orientaux, est pleine de traits miraculeux. Est-il
bien surprenant que des juges de l'année 1440 aient pris
le nom d'un tel homme pour celui de l'Esprit malin? Lira
qui voudra, pour éclaircir ce doute, la déposition de
François Prélat, le magicien de cette effroyable affaire du
maréchal de Retz. Il se vante d'avoir étudié à Florence la
géomancie, l'alchimie, toutes les sciences occultes. Il
prétend avoir soumis à ses ordres un démon nommé Ba-
rion (?). Est-il invraisemblable qu'il eût connaissance des

---

[1] Borel, dans son *Trésor des recherches et antiquités gauloises et françoises*
(1655), dit (au mot *Pathelinage*) que l'expression de *maistre Aliborum* nous
vient de la farce de *Pathelin.* Dans cette vieille pièce, en effet, il y a un
apothicaire de ce nom, lequel joue un rôle assez important.

[2] *Bibliot. orient.*

œuvres vraies ou supposées du grand maître Albiroûni[1]? Si je ne craignais pas de paraître trop insister sur des détails de ce genre, je dirais que le témoin qui rapporte le propos ci-dessus touchant *maistre Aliborum* ne l'a pas entendu lui-même. Il peut y avoir confusion entre le nom du magicien arabe et celui du démon soumis à l'alchimiste florentin.

Quoi qu'il en soit, l'étymologie germanique *alt boran*, le vieil ennemi, indiquée par les éditeurs de Du Cange, me semble absolument inacceptable; et je m'imagine que si j'avais eu la force de lire jusqu'au bout les pièces de cette affaire, j'y eusse trouvé la confirmation de celle que je propose, faute de quoi elle reste à l'état de simple conjecture.

ALICATE. Sorte de pince dont se servent les émailleurs à la lampe. Esp. et port. *alicate*. C'est l'arabe اللقّاط *al-laqqât*, tenailles, comme l'a fort bien remarqué M. Defrémery[2], de la racine لقط *laqat*, recueillir, ramasser.

ALIDADE. Esp. *alidada, alhidada, alhadida*, de l'arabe العضادة *al-'idâda*. «Les lexiques, dit Engelmann, ne donnent à ce mot que le sens de *postis januæ* (vantail de porte), mais dans un traité arabe sur la construction de l'astrolabe, je l'ai trouvé avec sa signification technique, car on y lit que c'est une espèce de *mastara* مسطرة ou *règle*[3].» Il suffit, ajouterai-je, d'ouvrir un traité d'astronomie arabe, pour y rencontrer ce terme عضادة *'idâda* avec le sens exact d'alidade, comme par exemple dans ce pas-

---

[1] «Et avoit le d. François un livre que le d. François avoit apporté, où il lisoit, où avoit plusieurs noms de diables et autres mots pour la conjuration et invocation.» (Man. de la Bibl. nat. suppl. franç. n° 560, p. 96.)

[2] *Journ. asiat.* janvier 1862, p. 92.

[3] *Glose*, p. 140.

sage de l'*Almageste* d'Abou 'l-Wéfa [1] : « Les observations des hauteurs méridiennes se font avec des instruments.....
Dans le plan du méridien est placé un cercle gradué...
sur ce cercle sont établies, aux deux extrémités d'un diamètre, deux pinnules mobiles sur la circonférence, soit au moyen d'une *alidade* pivotant sur le centre du cercle, soit au moyen d'un second cercle..., etc. [2]. » Et plus loin :
« Après avoir fait tourner l'*alidade*, au moment du passage du soleil au méridien, jusqu'à ce que les rayons solaires traversent les ouvertures des deux pinnules ... [3]. » On voit que l'*idada* n'est pas une simple *mastara* ou règle à tracer les lignes droites, mais précisément ce que nous nommons *alidade*, par exemple. dans le graphomètre.

ALIZARI. Nom commercial de la garance (d'où la substance appelée en chimie *alizarine*). Esp. *alizari*, que M. Dozy a noté dans son *Glossaire*, mais sans pouvoir en donner l'étymologie. Le mot est certainement d'origine arabe, comme le montre l'article *al*, car on dit aussi *izari* : « La graine de garance qu'on apporte de la Turquie asiatique est appelée *azala* ou *izari* [4]. » (Bosc, *Dict. d'hist. nat.* t. XII, p. 439.) Je ne doute pas que ce ne soit l'arabe عصارة *'aṣāra*, qui signifie le suc extrait d'un végétal par

---

[1] Man. n° 1138, anc. fonds de la Bibl. nat. fol. 19 v°. J'espère donner sous peu une édition de cet ouvrage important (texte et traduction) dont quelques passages cités par M. Sédillot ont donné lieu à de vives controverses au sein de l'Académie des sciences.

[2] وارصاد هذه الارتفاعات تكون بالات... وضعنا ﭬ سطح دايرة نصف النهار دايرة مقسومة... وعلى محيطها هدفين على جزيين متقابلين يتحركان على محيط الدايرة اما بعضادة مركبة على مركز الدايرة او.....

[3] اذا حركنا العضادة عند توسط الشمس السما حتى يدخل شعاعها من ثقبى الهدفين.

[4] *Izari*, garance du Levant. (*Nouv. voc. de l'Acad. fr.* Paris, 1831.)

compression (de la racine عصر *'açar*, presser, extraire le suc). Et en effet, le *Gazophylacium linguæ Persarum* traduit *pastel* ou *guède* (autre matière colorante) par عصارهٔ وسمه *'açārè-i ouasimè*, suc de la plante appelée *ouasima*[1].

ALKÉKENGE. Plante nommée vulgairement *coqueret*. Esp. *alquequenge*, port. *alkekengi*. De l'arabe الكاكنج *al-kākendj*. Le mot est d'origine persane : Richardson prononce *kaknadj* et en fait la morelle ou la belladone (*night-shade*). Voy. aussi Dozy, *Gloss.* p. 147, et les ouvrages auxquels il renvoie.

ALKERMÈS. Liqueur de table fort estimée et très-agréable qui se préparait au couvent de Sainte-Marie-Nouvelle, à Naples. Son nom lui vient du kermès végétal dont les graines lui donnent une belle couleur rouge. (Bescherelle). De l'arabe القرمز *al-qirmiz*, le kermès.

ALLAH. Transcription de l'arabe الله *allah*, mot formé de l'article *al* et du substantif الاه *ilah*, dieu, le Dieu, ὁ Θεός.

ALLÉLUIA. Expression hébraïque conservée dans les traductions latines des Psaumes. הַלְלוּ יָהּ *halelou-iah*, formée de *halelou*, 2ᵉ pers. du plur. de l'impératif du verbe *hillel*, louer, et de *iah*, forme apocopée de *Iehovah*, Jéhova.

ALMADIE ou **ALMADE.** Sorte de pirogue ou de radeau.

----

[1] Freytag traduit وسمه *ouasima* par *indigo*, erreur qui provient sans doute de ce que la guède est quelquefois nommée نيلة بريّة *indigo sauvage*. Razi (man. sup. ar. de la Bibl. nat. n° 1005, p. 48 verso) dit que la *ouasima* sert à teindre les cheveux. Niebuhr rapporte bien qu'il a vu des vieillards qui se teignaient la barbe en rouge (*Voy. en Arab.* p. 270); mais je n'ai vu nulle part que les Orientaux employassent à un usage analogue une teinture bleue telle que celle du pastel. Peut-être *ouasima* s'est-il dit aussi de la garance, chose d'autant plus possible que l'arabe فوّة *fouwwa* (*fouet*), qui est la garance, paraît originairement identique à *rouède* ou *guède*.

Esp. et port. *almadia*. De l'arabe المعدية *al-ma'dia*, qui, d'après M. Quatremère[1], désigne un bac pour passer une rivière, venant du verbe عدى *'ada*, traverser. Le mot est encore en usage chez les riverains du haut Nil : «Je restai sur la rive nue (du Nil, près de Khartoum), sous un soleil ardent, en face d'une madiè (bac) immobile.» (Guill. Lejean, *Voy. dans l'Afriq. orient.*[2])

ALMAGESTE. Esp. *almagesto*. De l'arabe المجسطي *al-madjistî*, formé de l'article et du grec μεγίστη (σύνταξις). On sait que plusieurs livres arabes ont pris ce titre, emprunté du nom donné au grand ouvrage de Ptolémée. Celui-ci a pour vrai titre Μαθηματικὴ σύνταξις, *Composition mathématique*. L'épithète μεγίστη, *la plus grande*, ne se rencontre dans aucun des manuscrits grecs connus, dont quelques-uns paraissent antérieurs au VIIIe siècle. Elle a sans doute été attribuée, dans les écoles, au livre de Ptolémée, pour le distinguer des ouvrages de pures mathématiques, tels que ceux d'Euclide, de Geminus, d'Aristarque, d'Hypsyclès, d'Autolycus, etc. dont l'étude préliminaire devait précéder celle du grand traité d'astronomie de Ptolémée, et qu'on nommait la *petite Composition* (voy. Halma, préf. de son édition de l'*Almageste*, t. Ier, p. XXXIV).

ALMAGRA. Substance employée en peinture, et plus connue sous le nom de *rouge indien* ou *rouge de Perse*. Nous avons pris le mot de l'espagnol *almagra* ou *almagre*, qui est l'arabe المغرة *al-maghra*, ocre rouge.

ALMARGEN. Terme de l'ancienne pharmacie : *poudre d'almargen*, corail pulvérisé, autrefois employé en médecine.

---

[1] *Hist. des sultans Mamel.* II, 1, 156 (dans Dozy, *Gloss.* p. 148), et *Journal des Savants*, janvier 1848, p. 45.
[2] *Le Tour du monde*, 1er sem. 1862, p. 189.

De l'arabe المرجان *al-mordjān,* corail. C'est le mot qui, employé comme nom de femme dans les *Mille et une Nuits,* a été transcrit *Morgiane* par Galland. (*Hist. des quarante voleurs.*)

ALMÈNE. Poids de deux livres (un peu moins d'un kilogramme). Esp. *almena.* C'est l'arabe المنا *al-menā,* qui n'est autre que le grec ancien μνᾶ, mine, poids d'une livre, dont la valeur a été doublée chez les Arabes d'Espagne.

ALMICANTARAT ou ALMUCANTARAT. Terme d'astron. Cercles de la sphère parallèles à l'horizon. C'est un pluriel arabe المقنطرات *al-mouqanṭarāt,* que nous avons emprunté avec sa signification aux traités astronomiques en cette langue. Golius cite le singulier مقنطرة *mouqanṭara,* dans le sens de *cadran solaire.*

ALMUDE ou ALMOUDE. Mesure de liquides dans la péninsule Hispanique. Esp. *almud.* port. *almude.* De l'arabe المدّ *al-moudd,* qui est le même mot que le latin *modium,* mais dont l'origine paraît sémitique (hébr. מַד, מִדָּה *mad, middah*) : « L'arrobe de Castille contient seize litres, le cantaro d'Alicante douze, l'almude des Canaries vingt-cinq… » (Victor Hugo. *Les Misérables,* t. Ier. p. 332.)

ALPHANETTE ou ALPHANESSE. Sorte de faucon identique à l'*alfaneque* des Espagnols, que M. Dozy suppose avoir tiré son nom de celui du petit animal nommé *fanec* ou *fennec.* (V. ce mot plus loin.) On aurait dit d'abord باز الفنك *bāz al-fanec,* le faucon (propre à la chasse) du fanec ; puis, pour abréger, on aurait supprimé le terme *bāz,* faucon. (Voy. Dozy, *Gloss.* p. 105.)

ALPHARD. Étoile de deuxième grandeur, α ou le cœur

de l'Hydre. C'est l'arabe الفرد *al-fard,* l'unique, فرد الشجاع *fard ech-choudjâ'*, l'unique de l'Hydre. Ce nom lui vient de ce qu'elle est la seule étoile brillante de la constellation, les autres étant de quatrième grandeur ou au-dessous. Dans le traité d'astronomie de Lalande, on lit *alphrad* au lieu d'*alphard*.

ALPHÉNIC. Ancien terme de pharmacie : sucre candi, sucre d'orge, pâte faite d'amandes et de sucre, etc. Esp. *alfeñique,* port. *alfenim.* De l'arabe الفانيد *al-fânîd,* qui vient du persan فانيد *fânîd* ou يانيذ *pânîdh,* sucre purifié, *saccharum penidium,* dit Meninski. Il y a un verbe persan فانيدن *fânîden* qui signifie *raffiner le sucre.*

L'ancienne pharmaceutique disait *pénide* pour sucre tors. C'est le même mot persan. On a rapproché *penidium* du grec πηνίον, réseau de fils, trame, parce que la cristallisation du sucre candi s'obtient au moyen de fils tendus dans la dissolution sucrée.

ALQUIFOUX. Variété de plomb sulfuré. Esp. *alquifol.* Je ne sais si l'étymologie de ce mot a déjà été donnée. Elle ressort avec la dernière évidence du passage suivant de Sonnini[1] : «Dans le commerce du Levant, on nomme *alquifoux* ou *arquifoux* la mine de plomb tessulaire. Les femmes de l'Orient la réduisent en poudre subtile, qu'elles mêlent avec du noir de lampe, pour en faire une pommade dont elles se teignent les sourcils, les paupières, les cils et les angles des yeux.» L'alquifoux, on le voit, n'est autre chose que le *coheul.* C'est ce que confirme un passage plus récent de M. Prax[2] : «Le *cohol* est la galène ou sulfure de plomb, ce qui a été reconnu sur un échan-

---

[1] *Dict. d'hist. nat.* I, p. 383.

[2] *Commerce de l'Algérie,* p. 29 (dans le *Gloss.* de Dozy, au mot *alcool,* p. 92). M. Dozy n'a pas noté le terme *alquifol.*

tillon que j'ai apporté. C'est à tort que plusieurs auteurs
ont traduit le mot *cohol* par *antimoine*. »

Alquifoux est donc une corruption de l'arabe الكحل *al-cohl*, altération qui paraîtrait peut-être difficile à admettre si l'on n'avait les intermédiaires *alcohol, alcofol, alquifol*. (Voy. ALCOOL.)

ALTAÏR. Étoile de première grandeur, α de la constellation de l'Aigle. De l'arabe الطاير *al-ṭaïr*, qui vole. On prononce *aṭ-ṭaïr*, aussi trouve-t-on quelquefois chez nos auteurs *ataïr* ou *athaïr*. La conservation de *l* peut être due à la prononciation emphatique du ط *ṭ*. Cazwini dit que la constellation de l'Aigle كوكبة العقاب comprend quinze étoiles, parmi lesquelles est النسر الطاير *an-nasr aṭ-ṭaïr*, l'aigle volant, par opposition à النسر الواقع *an-nasr al-ouáqi'*, l'aigle tombant. Cette dernière étoile est celle que nous appelons Wéga, et qui fait partie de la Lyre.

ALUDEL. Sorte de vase à sublimation employé autrefois par les alchimistes. On peut voir un dessin détaillé de cet appareil dans un manuscrit latin du xvi⁰ siècle, n° 7147 ancien fonds, de la Bibl. nat., qui contient divers ouvrages relatifs à l'alchimie. Esp. *aludel, alludel*. M. Dozy [1] a fait voir que ce mot est l'arabe الاثال *al-outhál*, employé dans le même sens par Razi, et je puis ajouter par Géber (man. n° 1080 du sup. ar., notamment p. 129 verso : واجعلها فى اثال زجاج « Place-là dans un aludel de verre »).
Dans un autre manuscrit latin de notre grande Bibliothèque (n° 7156, ancien fonds), lequel est du xiv⁰ siècle, j'ai trouvé une liste de termes d'alchimie empruntés aux Arabes, parmi lesquels on lit : « *Allutel*, genus sublimatorii »; et, dans un traité intitulé *Practica alkimiæ Jacobi*

---

[1] *Gloss.* p. 187.

Theotomti, que contient le même volume, on lit encore [1] :
« Habeas *alutel,* hoc est vas sublimatorium factum ad modum *capsidis* (?), rotundum subter habens cohoperculum vitreum ad modum campanæ. » Un chapitre de l'alchimie de Geber est consacré à la description de cet appareil [2].

ALVARDE. Genre de plantes de la famille des graminées. La plante qui a servi de type est assez semblable au sparte et s'emploie aux mêmes usages. En Espagne, on la nomme *albardin* et dans le dialecte valencien *albardi.* C'est l'arabe البردى *al-bardi,* que Freytag donne comme nom de plante, sans en spécifier l'espèce, mais que Richardson explique ainsi : « The shrub papyrus, of which paper was anciently made; ... also a kind of cotton, which is produced from the papyrus, etc. »

AMALGAME. Ce mot nous est venu par les alchimistes avec le sens de mélange intime, combinaison, spécialement en ce qui regarde le mercure. Je n'en connais pas d'exemple avant le xiiie siècle; mais il est à cette époque d'un usage constant. Ainsi dans la *Semita recta Alberti magni* : « Deinde recipe plumbi et stagni calcinatorum et in corpus reductorum; fiant unum corpus per fusionem simul : et si sunt duæ libræ, adde argenti vivi libram 1. et *amalgama,* et lava cum sale et aceto, et sicca [3]. » Dans le *Parvum Rosarium Arnaldi de Villa nova* : « Et cum totum dissolvetur et in mercurium reducetur et fiet unum *amalgama* [4] »; « Et cum totum fuerit dissolutum et in *amalgama* positum [5]. » Ail-

[1] Fol. 139 recto.
[2] C'est le sixième chapitre du second livre dans la traduction latine intitulée : *Geberis philosophi perspicassimi summa perfectionis magisterii.* Venise, 1542.
[3] Man. de la Bibl. nat. ancien fonds, n° 7147, fol. 3.
[4] *Ibid.* fol. 15.
[5] *Ibid.* fol. 14 verso.

leurs : « Fac tuum *amalgama*; pone tuum *amalgama* supra unum pulchrum folium papyri[1], etc. »

Outre la forme *amalgame*, Lacurne cite *algame*, mixtion d'or et de mercure. Dans cette dernière, il semble qu'on doive reconnaître l'arabe الجمعة *al-djam'a*, conjonction, réunion, ou الجماع *al-djimā'*, l'acte de consommation du mariage, venant tous deux de la racine جمع *djama'*, réunir. (Cf. le grec γαμέω, γάμος.) Mais qu'est-ce que *amalgame*? Faut-il y voir, comme je l'ai suggéré antérieurement, l'expression عمل الجمعة *'amal al-djam'a*, l'œuvre, la pratique de l'*algame* (عمل *'amal*, pratique, se dit par opposition à علم *'ilm*, théorie)? Ou bien est-ce une altération de الجماعة *al-modjām'a*, qui, comme *al-djimā'*, signifie *l'acte de consommation du mariage*? Comme sens, l'analogie est parfaite, car les alchimistes aiment à comparer la combinaison du mercure avec les métaux à l'union de l'époux avec l'épouse. Ainsi, dans un traité intitulé *De matrimonio et conjunctione*, le mercure (*zaibat*) est assimilé au mari, l'argent (*luna*, la lune) à la femme, et l'amalgame des deux corps est célébré par cette phrase : « Natura lætatur quando sponsus cum sponsa copulatur[2]. » Néanmoins, n'ayant point recueilli d'exemple des expressions ci-dessus dans les ouvrages d'alchimie arabe, je n'oserais affirmer l'exactitude de mes conjectures.

AMAN. Demander l'aman, demander grâce. De l'arabe امان *amān*, sécurité, protection.

AMBRE. Esp. *alambar*, port. *alambre*, ital. *ambra*. De l'arabe عنبر *'anbar*, ambre gris, nom qui est passé au succin ou ambre jaune. Les formes qu'on trouve dans la basse

---

[1] Man. de la Bibl. nat. ancien fonds, n° 7147, *Opus mirabile super mercurio ad ejus fixationem.*

[2] Même manuscrit, fol. 53 verso.

latinité, *ambar*, *ambare*, *ambra*, *amber*, *ambre*, *ambrum*, paraissent aussi confondre les deux substances. Hermolao Barbaro, qui a publié au xv⁰ siècle un commentaire sur Dioscoride, écrit *ambra* ou *ambar* : « *Aetius*, dit-il, *ambar, nos succinum orientalem primi nominavimus*[1]. »

Liquidambar, nom d'un arbre d'Amérique aussi nommé *baume d'ambre*, est formé de *ambar* et de notre mot *liquide*.

Amen. C'est un mot hébreu. אָמֵן *amen*, signifiant *vrai*, *vérité*, par lequel se terminaient les prières des Juifs. Il a pris là le sens de *assurément, ainsi soit-il*. Les Musulmans disent de même آمين *amīn*.

Amiral. Aucun étymologiste ne doute que ce ne soit là le mot arabe أمير *amīr*, commandant, émir. Mais la terminaison *al* a paru d'autant plus embarrassante qu'on la retrouve dans le portugais *amiralh*, l'italien *almiraglio*, *ammiraglio*, et sous d'autres formes dans l'ancien espagnol *almirage*, l'espagnol moderne *almirante*, le bas latin *admiralius*, *admirallus*, *amiraldus*, *admiratus*, *amirarius*, *amirandus*, *admirandus*, *admirantius*, *amireda*, *amirœus*, etc. Engelmann avait supposé que le *al* final était l'article précédant un mot tombé depuis, par exemple بحر *bahr*, mer : *amir-al-bahr*, commandant de la mer, serait devenu *amir-al* tout court[2]. Cette explication, au moins quant au mot *bahr*, ne semble guère admissible, vu qu'on a de nombreux exemples du *Roman d'Alexandre*, du *Roman de Rou*, de *Garin*, d'*Aubery*[3], qui prouvent qu'*amiraut, amirant, amiratz,*

---

[1] *Dioscoridæ pharmacorum libri VIII*, 1529, fol. 46 verso. Marcello Vergilio dit aussi : « Succinum, quod electrum veteres, nostri *ambram* dicunt. » *Ibid.* fol. 47 recto. Ces commentateurs rangent sous la même dénomination l'ambre jaune et l'ambre gris « quod pisces devoravere ».

[2] *Gloss.* p. 164.

[3] Du Cange.

signifient simplement *général, chef de troupes*, et non *chef maritime* d'une façon spéciale.

La désinence *al, aut, ant, atz, é,* etc. reste donc toujours inexpliquée.

ANAFIN. Sorte d'instrument de musique arabe. (Littré.) C'est le portugais *anafim, anafil, danafil,* en espagnol *añafil;* de l'arabe النفير *an-nafir,* sorte de trompette.

Cet instrument jouait un rôle important dans le cérémonial de la cour des princes malais avec le tambour, كندڠ *gandoung,* la flûte, سروني *saroūni,* les cymbales, نكّار *nagāra,* etc. (Voir le *Chedjarat malayou,* p. ١٢٨.)

Le changement de *r* final en *l* et puis en *n* n'est pas rare dans le passage de l'arabe aux langues romanes. (Voy. ALGUAZIL, ANIL: *auphin,* au mot FOU.)

ANGREC. Genre de plantes tropicales de la famille des orchidées. Lat. botan. *angræcum* (ainsi orthographié par analogie avec *fœnugræcum*). Le mot vient sans doute de l'archipel Indien: car il existe dans le sounda et le javanais (ꦲꦁ�ꦺꦏ꧀ *anggrék*): c'est en malais اعكّرق *anggreq,* orchis.

ANIL. Plante qui fournit l'indigo: de là vient *aniline,* nom d'un alcaloïde obtenu d'abord avec l'indigotine, préparé depuis par d'autres procédés et qui joue aujourd'hui un rôle très-considérable dans l'art du teinturier. *Anil,* portug. *anil,* esp. *añil, añir,* est l'arabe نيل *nîl* avec l'article *al,* dont le *l* s'assimile au *n* suivant: *an-nîl;* du persan نيل ou نيله *nîl, nîleh,* même sens. (V. plus loin LILAS). *Nîl* est d'ailleurs d'origine indienne. Je ne sais pourquoi M. Dozy[1] donne seulement ou préférablement نير *nîr. Nîl* par un *l* se trouve plusieurs fois dans l'*Almansouri* de Razi: حب النيل

---

[1] *Gloss.* p. 196.

يسهل البلغم [1], ce que Gérard de Crémone traduit : « *Habenil flegma expellit* »; et plus loin نيل يضمر الاورام الرهلة [2] « l'anil résout les tumeurs molles. »

ANTIMOINE. A défaut de mieux, M. Littré semble disposé à accepter une étymologie arabe : اثمد *outhmoud* ou *ithmid*, « lapis ex quo collyria parantur, *stibium*, » dit Freytag. Le mot arabe, dit l'auteur du *Dict. de la langue fr.*, est devenu facilement, dans le latin barbare, *antimonium*. Cela n'est pas impossible, non plus que l'origine grecque اثمد *ithmid* = σ7ίμμι.

Avec l'article, *al-outhmoud* a donné l'ancien terme de chimie *alcimod*. (V. au mot ALCHIMIE.)

Parmi la foule des noms qu'a portés l'antimoine ou plutôt la poudre appelée *coheul*, on trouve chez les alchimistes *cosmet*, avec les variantes *cosmec, casmet, calmet*, mots de même origine que notre *cosmétique*.

ARABE. Le nom عرب *'arab* est passé sans altération dans toutes nos langues, perdant seulement le son guttural initial marqué par la lettre ع , lequel n'a d'équivalent dans aucun autre idiome. Les dérivés *arabique, arabesque, arabine, etc.* sont de pure formation romane.

ARACK. Esp. *arac, erraca*; portug. *araca, araque, orraca, rac*. En arabe, عرق *'araq* signifie *sueur* et aussi *lait*, d'après le *Qamous*; عرق التمر *araq at-tamr* est le suc extrait du dattier, qui, par la fermentation, acquiert des qualités alcooliques. De ce liquide, le nom *'araq* ou *araqī* عرقي est passé à toute sorte de boissons enivrantes. Aussi désigne-t-il des liqueurs très-différentes suivant les pays : dans l'Inde et la Malaisie, c'est un spiritueux obtenu avec du riz fer-

----

[1] Man. de la Bibl. nat. sup. arabe, n° 1005, fol. 49 recto.
[2] *Ibid.* fol. 50 recto.

menté, du lait de coco, de la séve de cocotier: à Bourbon, c'est de l'alcool de canne à sucre. Le mot populaire
riquiqui pour *eau-de-vie* est peut-être une corruption de
'araqî.

ARDEB. Mesure de poids et de capacité en Égypte.
Transcription de l'arabe اردب *ardeb*. On peut voir dans la
Chrest. arab. de S. de Sacy (t. II, p. 28) les évaluations
très-variées de l'ardeb, d'après Venture et Varsy. Je ne
sais d'après quelle autorité le *Dict. national* de Bescherelle
et le *Dictionnaire des sciences* de Bouillet (éd. de 1872)
disent que l'ardeb est une mesure de capacité valant
182,000 litres: d'après le grand ouvrage de la commission
de l'Institut d'Égypte (*Hist. nat.* t. II. p. 14). la capacité
de l'ardeb est seulement de 185 litres.

ARGALI. Mouton sauvage de l'Asie centrale. Du persan
ارگلی *argalî*, même sens.

ARGAN ou **ARGANE.** Genre de plantes (arbres et arbris-
seaux) dont le type est l'argan du Maroc (*sideroxylon spi-
nosum* de Linné). «Les forêts d'*argans* qu'on traverse en
voyageant dans l'Atlas font grand plaisir à rencontrer,
tant à cause de la variété des bois dont elles sont plan-
tées, que parce qu'elles reposent l'œil fatigué de la stéri-
lité du reste du pays.» (Relation du Dr Lemprière [1].) «Le
pays est magnifique, semé de superbes forêts d'argans.»
(James Richardson[2]. C'est l'arabe ارجان *ardjân* ou *argân*.

ARGOUSIN. Ital. *aguzzino*. C'est assurément une cor-

---

[1] Appelé au Maroc pour soigner le fils de l'empereur, en 1789. (*Le Tour
du monde*, t. Ier. p. 212.)
[2] *Le Tour du monde*. I. p. 220.

ruption de alguazil. (Voy. ce mot.) Pour le changement
de *l* en *n*, voy. ANAFIN.

ARRATEL. Mesure de poids valant environ 460 grammes.
C'est un mot portugais correspondant à l'espagnol *arrelde*,
arrate, *arrel*, et venant de l'arabe الرطل *ar-ratl*, la livre.
ar pour *al* est l'article.

ARROBE. C'est encore une mesure de poids de la péninsule Hispanique, correspondant à 25 livres ou un quart
de quintal. Esp. et portug. *arroba*. Deux dictionnaires
espagnol et portugais que j'ai sous les yeux donnent
l'*arroba* comme valant 32 livres. Néanmoins, il est admis
que l'*arroba* d'Espagne vaut 25 livres espagnoles (11^k,500)
et l'*arroba* de Portugal 14^k,680[1]. Quoi qu'il en soit, *arroba*
est l'arabe الربع *ar-roub'*, le quart, mot qui désigne aussi
une mesure égyptienne qui est le quart de la ويبة *waïba*.
(Voy. Freytag.)

ARSENAL. Portug. *arsenal*, esp. *arsenal*, *darsena*, *atarazana*, *atarasanal*, ital. *arzena*, *arzenale*, *darsena*. M. Engelmann dérive tous ces mots en bloc de l'arabe دار صناعة
dār ṣinā'a, maison où l'on construit, fabrique. Il convient
de les séparer en trois groupes : 1° *atarazana* représente
دار الصناعة *dār as-ṣinā'a*, avec l'article devant *ṣinā'a*. Je
suis porté à croire que le *a* initial de *atarazana* est aussi
l'article. Assurément, il est contraire à toutes les règles de
la grammaire arabe de préposer l'article à un substantif
suivi de son complément; mais dans la langue populaire
dār as-ṣinā'a avait pu, par le grand usage, arriver à former
un seul mot dont on ne sentait plus la composition, ce
qui permettait de lui donner l'article (comme dans المادون

---

[1] Bouillet, *Dict. des sciences, des lettres et des arts*, 1872.

al-maouard, l'eau de rose, où *maouard* est composé de *mâ*, eau, et *ouard*. rose); 2° *darsena* représente *dar ṣinâ'a* sans aucun article: 3° enfin *arsenal* est simplement le mot *ṣinâ'a* précédé de l'article. Je me range ici à l'opinion de M. Defrémery, qui a fait remarquer que الصناعة *as-ṣinâ'a* se dit fort bien, sans le mot *dâr*, d'un arsenal maritime [1]. J'ajouterai que Du Cange cite un mot languedocien *arsina* qu'il explique *supellex quævis*, un ustensile quelconque. Je vois là le même mot *as-ṣinâ'a*, employé à peu près comme l'est aujourd'hui notre mot *confection* pour telle ou telle espèce de vêtement non fait sur mesure. Et si ma conjecture est exacte, il est clair que le mot *dâr* n'aurait là rien à faire. Le *r* d'*arsenal*, *arsina*, est probablement dû à la prononciation emphatique du ص *ṣ*.

Atarazana a conservé en espagnol le sens général de fabrique. Les mots congénères, dans les diverses langues, se sont fixés au sens d'arsenal maritime. Cependant on trouve, dans l'ancien français, *arsanail, «* apotheca instrumentorum agriculturæ, » dans Du Cange.

Les Turcs, les Tunisiens et les Égyptiens paraissent avoir repris à l'espagnol ou à l'italien leur ترسخانة *tarskhâna* ou ترسانة *tarsâna* [2] actuels.

Artichaut. Ce mot. disais-je en 1866 [3], ne vient certainement pas d'un prétendu terme ارضى شوكى *arḍi chauki*, qu'on lit à la vérité dans le *Dict. fr.-ar.* d'Ellious Bocthor, mais qu'on ne trouve nulle part ailleurs, et dont il serait, je crois, difficile d'établir l'authenticité. Que penser de cette singulière expression *épine terrestre* pour désigner l'artichaut. sans compter qu'une locution de cette forme gram-

---

[1] *Journ. asiat.* avril 1867. p. 416, et *Revue critique* du 26 décembre 1868, p. 411.

[2] Voy. Dozy, *Gloss.* p. 205, 206.

[3] *Revue de l'instr. publ.*

maticale est chose inouïe en langue arabe. Pour moi, je n'y saurais voir, non plus que dans une autre expression اردشوكة *ardchauka*, donnée par le même ouvrage, rien autre qu'une transcription de l'italien *articiocco, articiocchi*. J'en dirai autant d'un bizarre ارتچت *artitchot* qu'on lit dans le *Gazoph. ling. Pers.*[1].

Le vrai nom arabe, le plus ancien du moins, paraît être حرشف *harchaf* ou حرشوف *harchoûf*, que M. Engelmann écrit خرشوف *kharchoûf* par un *kh*, d'après la transcription de Pedro de Alcala[2]. C'est aussi l'orthographe de Bocthor et du P. Dominique Germain [3], tandis que Meninski et Freytag écrivent par un ح *h*, et prononcent *harchaf*. Les termes espagnols *alcachofa, alcarchofa* et le portugais *alca-chofra*, évidemment empruntés à l'arabe, semblent donner raison à M. Engelmann, car il n'existe, je crois, aucun autre exemple du ح *h* rendu en espagnol par un *c*, tandis que cette transcription n'est pas rare pour le خ *kh* (*califa, caramo, carcajes*). Ajoutons que Gérard de Crémone, dans sa traduction de l'*Almansouri* de Razi, transcrit aussi le mot par un *c* : « *Alcorsof*, id est cardui capita[4] ».

Le P. Ange de Saint-Joseph traduit *chardon* par les mots شوك, خار, كنكر, *kengher, khâr, chaûk*; *khâr* est persan, *chauk* est arabe; il serait sans doute puéril de comparer خرشوف *kharchoûf* à une juxtaposition de ces deux derniers termes où l'un semblerait expliquer l'autre.

Pour en revenir à *artichaut*, ital. *articiocco*, latin barb. *articoctus, articactus, articoccus*, on peut y voir des altérations du grec ἀρτυτικός, objet d'assaisonnement, τὰ ἀρτυ-

---

[1] L'auteur de ce dictionnaire italien-persan traduit encore *articiocco* par كنكر فرنكي *kengher-i ferenghi*, kengher d'Europe, ce qui tend à prouver l'origine étrangère des expressions qui reproduisent notre *artichaut*.

[2] *Gloss.* p. 85.

[3] *Fabr. ling. arab.* aux mots *carciofo, carcioffolo, cardone*.

[4] *Lib.* III, cap. XVII. Passage qui correspond au folio 42 du man. arabe, plusieurs fois cité dans mon travail.

τικά, têtes d'artichaut, de ἀρτύω, assaisonner. (Voy. M. Defrémery, *Journ. asiat.* janvier 1862, p. 83.)

M. Dozy, trouvant en espagnol *arracife*, espèce de chardon, corrompu en *arrafiz*[1], et *arrezafe*, lieu plein de chardons, croit pouvoir rapprocher ces mots de رصيف *raṣif*, chaussée, disant que l'*arracife* est le « carduus vulgatissimus *viarum.* » Je crois qu'il n'est pas nécessaire d'aller chercher si loin l'explication. Chardon et artichaut sont tout un pour le botaniste, et nous avons vu plus haut كنكر *kengher*, employé en persan dans l'un et l'autre sens. Il n'est donc pas surprenant que حرشف *ḥarchaf*, plur. حراشيف *ḥarāchif*, ait été pris en Espagne pour désigner le *cardo arracife*. En Algérie, le chardon comestible ou artichaut sauvage est encore appelé خرشف *khorchef*[2].

Arzel. Esp. et portug. *argel*. De l'arabe ارجل *ardjel*, qui, comme le français et l'espagnol, se dit d'un cheval ayant les pieds de derrière blancs. *Ardjel* vient de رجل *ridjl*, pied, pied de derrière chez les quadrupèdes.

Assassin. Quoi qu'en dise l'annotateur du voyage de Benjamin de Tudèle, dans la collection des *Voyages anciens et modernes* publiée par M. Charton[3], personne ne doute aujourd'hui que le nom d'*Assassins* donné aux Ismaéliens ou Bathéniens ne soit l'adjectif arabe حشاشى *ḥachāchī* ou حشيشى *ḥachīchī*, dérivé de حشيش *ḥachīch*, le hachich (voy. ce mot), boisson enivrante qui jouait un rôle important dans la fanatisation de ces terribles sectaires[4].

---

[1] *Gloss.* p. 199.

[2] Voy. Cherbonneau, *Dict. fr.-ar.* aux mots *artichaut* et *chardon.* Voy. aussi *cardon*, où l'auteur donne les deux formes خرشف *khorchef* et خرشوف *kharchoûf.*

[3] Tome II, p. 174, note 3.

[4] L'étymologie a été mise hors de doute par Sylv. de Sacy dans un mémoire inséré au tome IV du recueil de l'Académie des inscriptions et belleslettres.

Vouloir tirer cette appellation de Haçan, leur chef, c'est défendre une opinion insoutenable.

Le nom des *Hachāchī* a été apporté en France par les Croisés sous la forme *Assaci* qu'on lit dans Joinville. L'espagnol *asesino* et le portugais *assassino* ne semblent pas empruntés directement à l'arabe, mais reçus par l'intermédiaire du français ou de l'italien *assassino*[1]. Le *Dictionnaire* de Du Cange cite les formes de bas latin *heissesin, assassi, assassini, assesini, etc.*

M. Defrémery a publié en 1854, dans le *Journal asiatique*, de très-intéressantes recherches sur les Assassins.

Assogue. C'est l'espagnol *azogue,* navire pour le transport du mercure. Le sens primitif de *azogue* et de son correspondant portugais *azougue* est mercure, vif-argent. Ces mots viennent de l'arabe زوق, زأوق، زيبق *zawaq, zāoūq, zībaq,* venant du persan زوه، زيوه *jiwah, etc.* En Espagne, d'après Pedro de Alcala, on prononçait, avec l'article, *az-zaouqa.*

Le même mot arabe a donné le terme d'alchimie *azoth.* (Voy. plus loin.)

Astaroth. Nom d'une divinité phénicienne. עֲשְׁתֹּרֶת *'achtoreth,* dans la Bible; la même que Cicéron appelle *Astarte.*

Astronomie. Nous croyons convenable de grouper sous ce mot, comme nous l'avons fait au mot *Alchimie,* un certain nombre de termes que nos anciens livres d'astronomie ou d'astrologie avaient pris chez les auteurs arabes. La plupart sont aujourd'hui bien ignorés. Cependant ils figurent dans le *Dictionnaire national* de Bescherelle qui paraît les avoir empruntés au *Dictionnaire des mathématiques*

---

[1] Voy. Dozy. *Gloss.* p. 207.

de l'*Encyclopédie* de d'Alembert. Les diverses publications de M. Sédillot sur l'astronomie des Orientaux nous ont été d'un grand secours pour rétablir la forme arabe de plusieurs expressions singulièrement altérées. Quant aux termes et noms d'étoiles qui sont restés en usage chez nos auteurs, on les trouvera à leur ordre alphabétique dans ce volume.

1. *Achluschémali*, nom de la constellation appelée Couronne boréale. En arabe, الاكليل الشمالى *al-iklīlou'ch-chemālī*, même sens (*ikīl*, couronne; *chemalī*, boréal).

2. *Adigége* ou *adégige*, constellation du Cygne. En arabe الدجاجة *ad-dadjādja*, la poule.

3. *Alamac, amak*, étoile γ d'Andromède. C'est un *m* pour un *n*; car le nom arabe de l'étoile est عناق الارض *anāq al-ard*, le blaireau (ou autre animal du même genre).

4. *Algébar, elgébar*, constellation d'Orion. En arabe, الجبّار *al-djebbār*, le Géant. *Algébaro* est le même mot avec la terminaison casuelle *o* (*ou*) du nominatif.

5. *Algédi*, étoile γ du Capricorne. Chez les astronomes arabes, الجدى *al-djedī*, le chevreau, marque la constellation entière du Capricorne. ou, pour être plus exact, le 10ᵉ signe du zodiaque.

6. *Algomeiza*, l'étoile Procyon. En arabe, الغميصاء *al-ghoumeiṣā*, la pleureuse, ou celle qui a mal aux yeux. Ce nom vient de ce que les Arabes appelaient Sirius et Procyon les deux sœurs de Canope. Ce dernier astre ne se levant sur l'horizon qu'au moment où Procyon disparaît au couchant, on disait que Procyon pleurait sur l'éloignement de son frère.

7. *Algorab*, étoile γ du Corbeau. En arabe, الغراب *al-ghourab*, même sens (l'oiseau et la constellation).

8. *Alhabor, Alchabor, Alchabar*, l'étoile Sirius. appelée

par les Arabes الشعرى العبور *ach-chi'ra al-'aboŭr*, Sirius passant (sur la Voie lactée).

9. *Aliémini.* C'est encore Sirius, الشعرى اليمانى *ach-chi'ra al-yemānī*, Sirius du Yémen, par opposition à Procyon appelé Sirius de Syrie. (Voy. plus loin *Aschémie.*)

10. *Almerzamonnagied,* étoile qui est sur l'épaule orientale d'Orion. En arabe, المرزم الناجد *al-merzam an-nādjid,* nom qui semble pouvoir être interprété *le lion agile.*

11. *Alphéraz, Alphérath,* étoile α de Pégase; الفرس *al-faras,* le cheval.

12. *Alpheta,* α de la Couronne boréale. En arabe, الفكة *al-fekka.*

13. *Alruccabah,* l'étoile polaire; en arabe, الركبة *ar-roukba,* le genou.

14. *Arided, Arioph, Arisph,* étoile de la queue du Cygne; en arabe, الردف *ar-ridf,* mot qui signifie *celui qui suit, celui qui vient après.* (Voy. *Rédif,* au mot NIZAM.)

15. *Asangue,* la constellation de la Lyre; en arabe, الصنج *as-sandj,* qui est probablement une altération du persan چنك *tcheng,* harpe, luth.

16. *Aschémie,* l'étoile Procyon; en arabe, الشامى *ach-chāmī,* le Syrien, الشعرى الشامى *ach-chi'ra ach-chāmī,* Sirius de Syrie. (Voy. *Aliémini,* ci-dessus.) L'e final de *aschémie* montre que le mot a été fait sur le féminin الشامية *ach-chāmīa.*

17. *Aschère,* Sirius. C'est l'arabe الشعرى *ach-chi'ra,* qui représente le grec Σείριος.

18. *Asugia,* constellation d'Orion; en arabe, الجوزا *al-djauzā* (qui se dit aussi de l'ensemble du 3ᵉ signe du zodiaque, les Gémeaux). Bescherelle donne la forme plus correcte *algiausa.*

19. *Ataur,* constellation du Taureau; en arabe, الثور

ath-thaur, qui se dit aussi de l'animal. L'*Encyclopédie méthodique* cite les variantes *atir*, *atyr*, *atin*.

20. *Baten-Kaitos*, étoile ζ du milieu du corps de la Baleine; en arabe. بطن قيطس *batn qaitous*. *Batn* signifie *ventre*, et *qaitous* est le grec Κῆτος.

21. *Cazimi*. «Ce mot arabe est employé par les astronomes de ce pays pour marquer le disque du soleil; lorsqu'ils disent qu'une telle planète est en *cazimi*, c'est comme s'ils voulaient dire qu'elle ne paraît point éloignée de 16 minutes du centre du soleil, le demi-diamètre de cet astre étant de 16 minutes. » (Lalande, *Dictionnaire des mathématiques de l'Encyclopédie.*) Le mot arabe est جزم *djezm*, coupure, employé en effet pour désigner le disque d'un astre : على جزم الشمس *ala djezmi'ch-chemsi*, sur le disque du soleil, *en cazimi*.

22. *Chara, scera*, l'étoile Sirius. (Voy. ci-dessus *Aschère*.)

23. *Étanin*. étoile de deuxième grandeur, γ du Dragon; de l'arabe التنين *et-tanīn*, le dragon (animal) et le Dragon (constellation). On trouve encore cette étoile désignée sous le nom de *Rastaben*, altération de رأس التنين *ras et-tanīn*, la tête du Dragon. *Et* est l'article pour *el*.

24. *Kalbélasit*, le cœur du Lion (Régulus): en arabe, قلب الاسد *qalb el-asad*, de *qalb*, cœur, et *asad* ou *esed*, lion.

24 *bis*. *Kalbolacrab*, α du Scorpion (Antarès); en arabe, قلب العقرب *qalbou 'l-àqrab*, le cœur du Scorpion, formé du même mot initial et de *àqrab*. scorpion (l'animal et la constellation).

25. *Kalbelazguar*. α du Petit Chien (Procyon); en arabe, الكلب الاصغر *al-kalb al-asghar*, le Petit Chien, de *kalb* ou *kelb*, chien et *asghar*, plus petit. par opposition à *al-kalb al-akbar*. le Grand Chien. Sirius.

26. *Kébir, Kabir*. Ce sont des noms de l'étoile Sirius.

venant peut-être du mot كبير *kebīr*, grand, le Grand Chien,
mais que j'aime mieux regarder comme des altérations de
عبور *ábour* (voy. *Alhabor*, n° 8), parce que Sirius se nommait *al-akbar*, et non *al-kabīr*.

27. *Rasalgethi, Razalagethi*, α d'Hercule; en arabe, راس
الجاثى *ras al-djāthī*, la tête de l'Agenouillé. *Al-djāthī*, l'homme
agenouillé, est le nom de la constellation.

28. *Rasalague, Razalageuse*, α ou la tête du Serpen-
taire; en arabe, راس الحواء *ras al-hawā*, de *ras*, tête, et de
hawā, preneur de serpents.

29. *Zubenel-chemali*, étoile β de la Balance (plateau
septentrional); en arabe, الزبان الشمالى *az-zoubān ach-chemā-
lī*, de زبان *zoubān*, dont le sens est mal défini[1], et شمالى *che-
mālī*, septentrional.

30. *Zubenel-génubi*, α de la Balance (plateau méridional); en arabe, الزبان الجنوبى *az-zoubān al-djenoūbi*; جنوبى
djenoūbi, signifie *méridional*. (Voy. l'article précédent.)

31. *Alchitot*, l'axe de la sphère, le pôle du monde; altération de l'arabe القطب *al-qoutb* (ou du pluriel القطوب
al-qoutoūb), essieu, pôle, étoile polaire.

32. *Alhabos*, le clou qui joint l'anneau de suspension
à l'astrolabe; en arabe, الحبس *al-habs*, d'une racine signifiant *retenir, emprisonner*.

33. *Alphelath*, petit cercle placé au centre de l'astrolabe;
en arabe, الفلس *al-fals*, proprement la petite pièce de
monnaie appelée en grec ὀβολός, obole, mot dont le terme
arabe est une altération. (Pour le changement de *s* en *th*,
cf. *alphérath*, de الفرس *al-faras*.)

---

[1] Je pense qu'il faut voir dans ce mot le persan زبان *zoubān*, qui signifie
proprement *langue* et se dit aussi de la pointe d'une lance, de l'ardillon d'une
boucle, etc.; les deux *zoubān* sont les deux pinces du Scorpion, dont la constellation fait corps avec la Balance.

34. *Alzubra*, la onzième maison de la lune; en arabe, الزبرة *az-zoubra*, le dos, entre les épaules. Cette *mansio* de la lune est en effet marquée par deux étoiles placées entre les épaules du Lion.

35. *Alméhan*, trou circulaire au centre de l'astrolabe; en arabe, المحن *al-mahn*. (Voy. L. A. Sédillot, *Supplément au Traité des instruments astronomiques des Arabes*, p. 225.)

36. *Muri*, indicateur à l'extrémité de l'alidade. Ce mot, qui fait songer à notre *mire*, est ordinairement écrit en arabe مرى *mourī*; cependant j'ai trouvé aussi l'orthographe مورى *moūrī* par un و *oū*, notamment dans l'*Almageste* d'Abou 'l-Wéfa dont le manuscrit[1] est généralement si correct. Le mot arabe n'est pas dans les dictionnaires, du moins avec ce sens. Il paraît être un dérivé du verbe راى *raa*, voir, à la 4ᵉ forme, montrer.

37. *Shafiah*, planchette pour les tracés astronomiques; en arabe, صفيحة *safiha*, surface plane, tablette.

38. *Suradain*, étoiles α et β du Sagittaire; en arabe, الصردين *as-souradeïn*, les deux *sourads*. Le *sourad* est un oiseau fantastique dont il est question dans les contes musulmans[2].

39. *Facardin*, β et γ de la Petite Ourse; en arabe, فرقدين *farqadeïn*, les deux veaux, duel de فرقد *farqad*.

ATHANOR. Four des alchimistes. «On se servait de ce mot, il n'y a pas encore longtemps, dit Bescherelle, pour désigner un fourneau construit de façon qu'avec le même feu on pouvait faire plusieurs opérations différentes.» Esp. *atanor*, qui a pris un sens très-différent, tuyau de fontaine.

---

[1] Anc. fonds ar. de la Bibl. nat. n° 1138. Voy. fol. 20 recto, ligne 5 : مورى *moūrī* 'l-'idāda, indicateur de l'alidade. Ailleurs le mot est sans و *oū*.

[2] Voy. Cherbonneau (*Dict. ar.-fr.*) qui écrit *sarad*.

(Voy. les explications de M. Dozy, *Gloss.* p. 211, 212.)
De l'arabe التنّور *at-tannoūr*, en hébreu, תַּנּוּר *tannoūr*, four,
mot d'origine araméenne et composé de *tan*, fourneau, et
noūr, feu. De là aussi vient *tandour*. (Voy. ce mot.)

Acanor, cité par Bescherelle, est une altération de *athanor*; on sait avec quelle facilité les sons *k* et *t* permutent
dans la langue du peuple. Dans le *Lexicon alchemiœ* de
Martin Ruland, on trouve encore: *athonor, anthonor,* fur-
nus, *atanor,* olla perforata.

Atlé. Espèce de tamarix. De l'arabe الأثلة *athla,* même
sens.

Aubère. Nuance particulière de la robe du cheval.
Blanc, bai et alezan, dit l'un; couleur fleur de mille-per-
tuis, dit un autre; « ex albo fuscus, nigris distinctus ma-
culis », dit le P. Pomey, cité par Ménage; couleur fleur
de pêcher, disent Landais et Bescherelle. Enfin M. Littré
appelle aubère un cheval « dont le corps est recouvert d'un
mélange de poils rouges et de poils blancs, la crinière et
la queue étant de même couleur ou de nuance plus claire. »
L'étymologie de ce mot difficile a été signalée par le
P. Guadix : l'espagnol *hobero* (qu'on écrit aujourd'hui *overo*[1]) est tiré du nom arabe de l'outarde, حبارى *hobāra*.
Le plumage de cet oiseau présente en effet toutes les variétés de couleur que nous venons d'énumérer; le blanc,
le roux, le cendré dominent, et les plumes portent un duvet rose à leur naissance. Il est vrai que l'auteur de l'étymologie veut comparer la robe rosâtre du cheval aubère
moins au plumage de l'outarde qu'à sa chair lorsqu'elle est
cuite[2].

---

[1] Comme si le mot venait du latin *ovum*, et, en effet, dans un dictionnaire espagnol que j'ai sous les yeux, *overo* est expliqué « lo que es de color
de huevo. »

[2] Dozy, *Gloss.* p. 286.

Chardin parle de l'*auberré* comme très-commun en Perse : « On y a partout, en automne et en hiver, des *auberrés*, gros comme des poulets d'Inde, dont la chair est grise et aussi délicate que le faisan. Le plumage en est beau, les plumes longues, et sur la tête il a un bouquet comme un panache. » (Ed. Smith, *Voyage en Perse*, p. 219.) Le commandant Duhousset parle du même oiseau, sous le nom de *houbara* : « Un houbara (petite outarde) fut notre première victime [1]. »

Aubergine. L'aubergine est une plante originaire de l'Orient, ainsi que l'atteste Dominique Chabré qui, dans son *Stirpium icones* (1678), l'appelle *Melongena Arabum* et ajoute : « Melongena in Arabum codicibus primum celebrata fuit. » Le nom arabe-persan بادنجان *bādindjān* serait assez difficile à reconnaître dans notre *aubergine*, si nous n'avions comme points de repère l'espagnol *berengena* et le portugais *beringela, bringella* [2]. On trouve aussi, avec l'article arabe, *alberengena* qui correspond à *aubergine*, comme *berengena* correspond aux autres formes françaises, *mérangène, mélongène*. Du Cange cite, dans le bas latin, *merangolus, melangolus*; les Italiens ont *melangolo* et *melanzana*, dont le *Gazoph. ling. Pers.* signale déjà l'analogie de son avec بادنجان *bādindjān*. Quant à *melongena*, c'est du latin de botaniste.

On trouve encore, dans le français provincial, *bélingèle, albergaine, albergine* et *albergame*. Rondelet, dans son admirable livre sur les Poissons [3], a donné le nom d'*albergame de mer* à une espèce d'holothurie de la Méditerranée,

---

[1] *Les chasses en Perse*, dans *le Tour du monde*, 2ᵉ sem. 1862, p. 114.

[2] Ce mot est revenu en Orient, chez les Malais, sous la forme برنجال *berindjāla*.

[3] *De Piscibus marinis lib. XVIII, in quibus viræ piscium imagines expositæ sunt.* Lyon, 1554.

à cause de la ressemblance de ce mollusque avec le fruit
de l'aubergine.

La diversité de tous ces mots, identiques au fond, se
retrouve jusqu'à un certain point dans les noms orientaux
de l'aubergine, arabes ou persans, بادلجان, بادنكان, بادنجان,
پاتنكاه, پاتنكان, *bādindjān, bādingān, bādildjān, pātingān,
pātingāh*. Chardin écrit *badinjan* : « On a aussi ce fruit
qu'ils appellent *badinjan*, que nous appelons *pomme d'a-
mour* [1]. » Le man. unique de Razi, de la Bibl. nat., porte
بادنجان *bādindjān*; le célèbre médecin arabe dit que ce
fruit brûle le sang et fait naître des pustules dans la
bouche, يحرق الدم ويثير الغم, à moins qu'on ne le fasse
cuire avec du vinaigre [2]. L'aubergine n'a pas aujourd'hui
une aussi détestable réputation.

AUFFE. Espèce de jonc dont on se sert au Levant pour
faire des cordages de navire, des nattes, des filets. C'est
l'arabe حلفة *halfa* ou حلفاء *halfā*, que Freytag donne simplement comme une plante aquatique, sans s'expliquer
davantage, mais qui est le *jonc* dans le *Dict.* d'Ellious
Bocthor. M. Cherbonneau [3] donne aussi *halfa*, jonc aquatique employé à faire des nattes; et M. Sanguinetti : حلفاء
arundo epigeios, حلفة مكة jonc odorant, roseau de la
Mecque (*Journ. asiat.* mai 1866, p. 300). En réalité,
l'auffe n'est pas un jonc, mais une plante de la famille
des graminées, bien connue en Espagne sous le nom de
esparto, sparte (*Stipa tenacissima*, de Linné). Ses feuilles,
longues et étroites, s'enroulent à mesure qu'elles mûrissent
et deviennent cylindriques en séchant. Ceux qui ne l'ont
vue qu'en cet état ne peuvent manquer de la prendre pour

---

[1] *Voy. en Perse*, éd. Smith, p. 204.
[2] *Sup. ar.* n° 1005, p. 41 verso.
[3] *Dict. ar.-franç. et Dict. franç.-ar.* au mot *jonc*.

un jonc [1]. On peut être surpris qu'aucun de nos dictionnaires n'ait signalé l'identité de l'*halfa* et du sparte [2]. L'*alpha* ou *alfa*, qu'on exploite en Algérie et dont on fait du papier, est identique au sparte d'Espagne.

AUGE. Terme d'astronomie. Nom qu'on donnait autrefois à ce qu'on nomme aujourd'hui *apsides*, c'est-à-dire les points où une planète se trouve à sa plus grande ou à sa plus petite distance du soleil [3]. Esp. *auge*, ital. *auge*. De اوج *aoudj*, sommet, point culminant, que les astronomes arabes emploient dans le même sens.

AUMUSSE. Provenç. *almussa*, esp. *almucio*, portug. *murça*, ital. *mozzetta*. On tire ce mot, très-ancien dans la langue française, de l'allemand *mütze*, bonnet, auquel se serait adjoint l'article arabe *al*. Je n'y saurais contredire. (Voy. Littré, *Dict.*)

AVANIE. L'étymologie de ce mot est difficile. Ellious Boethor traduit *avanie* par عوان, عوانية *'awān, 'awānia*, expressions que je ne connais point en arabe. Le P. Ange de Saint-Joseph rend le même mot par اوارى et اوانى *awārī, awānī*, qui manquent dans les dictionnaires [4]. D'autre part, M. Pihan donne pour étymologie هوان *hawān*, mépris, ce qui n'a d'autre base qu'une ressemblance de son, sans aucune concordance de sens; car le sens primitif d'*avanie* est sans rapport avec l'idée de mépriser. Il est facile de reconnaître que ce mot signifie simplement *tribut, amende, somme à payer, droit de passage*. L'idée que nous y

---

[1] Voy. *Dict. d'Hist. nat.* de Déterville, t. XXXI, p. 554.
[2] Elle est indiquée dans le *Dict.* de Littré au mot *sparte*.
[3] Le mot manque avec ce sens dans la plupart des dictionnaires. Bescherelle le tire du latin *augere*, croître.
[4] Comp. cependant أوار et اوارة, oppression, injustice, ruine, calcul, etc.

attachons aujourd'hui est venue postérieurement, et tient
sans doute à la façon vexatoire dont les avanies étaient
perçues en Orient.

« Les Chiodars du Chiaïa, dit Tournefort[1], vinrent nous
annoncer... que tous les passages de l'empire étaient
ouverts pour nous; mais qu'assurément on nous auroit
arrêtés sans la lettre du Beglierbey d'Erzeron, ou qu'au
moins on nous auroit fait payer une grosse *avanie*, comme
il arrive à tous ceux qui passent de Turquie en Perse. »

« Il n'y a pas de gens au monde, dit Chardin dans un
passage que je crois devoir citer tout au long[2], plus aisés
à tromper, et qui aient été plus trompés que les Turcs.
Ils sont naturellement assez simples et assez épais, gens à
qui on en fait aisément accroire. Aussi, les Chrétiens leur
font sans cesse une infinité de friponneries et de méchants
tours; on les trompe un temps, mais ils ouvrent les yeux;
et alors ils frappent rudement et se payent de tout en
une seule fois. On appelle ces amendes qu'ils font payer
avanies; terme qu'on prétend tirer du nom d'*avany* qui se
donne en Perse aux courriers de la cour et qui veut dire
« des gens qui prennent tout ce qu'ils trouvent », parce
qu'effectivement ces courriers prennent sur leur route des
chevaux à toute sorte de gens, quand ils en ont besoin
ou qu'ils en rencontrent de meilleurs que celui qu'ils
montent, sans s'informer qui l'on est... Ces *avanies* ne
sont pas toujours des impositions injustes... Les Marseil-
lais disent que ce sont les *avanies* qui ont ainsi affaibli le
commerce des Français au Levant: aussi en ont-ils payé
pour des sommes immenses. »

Le P. Ange[3] dit aussi : *Avani* اوانى pro *angari*, angaria :
quando cursores regis Persiæ equum viatorum vi armata

<hr>

[1] *Voy. du Levant*, lettre xviii, t. III, p. 146 de l'éd. de 1717, Lyon.
[2] *Voy. en Perse*. p. 9 et 10, éd. Smith.
[3] *Gazoph. ling. Pers.* p. 5.

4

manu exigunt. » Il insinue que le mot persan est celui que les Grecs ont transcrit *ἄγγαρος* (d'où *ἀγγαρεία*, service des courriers. corvée, et plusieurs autres dérivés, dont une partie a passé tardivement en latin : *angaria, angariare, etc.*).

J'ignore quel peut être ce mot persan que Chardin transcrit *avany*.

D'un autre côté, les chartes génoises des xive et xve siècles nous donnent *avaria, averia, avere* dans le sens d'impôt, contribution, droit d'entrée [1]. Est-ce le même mot? On a vu que le P. Ange donne *awārī* à côté de *awānī*.

Ces *avariæ* étaient particulièrement payées pour réparer des pertes, ce qui suggère à l'esprit une assimilation avec notre *avarie* : « *Avariis* seu damnis reparandis, » dit le *Gloss.* de Du Cange. (Voy. ci-après AVARIE.)

En résumé, *avanie*, portug. *arania*, ital. *avania*, bas grec *ἀβανία*, correspond à un terme du Levant اواني *awānī* qui n'est pas dans les dictionnaires, et qui paraît se rattacher au vieux mot d'où est venu le latin *angaria*, corvée, aujourd'hui en italien *angheria*, contrainte, violence. L'assimilation est d'autant plus permise que, dans cette dernière langue, *araniare* est synonyme de *angheriare*, surcharger d'impôts.

AVARIE. Esp. *averia*, portug. *avaria*, ital. *avaria*. Malgré les diverses étymologies proposées par Brenemann, Adelung, Diez, Jal, etc., M. Dozy ne doute pas que le mot ne soit d'origine arabe, introduit d'abord en italien par le commerce, et passé de là aux autres langues européennes. *Avaria* viendrait de la racine عار *'ār* qui signifie proprement *éborgner*, mais qui, à la 2e forme *awouar*, a aussi le sens de *gâter*, d'où عوار *awār*. défaut, déchirure. Bocthor traduit *avarie*

---

[1] On trouve dans Bescherelle · « *Ararii*, impôt de 500 aspres que doit payer chaque quartier dans les villes de l'empire ottoman. »

par عوار حصل لمركب *avīr ḥaṣal li-merkeb*, dommage qui
arrive à un navire, et marchandises avariées par بضاعة
معورة *bedā'a mo'awara*.

Pour établir avec quelque certitude une étymologie
aussi contestée, il faudrait des arguments plus sérieux que
l'autorité d'Ellious Bocthor ou des passages trop modernes
de Maccari. La lecture des articles *avaria, averium, etc.*
dans Du Cange, n'éclaircit rien; mais le sens du mot paraît être plutôt *droit, impôt*, que *dommage*, ce qui conviendrait mal à la conjecture de M. Dozy.

AVICENNE. Genre de plantes de la famille des gattiliers,
tire son nom de celui de l'illustre philosophe arabe : ابن
سينا *Ibn-Sīna*, nom dont les juifs arabisants avaient fait
Aben-Sina, que nous avons transcrit par *Avicenne*.

AVIVES. Engorgement des glandes parotides chez le cheval. Ménage dit que ce mot vient de *eau-vive*, parce qu'on
croyait que les chevaux contractaient cette affection en
buvant des eaux vives[1]. Ce qui est certain, c'est que les
formes espagnoles *adivas, abivas* n'ont aucun rapport avec
eau vive. Aussi, viennent-elles de l'arabe الذيبة *ad-dhība*,
qui est le nom de cette maladie. Le vieux français a aussi
le mot sans l'article, *vives*, qui est resté en anglais.
Bocthor ne traduit pas *avives* par *dhība*; il applique ce
terme à la morve qu'il appelle ذيبة الخيل *dhibat al-khaïl*,
dhiba des chevaux. Resterait à expliquer pourquoi le
français et l'espagnol ont donné à ce mot la marque du
pluriel.

L'arabe ذيب *dhīb* signifie *loup*, *dhiba* se traduirait donc
littéralement par *louve, loupe*. Pris généralement en Algé-

---

[1] « Le cheval fort-beu ou trop tost abbreuvé après s'estre eschauffé et tra-
vaillé, puis se refroidir sans estre pourmené et délassé, engendre les *avives*. »
(*Agriculture et maison rustique*, de Jean Liebault, 1601, p. 165.)

rie et au Maroc dans le sens de chacal, *dhīb* (précédé de l'article *adh* pour *al*) a donné en portugais *adibe*, en espagnol *adive*, qui a passé en français. Nos dictionnaires d'histoire naturelle donnent aussi *adil*. On peut voir, là-dessus, Dozy (*Gloss.* p. 45) et Defrémery (*Journ. asiat.* janvier 1862, p. 87).

AYAN. Magistrat turc chargé de veiller à la sûreté publique. C'est l'arabe اعيان *a'yān*, pluriel de عين *'aïn*, œil. Les Turcs, à l'imitation des Persans, disent : اعيان دولة *a'yān-i devlet*, les yeux du royaume, c'est-à-dire les grands, les ministres. Ici, on pourrait supposer que *ayān* est pris dans un sens plus particulier pour marquer celui qui observe, surveille, de même qu'en malais, مات *mata-māta*, qui signifie aussi *les yeux*, se dit d'un surveillant, d'un agent de police.

AXIRNACH. Terme de médecine. Tumeur graisseuse de la paupière, qui se manifeste surtout chez les enfants. (*Dict.* de Bescherelle.) De l'arabe الشرنق *ach-chirnāq*, même sens.

AYER. Arbuste des Moluques. « Lorsqu'on fait des incisions à ses rameaux, il en découle un suc limpide propre à désaltérer les voyageurs. » (*Dict. de Dét.* III, 122.) C'est assurément le malais اير *āyer*, eau, bien que la dénomination كايو اير *kāyou-āyer*, arbre d'eau, s'applique d'ordinaire au ginseng chinois.

AZAMOGLAN. Jeune serviteur chargé, dans le sérail, des fonctions les plus basses. C'est le turc عجم اوغلان *'adjem-oghlān*, formé de *oghlān*, page, jeune garçon, et de l'arabe *'adjem*[1] qui se dit de tout peuple étranger, non arabe, et

---

[1] Et non de عظام *'azām*, pluriel de عظيم *'azīm*, grand, comme il est dit par erreur dans le *Dictionnaire* de Littré.

particulièrement des Persans. *Azamoglan*, qui est vraisemblablement une transcription grecque (ou peut-être véni-
tienne [1]), signifie donc enfant d'origine étrangère.

AZÉDARAC. Esp. *acedaraque*. Arbre originaire de l'Orient,
dont le nom, ازاد درخت *azād-dirakht*, qui nous est venu
par les Arabes, est d'origine persane et formé des deux
mots, ازاد *azād*, libre, et درخت *dirakht*, arbre. D'après la
légende, ce nom vient de ce que Medjnoun, le célèbre
amant de Léila, sauva un arbre de cette espèce de la
hache d'un jardinier, auquel il en paya le prix, à cause de
la ressemblance qu'il y trouvait avec la taille de sa bien-
aimée. D'après d'Herbelot (*Biblioth. orient.*), l'*azédérach* serait nommé en Perse زهر زمين *zehr-i zemīn*, poison de la
terre, à cause des qualités vénéneuses de ses fruits ; et de
là viendrait son nom d'*arbre libre*, «parce que personne
n'y touche pour en manger le fruit [2]. »

AZERBE. Muscade sauvage. On pourrait être tenté d'assimiler ce mot au portugais *azevre, azebre, azevar*, suc
d'aloès, lequel vient de l'arabe الصبار *aṣ-ṣibār* [3], «fructus
arboris acidi saporis», dit Freytag, ce qui convient parfaitement à la muscade, dont la chair a une saveur si âcre
et si astringente qu'on ne saurait la manger crue et sans
apprêt [4]. Mais il est plus probable que notre *azerbe* représente ضبر *ḍabr*, noix sauvage, muscade, prononcé à la manière persane *zabr, az-zabr.*

AZEROLLE. Esp. *acerola, azarolla*; portug. *azerolo*; ital.

---

[1] On sait que le dialecte vénitien remplace le son *g* (*dj*) par *z*.

[2] «On dit que la pulpe des fruits est mortelle pour les hommes et les chiens,
ce que j'ai de la peine à croire, car elle est peu désagréable au goût, ainsi
que je m'en suis assuré, et elle est fort recherchée par un grand nombre d'oiseaux.» (Bosc, *Dict. d'hist. nat.* t. III, p. 126.)

[3] Engelmann, *Gloss.* p. 35.

[4] *Dict.* de Déterville, t. XXII, p. 71.

azzeruolo, *lazzeruola*, *lazzarolo*, *lazarino*. Tournefort écrit *azarole*, *azarolier*. De l'arabe الزعرور *az-zo'roūr*, même sens. L'azerolier est très-répandu dans le Levant, où il pousse spontanément. L'azerolle est mentionnée dans Razi comme un fruit astringent : الزعرور عاقل للبطن « l'azerolle resserre le ventre [1]. »

AZIMECH. Étoile aussi nommée l'Épi de la Vierge : en arabe السماك *as-simâk*. Les cosmographes orientaux appliquent ce nom à deux étoiles différentes : l'une appelée السماك الرامح *as-simâk ar-râmih*, azimech armé d'une lance, est Arcturus, du Bouvier, et la lance est une petite étoile voisine : l'épithète *ar-râmih* devient chez nos anciens astronomes, *aramech*, *alramech*, noms qu'on donne encore quelquefois à cette étoile. L'autre se nomme السماك الاعزل, azimech désarmé : c'est notre Azimech ou α de la Vierge, la onzième des quinze étoiles de première grandeur que compte Alfergani [2].

AZIMUTH. Terme d'astronomie : arc du cercle de l'horizon compris entre la méridienne et la trace d'un plan vertical. De l'arabe السمت *as-semt*, que les astronomes orientaux emploient dans le même sens [3], et qui est aussi le mot dont nous avons fait *zénith*.

AZOTH. Terme d'alchimie. Prétendue matière première des métaux. (Littré.) C'est le mercure, الزاوق *az-zaouq*. (Voy. ASSOGUE.) On trouve, dans Du Cange, *azoch* et *azoth*, substance ainsi définie. d'après Le Baillif (*Dict. spagyr.*) : « Universalis medicina, paucis cognita. unica medela, la-

---

[1] Man. arabe déjà cité. p. 44 recto.
[2] Édit. de Golius, p. 76. Je n'ai pu découvrir le sens de *simâk*.
[3] السمت هو قطعة قوس من دايرة الافق بين مطلع معدّل النهار وبين تقاطع دايرة الافق ودايرة الارتفاع. *Almageste* d'Abou 'l-Wéfa, fol. 51 verso.

pis physicus; alii putant mercurium corporis metallici. » Dans le manuscrit latin du xiv° siècle, n° 7156, anc. fonds de la Bibl. nat. déjà cité. on lit : « *azoc*, id est argentum vivum, » et dans le man. 7147 : « *azoth* vero est argentum vivum [1]. » Enfin, dans la synonymie qui accompagne la traduction latine de Razi, par Gérard de Crémone [2], on trouve : « *asoch*, argentum. » Ici l'absence du mot *virum* est sans doute l'effet d'une erreur typographique.

Azur. Mot très-ancien dans les langues romanes, et qui remonte, chez nous, au moins au xi° siècle. Esp. et portug. *azul*, ital. *azurro*. bas lat. *azurrum, azura, azolum*. C'est l'arabe لازورد *lazwerd*, ou لاجورد *ladjwerd*, venu du persan لاژورد *lajouwerd*. Le *l* initial .a sans doute été pris pour l'article, ce qui explique son absence dans les mots européens que nous venons de citer. Du reste, on le retrouve dans le bas.latin *lazulum, lazurius, lazur* et dans le bas grec λαζούριον. Nous l'avons aussi conservé dans l'expression *lapis-lazuli*.

<h2 style="text-align:center">B</h2>

Baal. Le nom de cette divinité assyrienne, que nous avons pris dans la Bible. se retrouve dans toutes les langues sémitiques : en hébreu בַּעַל *ba'al*, maître, seigneur: en arabe بعل *ba'l*, maître. mari. Dans l'une et l'autre langue, le verbe *ba'al* signifie *être maître de, prendre pour femme*.

Babiroussa. Espèce de porc de l'archipel Indien. On trouve ce nom écrit de diverses manières : *babirosa, babiroussa*. et même *barbiroussa*. comme s'il signifiait *barbe*

---

[1] *Dict.* p. 16.
[2] Édit. de 1510, en caractères gothiques.

rousse. C'est le malais باى روس *bābī-roūsa*, littéralement *cochon-cerf*, nom qui lui vient des deux longues défenses recourbées qui traversent le dessus de son museau.

Babouche. Esp. *babucha*. C'est le persan پايپوش *pāpoūch* (de پا *pā*, pied, et پوشيدن *poūchīden*, couvrir). Mais le changement de *p* en *b* marque que le mot nous est venu par l'arabe qui, n'ayant pas de *p*, écrit بابوش *bāboūch*. C'est ainsi que nous avons eu *pacha* sous la forme *bacha* ou *bassa*.

Bacbuc. Dans Rabelais, la dive Bacbuc est la dive bouteille : de l'hébreu בקבוק *baqboūq*, bouteille, flacon.

Badamier. Arbre de l'Inde qui donne des amandes d'un goût excellent. (Littré.) Quelque plaisant a imaginé d'interpréter ce nom par *bois de damier*, étymologie que reproduisent tous nos dictionnaires. Le badamier est tout simplement l'arbre qui produit les *bādām* بادام, c'est-à-dire, en langue persane, les amandes. A la fin du siècle dernier, ces amandes servaient de monnaie dans l'Inde, concurremment avec les cauris. « J'ai remarqué dans mon premier voyage, dit Stavorinus[1], que les cauris servent de petite monnaie au Bengale; à Surate, on emploie pour cet effet des amandes appelées *badams*, dont la valeur, comme on se l'imagine bien, varie beaucoup plus que celle des autres pièces de monnoie. »

Badiane. Arbre de la Chine (*Ilicium anisatum*) dont les capsules, connues sous le nom d'*anis étoilé*, servent à faire diverses liqueurs, telles que l'*anisette de Hollande* ou *ratafia de Boulogne*. Esp. *badian*, *badiana*. Du persan باديان *bādiān*, anis.

[1] *Voyages dans l'archipel des Moluques* (1768 à 1778). Trad. du hollandais par Jansen. 2ᵉ édit. t. II, p. 20.

Baïram. Fête turque qui succède au jeûne du Ramadan. C'est la transcription du turc بيرام *baïrām*. Soixante et dix jours plus tard, on célèbre le grand-baïram ou *courban-baïram; courban* est l'arabe قربان *qourbān*, sacrifice.

Bakchich. Cadeau, pourboire en Turquie, en Égypte, en Perse, etc. «Nous prenons nos billets et nous sommes poursuivis dans la gare par un employé arabe qui nous demande un *bakchich* pour nous avoir passé nos billets.» (Guill. Lejean [1].) C'est un mot persan بخشيش *bakhchīch*, du verbe بخشيدن *bakhchīden*, donner. Bocthor (au mot *pourboire*) écrit بقشيش *baqchīch*, ce qui est une orthographe corrompue.

Balais (Rubis). Esp. *balax, balaxo, balaja;* portug. *balax*, ital. *balascio*, bas lat. *balascius*. De l'arabe بلخش *balakhch*, venant du persan بدخشان *badakhchān*, nom du pays d'où l'on tire ces gemmes. «C'est dans les montagnes de *Badakschian* que se trouve la mine de rubis que les Orientaux appellent *badakhschiani* ou *balakhschiani*, et que nous nommons rubis balays.» (D'Herbelot [2].) «Pour ce qui est du rubis..., on l'appelle aussi *balacchani*, pierre de *Balacchan*, qui est le Pégu [3], d'où je juge qu'est venu le nom de *balais* qu'on donne aux rubis couleur de rose.» (Chardin [4].) Marco Polo appelle ce même pays *Balasian* et les rubis *balaxi* ou *balasci*.

On voit par ces citations combien peut varier sous une plume européenne la transcription d'un même mot oriental.

---

[1] *D'Alexandrie à Souakin*, dans *le Tour du monde*, 2ᵉ sem. de 1860, p. 98. M. Spoll, dans son *Voyage au Liban*, écrit *bachich* : «Des Arabes demi-nus....... nous déposent sains et secs sur le quai moyennant un léger bachich.» (*Le Tour du monde*, 1ᵉʳ sem. 1861, p. 3.)

[2] *Biblioth. orient.* au mot *badakschian*.

[3] Erreur relevée par M. Defrémery, dans une note de sa traduction du *Gulistan*, p. 324.

[4] *Voy. en Perse*.

Baldaquin. Esp. *baldaqui, baldaquin, balduquino;* ital. *baldacchino;* bas lat. *baldakinus, baldekinus, baudakinus, baudekinus, baldekinius.* Du nom de la ville de Baghdad بغداد, qu'on écrivait au moyen âge *Baldac* ou *Baudac,* en italien *Baldaco.* Baldaquin et ses congénères sont des adjectifs formés sur ce nom ainsi altéré, et qu'il est fort inutile de vouloir tirer directement de l'adjectif arabe بغدادى *baghdādī.* Ce dernier mot, ainsi que *baldaquin,* a signifié d'abord une riche étoffe fabriquée à Baghdad et servant à faire des tentures: de là est venue la signification actuelle.

Baléron ou **Balérong.** Salle d'audience où le souverain malais rend la justice. En malais باليروڠ *balērong* ou بالى روڠ *balē-rouang. Balé* employé seul signifie de même *édifice public, lieu d'assemblée, maison commune.* Le *balérong* est généralement une grande cour entourée par les bâtiments du palais du souverain.

Baltadji. Officier du sérail spécialement préposé à la garde des princes et du harem. (Bescherelle.) Transcription du turc بالتهجى *bāltadji.* porte-hache. formé de بالته *bālta,* hache, et de la terminaison جى *dji.* qui indique les noms de métiers. Ce nom vient, dit-on. de ce que les *baltadjis* étaient chargés d'approvisionner de bois les appartements du Grand-Seigneur. et leur hache représentait la cognée du bûcheron.

Balzan. D'après les dictionnaires, ce mot ne se dit plus guère que des chevaux ayant des *balzanes,* c'est-à-dire des taches blanches circulaires aux pieds. C'est ce qui avait porté Diez à signaler pour l'étymologie l'italien *balza,* bordure: le wallon *baltz.* lacet, qui viennent du latin *balteus* ou *baltius,* baudrier. J'ai combattu cette étymologie[1]

---

[1] *Revue de l'Instr. publ.* 25 janvier 1866. p. 678.

au point de vue du sens et de la forme du mot, et j'en
ai proposé une nouvelle, tirée de l'arabe, à laquelle
M. Littré s'est rallié dans les *Additions* à son dictionnaire.

Balzan, dans ses formes anciennes *bausan, bausant,*
bauçant, bauceant, etc. est un qualificatif de la robe du
cheval, comme brun, blanc, rouge, fauve. C'est ce que
prouvent les deux exemples du xii⁰ et du xiii⁰ siècle cités
par M. Littré, auxquels il est facile d'en joindre beaucoup
d'autres; il suffit d'ouvrir Du Cange ou le glossaire manuscrit de Lacurne de Sainte-Palaye :

> Les chevax brochent bruns et *baucens* et sors.
>
>   (Rom. de Roncev.)

> Ni à celi n'est auferrant corsier
> *Bausant* ou brun pour son cors aaisier.
>
>   (Rom. de Roncev.)

> Et destriers de prix hennissans,
> Blancs, noirs, bruns, bais, *baucens* et bailles.
>
>   (Will. Guiart.)

> Chevaulx ont gaaingné blans et *baucens* et sors.
>
>   (Rom. de Roncev.)

> Et tant destrier bai et sor et bausant.
>
>   (Rom. d'Aubery.)

> Les costes a bauçans et fauve le crespon.
>
>   (Rom. d'Alexand.)

Visiblement, dans tous ces passages, il ne s'agit point
de tache blanche aux pieds en forme de ceinture. Le dernier surtout ne laisse aucun doute. Et en effet, un cheval
bausant, dit Lacurne, est un cheval *pie* ou *baie pie. Baucens,*
bauceant (baucennus), dit le *Gloss.* de Du Cange, « albo et
nigro interstinctus vel bipartitus... Hoc vocabulum præsertim usurpant scriptores vernaculi de equis quorum
pelles nigro et albo interstinctæ sunt. »

On sait aussi que l'étendard des Templiers, moitié blanc,

moitié noir, était nommé *bauceant* dont on a fait *beau-séant*. Du Cange a aussi « *balsa*, vexillum Templario-rum. »

Quant aux formes, outre celles que nous venons de citer, on trouve *bauchant* et même *baucant* en vieux fran-çais; *baucendus*, *bauchantus* dans le bas latin. Tous ces mots, excepté *bausan*, ont un *c* et présentent un radical commun *bauc* = *balc*.

Or, le mot arabe auquel je prétends rattacher *balzan* est précisément formé des trois lettres radicales *b, l, q*. C'est بلقاء *balqā*, féminin de l'adjectif ابلق *ablaq*, que Me-ninski et Freytag traduisent ainsi : « Albo nigroque co-lore variegatus; usque ad femora albis pedibus præditus (equus). »

Nous retrouvons là tout à la fois la définition du cheval *bausant* et du cheval qui a des balzanes. Pour ce qui est de la terminaison *ā* devenue *an* et de l'emploi du féminin, voyez ce qui en est dit ci-dessus au mot ALEZAN. L'expres-sion فرس بلقاء *faras balqā*, jument *bausant*, se trouve dans un passage du man. n° 1728, sup. arab. de la Bibl. nat. p. 40.

BAMBOU. Le bambou est originaire des Indes orientales. Son nom est, chez les Malais, بمبو *bambou* ou مبمو *mambou*. Une espèce, à bois si dur qu'il donne des étincelles sous la hache qui le coupe, porte, dans nos livres d'histoire na-turelle, le nom de *bulu*, qui est le malais بولوه *boūlouh*.

BANGUE. Portug. *bango*. C'est le chanvre de l'Inde, qui fournit l'élément principal du hachich. De l'arabe بنج *bendj* ou plutôt du persan بنك *beng*, prononcé *bang* par les Hin-dous. Ce mot désigne la plante et aussi la potion narco-tique qu'on en tire. « Lorsqu'on veut, dans l'Inde, s'étour-dir le cerveau, calmer ses maux ou dormir sans inquiétude, dit Bosc [1], on pulvérise du *bangue* avec de l'opium, de l'arec et du sucre, et on avale le résultat du mélange. Lorsqu'on veut être joyeux ou facétieux, on en mêle avec du musc, de l'ambre et du sucre, et on en use de même. »

La même préparation porte aussi en Orient le nom de مصلق *maslaq*, en italien *maslocco*, que nos recueils de drogues appellent *massac, malach, masasc* ou *masloc.*

Le *bendj* des Arabes paraît être proprement la jusquiame. Celui des Persans est, d'après Chardin [2], « une infusion de la graine de pavot avec celle de chènevis, de chanvre et de noix vomique. » Razi dit : بنج جميع أصنافه مسكرة مخدرة وشرّه الاسود فانه يقتل « toutes les espèces de *bendj* produisent ivresse, stupeur : le plus violent est le noir, il tue. » (Trait. III, chap. XXVIII, man. sup. ar. 1005, fol. 47 verso.)

BARAT. « Patente de drogman délivrée par les consuls européens à des sujets du Grand-Seigneur. » (Bouillet, *Dict. scienc.*) C'est le turc براءت *barāt*, lettre, diplôme royal, qui accorde un privilége; de l'arabe براءة *baraa*, *immunitas*, se rattachant à la racine برئ *baraa*, *immunis fuit.*

BARBACANE. Esp. *barbacana*, portug. *barbacão, barbacane.* En arabe بربخ *barbakh*, que je regarde comme une onomatopée analogue à notre *glou-glou*, signifie *tuyau d'aqueduc, évier, trou d'égout, canal de l'urètre.* Notre *barbacane* a des sens assez analogues et désigne entre autres choses « une ouverture longue et étroite pour l'écoulement des eaux. » (Littré.) Il semble donc assez naturel de rapprocher ces deux mots. La terminaison *ane*, qui n'est pas représentée dans le vocable arabe, ne ferait pas grande difficulté; car

---

[1] *Dict. d'hist. nat.* t. III, p. 227.
[2] *Voy. en Perse*, éd. Smith, p. 275.

celle-là ou d'autres pareilles se trouvent dans des mots de nos langues dont l'origine arabe est hors de doute. (Voy. par exemple Amiral.) Quant à supposer que la fin du mot représente le persan خانه *khāneh*, maison, je n'y vois aucune vraisemblance.

Barde. Autrefois *aubarde*; esp. et portug. *albarda*; ital. *barda*. Tous ces mots signifient ou ont signifié *bât, selle*. La présence de l'article arabe *al* conduit à prendre pour étymologie بردعة *barda'a*, bât rembourré pour un âne ou une mule, dans le *Dict.* de Boethor. Dans Freytag, c'est une couverture qu'on place sur le dos de la bête pour adoucir le contact du bât.

Basane. *Bezane*, dans Palsgrave; esp. et portug. *badana*, bas lat. *bedana*. De l'arabe بطانة *bithāna*, qui signifie proprement *doublure*, la basane étant employée à doubler l'intérieur des chaussures et d'autres objets faits de cuir. (Voy. Engelmann. *Gloss.* p. 232.)

Bawang. Bawang ou *Caju-barang*. Grand arbre de l'archipel Indien. « Les fruits du bawang ont tellement l'odeur d'ail qu'on s'en servait autrefois à Amboine pour assaisonner les aliments. » (Bosc, *Dict. d'hist. nat.* III, p. 332.) C'est le malais باوغ *bāwang*, ail, oignon, et l'arbre s'appelle كايو باوغ *kāyoū-bāwang*, arbre-ail.

Bayad. Poisson du Nil. « Le bayad, *Silurus bajad*, est généralement d'un blanc argenté. » (Geoffroy Saint-Hilaire[1].) Sonnini écrit *bayatte*[2]. De l'arabe بياض *bayād*, même sens. Ce nom signifie *blancheur*.

---

[1] Publicat. de l'Institut d'Égypte. *Hist. nat.* I, p. 303.
[2] *Voy. en Égypte.* pl. XXVII.

Bazar. C'est le mot originellement persan بازار *bāzār*, lequel est d'un usage général dans tout l'Orient.

·Bédégar, Bédégard ou Bédéguard. Excroissance chevelue produite sur les églantiers et les rosiers par la piqûre d'un insecte. Chez nos anciens botanistes, le *bédéguar* est une plante du genre *echinops*, le chardon de Notre-Dame[1]. C'est l'arabe-persan باذاورد, بادورد, بادآورد, بادآورده, *bā-dhāouard*, *bādaward*, *bādāwourd*, *badawourdé*. La première forme est celle que donne l'unique man. de Razi de notre Bibl. nat.[2]. Gérard de Crémone, dans sa synonymie (1481), explique *bedegar* par «spina alba vel odor rosæ», ce qui indique qu'il regardait le mot comme formé du persan باد *bād*, vent, souffle, et de l'arabe ورد *ouard*, rose.

Bédouin. Esp. *beduino*. De l'arabe بدوى *bedaouï* ou *be-douï*, qui demeure dans le désert, adjectif formé sur بدو *bedou*, désert, lieu sans habitations fixes.

Béhen. C'est en pharmacie le nom de plusieurs racines, dont les deux principales portent les noms de *béhen blanc* et de *béhen rouge*. *Béhen* est une corruption de l'arabe-persan بهمن *behmen*. Le traité de médecine de Razi cite les deux espèces que nous venons de mentionner : la seconde, dit-il, est un aphrodisiaque : بهمن احمر مهيج للباه[3]. Tournefort rapporta de son voyage au Levant les graines d'une des plantes qui produisent le *béhen*; semées à Paris, elles produisirent la centaurée dite par les botanistes *centaurée béhen*.

Dorvault (*Officine*) dit que la statice ou romarin des marais a porté le nom de *katran de béhen*.

----

[1] Voy. Domin. Chabré, *Stirpium icones*, p. 348; Jean Liébault, *Maison rustique* (1601), p. 237, etc.

[2] Fol. 47 verso. Razi donne le bédégar comme fébrifuge.

[3] Man. déjà cité, traité III, ch. xxviii, fol. 47 verso.

Il ne faut pas confondre *béhen* avec *ben* (voy. ce mot), comme l'a fait Richardson, qui traduit بهمن *behmen* par « ben album et rubrum. »

Bélial. Cette expression biblique, qu'on a appliquée au démon, signifie proprement *chose inutile, pernicieuse*, en hébreu בְּלִיַּעַל *beli-ya'al*, formé de בְּלִי *beli*, sans, et יַעַל *ya'al*, utilité, profit.

Belléric ou Belliric. Nom d'une espèce de myrobolan. On dit aussi *belléris*. C'est l'arabe بليلج *beliledj*, venant du persan بليله *belileh*. Le mot est dans Razi, p. 47 verso.

On compte cinq espèces de myrobolans consignées dans ces deux vers que je copie dans la botanique de Jean Bauhin [1] :

> Myrobalanorum species sunt quinque bonorum :
> Citrinus, Kebulus, Bellericus, Emblicus, Indus.

Dans un poëme médical du moyen âge [2], on lit les mêmes noms, sauf le dernier :

> Citrini coleram purgant, hebulus atque
> Bellericus fleuma pellunt, queis emblicus — (?)

On trouvera plus loin l'étymologie arabe de *kebulus = hebulus* et de *emblicus*.

Ben. Arbre nommé par les botanistes *Moringa oleifera*, dont la semence fournit une huile pour la parfumerie. C'est le بان *bān* des Arabes, souvent cité par les poëtes [3].

---

[1] *Histor. plantarum universalis*, t. 1er, p. 302, 2e colonne.

[2] Man. du xiii° siècle, anc. fonds lat. n° 7058, Bibl. nat. p. 70. Je n'ai pas su lire le dernier mot du second vers.

[3] Il paraît que les Arabes ont appliqué le même nom بان *bān* à deux arbres très-différents, mais remarquables tous deux par le parfum de leurs fleurs : l'un est le *moringa*, dont il vient d'être question ; le second est connu sous le nom de *saule d'Orient* et s'appelle encore, en arabe, خلاف *khalaf*, dont nous avons fait *chalef*. (Voy. Bocthor, à *saule* et à *moringa*.)

En termes d'officine, on dit *ben album*, et de là sans doute provient l'erreur de Richardson marquée ci-dessus à BÉ-HEN. Ce *ben* ou *aben* des droguistes n'est pas une racine comme le *béhen*, mais la graine même du moringa.

BENETNACH. Nom de l'étoile *η* de la Grande-Ourse, qui est à l'extrémité de la queue. C'est l'arabe بنات نعش *benāt na'ch*, les filles de Naach, comme traduit Chézy dans sa version d'une ode persane d'Anvéri [1]. Les Arabes appellent *na'ch* les quatre étoiles brillantes du quadrilatère, et *benāt*, filles, les trois qui forment la queue. Il semble que les sept étoiles ensemble s'appelaient aussi *les filles de Na'ch* ou *les fils de Na'ch* ou *la famille de Na'ch*. Voici comment s'exprime le traité d'astronomie d'Abd er-Rahman es-Soufi [2] : والعرب يسمى الاربعة النيرة التى على المربع المستطيل

والثلثة التى على ذنبه بنات نعش و بنى نعش وآل نعش منها

الاربعة التى على المربع المستطيل نعش و الثلثة التى على الذنب

بنات. Cazouini reproduit la même explication.

Quant à ce mot *na'ch*, dont on a fait un nom propre, il signifie *cercueil;* les Arabes chrétiens appelaient les quatre étoiles du quadrilatère *cercueil de Lazare,* نعش لعزار *na'ch la'zār,* et les trois de la queue étaient Marie, Marthe et la Servante [3].

BÉNI. Mot qui figure en tête des noms de tribus arabes, comme *béni-M'zab, béni-Hachem, etc.* La conquête de l'Al-gérie a fait entrer ce terme dans la langue populaire qui l'emploie sous forme de plaisanterie, par exemple quand elle

---

[1] Voy. *La Perse*, par Dubeux, p. 439.

[2] Man. de la Bibl. nat. supp. ar. n° 964. Le même passage est cité d'après un autre man. (n° 1110, anc. fonds), par M. Sédillot, *Suppl. au Traité des instr. astronom. des Arabes*, p. 120.

[3] Voy. Sédillot. *Tables d'Oloug-Beg*, p. 242, 243.

dit les *béni-zouzou* pour les zouaves. C'est l'arabe بنى *benī*, pluriel de ابن ou بن *ibn* ou *ben*, fils : Béni-Abs signifie *descendants d'Abs*. En Algérie, on emploie concurremment et dans le même sens, *oulad*, qui est l'arabe اولاد *aoulād*, pluriel de ولد *oueled*, fils : les Oulad-Sliman, les Oulad-Sidi-Cheikh, etc.

BENJOIN. Esp. *benjui, menjui*; portug. *beijoim, beijuim*; ital. *belzuino, belguino*. De l'arabe لبان جاوى *loubān djāwi*, encens javanais. Cette étymologie, donnée par Valentijn, est appuyée d'arguments solides dans le *Gloss.* de Dozy (p. 239). Par *javanais*, il faut entendre *de Sumatra*, car les Arabes appelaient cette grande île *Java*. C'est de Sumatra que nous vient le benjoin le plus estimé.

Le *Dict.* de Déterville donne *benjaoy* comme synonyme de benjoin, ce qui confirme l'étymologie ci-dessus; mais qu'est-ce que *benzoenil, benjoenil,* pour lesquels cet ouvrage renvoie à *benjoin* et à *vanille?*

BENNI ou BINNI. Poisson du Nil et de l'Euphrate (*Cyprinus bynni*). De l'arabe بنّى *bounnī*.

BENTURONG. Genre de mammifères, propre aux îles de la Sonde (*Ictides*). Du malais بنتورغ *bintoūroung*, mot qui manque dans Marsden, mais qui se trouve dans le *Dict.* de l'abbé Favre.

BERBETH. « Instrument de musique à quatre cordes employé par les Arabes. » (Bouillet. *Dict. Scienc.*) L'arabe بربط *barbaṭ* représente le grec βάρβιτος, en latin *barbitus*.

BESSI. Grand arbre de l'archipel Indien, un de ceux auxquels on donne vulgairement le nom de *bois de fer*, qui

est la traduction littérale de l'appellation malaise كايو
بسى *kāyou besi*.

BETELGEUSE. Quelques ouvrages écrivent *Beteigeuse*. Nom
de l'étoile de première grandeur placée à l'épaule orientale d'Orion. La constellation d'Orion est nommée par les
Arabes الجوزاء *al-djauzā*, et l'étoile dont il s'agit ici est appelée منكب *mankib*, épaule, ou يد *yed*. bras [1]. Voici ce
qu'en dit le traité d'astronomie d'Abd er-Rahman es-Soufi [2] :

الثانى هو النير العظيم الاحمر الذى على منكبه الايمن من القدر
الاول ... ويسمى منكب الجوزا ويد الجوزا ايضا « La deuxième
(étoile d'Orion) est la brillante, grande, rouge, qui se
trouve sur son épaule droite; elle est de première grandeur et on la nomme épaule d'Orion ou encore bras
d'Orion (*yed el-djauzā*). » *Betelgeuse* ne peut être qu'une
altération de cette expression arabe *yed el-djauzā*. Toutefois, il faut observer que, dans la série des signes du zodiaque, الجوزا *el-djauzā* marque les Gémeaux. Or, les as-
trologues, pour leurs horoscopes, considèrent douze *maisons* du soleil (بيوت باقية [3]) correspondant aux douze signes;
parmi elles se trouve donc la *maison des Gémeaux*, بيت
الجوزا *beit el-djauzā*. Cette expression a dû être confondue
avec *yed el-djauzā* et prise pour le nom de l'étoile.

BEY. Titre chez les Turcs, gouverneur. C'est le turc
بك *beg*, adouci en *bey*. De là vient *bégum*, en turc بگم *be-*

---

[1] Il serait inexact de traduire ici يد *yed* par *main*; car l'étoile est située
à la naissance du bras et fort éloignée de la main. On sait, du reste, que,
dans le langage scientifique, *yed* se dit de l'ensemble du bras, depuis
l'épaule jusqu'au bout des doigts.

[2] Man. déjà cité, fol. 136 verso.

[3] Un chapitre de l'*Almageste* d'Abou 'l-Wéfa traite de la connaissance des
maisons, qu'on appelait alors, dit-il, *les Centres* : البيوت الباقية المسماة فى
زماننا المراكز (Man. de la Bibl. nat. anc. fonds ar. n° 1138.)

goum, qui semble formé de *beg* et de l'arabe أمّ *oumm*, mère, la mère du beg.

Beylik, province, principauté, est un substantif turc بكلك formé sur *bey*, comme *pachalik* sur *pacha*.

Beglierbey, titre de gouverneur de province, est formé du pluriel de *bey* joint au singulier, بكلربكى *begler-beghi*, adouci en *beyler-beyi*, le bey des beys.

BEZESTAN. Marché public, halle ouverte, dans le Levant. Transcription de l'arabe-persan بزستان *bezestān*, mot formé du persan بز *bez* (arabe بزّ *bezz*), lin, toile, hardes, et de la terminaison persane *stān*, qui marque le lieu où une chose se trouve (comme dans les noms de pays : *Afghanistan*, *Beloutchistan*, pays des Afghans, des Beloutchis, etc.).

BEZOARD. Esp. *bezoar*, *bezaar*, *bezar*; portug. *bezoar*. De l'arabe بادزهر *bādizahr* ou بازهر *bāzahr*, venant du persan پادزهر *pād-zehr*, qui signifie littéralement *chasse-poison*. *Bezoar* a été employé chez nos anciens auteurs, non-seulement dans son sens propre : « Lapidem *bezaar* magnæ virtutis et pretii [1] », mais encore dans le sens général de contre-poison, ainsi qu'on le voit dans ces passages d'Ambroise Paré cités par M. Littré : « Son *bezahar* ou contre-poison est le suc de mélisse... D'autant qu'en parlant des signes de chacun venin à part, nous avons nommé son antidote *bezahar*, il faut savoir ce que veut dire ce mot : les antidotes ou contre-poisons ont esté appelés par les Arabes en leur langue *bezahar*, c'est-à-dire en leur baragouin, conservateur de la vie; de là est venu que tous antidotes et contre-poisons par excellence ont été appellés *bezardica*. »

---

[1] Petr. Texeira, *Hist. regum Persiæ*, cap. xxiii.

Le mot s'est introduit dans nos langues par les livres
de médecine arabes : « Lapidem bezoarticum, de cujus
efficacissima vi adversus venena Arabes præsertim, veteres etiam et juniores medici tam multa retulerunt admi-
randa, » dit Gaspare de los Reyes [1], qui cite en même
temps un grand nombre d'écrivains arabes, tels que « Rhazis, Abenzoar, Mesue, Haly Abbas, Avicenne », etc. parmi
ceux qui ont traité ce sujet.

Lui-même y a consacré vingt pages in-4°. J'en tire les
lignes suivantes à cause de la suggestion étymologique
qui paraît s'y trouver : « (Lapides bezoartici) qui frequen-
tiores et communiores sunt, in ventriculis animalium quo-
rumdam Indorum generantur, quæ capræ magnitudinem
superant et ad cervorum figuram proxime accedunt, unde
cervicapræ communiter appellantur, et a Persis *Pazan* vocantur, et ipsum lapidem *Pazaar,* quod antidotum sonat,
aut veneni remedium [2]. » Inutile de dire que *Pazaar,* c'est-
à-dire *Padzehr,* et *Pazan* n'ont entre eux aucun rapport.
Ce dernier nom a passé dans la nomenclature zoologique
française : *paseng,* chèvre égagre, et *pazan,* nom donné
mal à propos par Buffon à l'antilope oryx. Dans Meninski,
بازن ou پازن *bazen, pazen* est simplement : « cornutus, qui
mœcham habet »; mais Richardson traduit avec raison
par « goat of mountain », chèvre de montagne. Il y a plus
de trois cents ans qu'Ambroise Paré avait fait mention de ce
ruminant : « Une espèce de bouc appelé en langue persicque
pazain », dans un passage dont celui de Gaspare de los
Reyes semble une traduction.

Biasse. Soie crue du Levant. C'est le persan ابیشم *abī-
cham,* cocon, et dans Castell « serici crudi sordes et villi. »

---

[1] *Elysius jucundarum quæstionum campus,* Francfort, 1670, p. 905.
[2] P. 918.

Bichir. Poisson du Nil (*Polyptère bichir*). C'est Geoffroy Saint-Hilaire qui a introduit ce nom dans la nomenclature zoologique [1]. J'ignore l'orthographe du mot arabe correspondant.

Bismuth. Serait-ce l'arabe اثمد *ithmid*, antimoine? La confusion entre les deux métaux est facile à comprendre. Mais d'où viendrait le *b* du français, de l'espagnol *bismuto*, de l'italien *bismutta*, ou le *w* de l'allemand *wismuth*?

Bonduc. Plante exotique aussi nommée *œil-de-chat* ou *guilandine*. C'est l'arabe بندق *bondouq*, qui paraît d'origine indienne. On le trouve en malais.

Borax. Esp. *borrax, borraj*; ital. *borrace*. De l'arabe بورق *bauraq* ou *boūraq*, venant du persan بوره *boūrah*, même signification. بورق est dans Razi (man. déjà cité, fol. 47 verso), et Gérard de Crémone transcrit *baurach*. Il n'est pas inutile de remarquer que le borax nous vient surtout des pays asiatiques: Léman [2] dit que ce mot, emprunté aux Arabes, s'est introduit dans les langues européennes vers le iv⁰ siècle.

Bordat. Sorte d'étoffe de laine égyptienne, qu'Ellious Bocthor traduit par بردة *berda*.

Bosan. Boisson en usage en Orient. De l'arabe بوزة *boūza* (voy. Bocthor au mot *Zythum*), en Persan *boūzah* « a beverage made from rice, millet or barley. » (Richardson.) « A Loheya, dit Niebuhr [3], on nous offrit une espèce de *busa* qui nous causa des nausées. »

---

[1] Ouvrage de la commiss. de l'Instit. d'Égypte. *Hist. nat.* t. I⁰ʳ, 1⁰ part. p. 4 à 18.

[2] *Dict. d'Hist. nat.* t. XXXI. p. 433.

[3] *Voy. en Arabie*, éd. Smith, p. 266. Loheya est dans le Yémen.

Bostangi. Jardinier turc ou garde des jardins du sérail.
C'est un mot turc بستانجى *bostāndjī* formé du persan بستان
bostān, jardin, et de la terminaison turque ﺟﻰ *djī*, qui sert
à former les noms de métier. C'est à tort que l'auteur
d'*Une visite au sérail en 1860*[1] écrit *bastandji*.

Boudjou. Monnaie d'argent dans la Barbarie, valant
1ᶠ86ᶜ. En arabe algérien بوجو *boūdjoū*, qui vient du turc
بوجق *boūtchouq*, moitié, demi. (Voy. Pihan, *Dict. des mots
dérivés de l'arabe.*)

Bougie. Esp. *bugia*. On tire ce mot du nom de la ville
africaine de Bougie, en arabe بجاية *bidjāya*, qui fournis-
sait jadis une grande quantité de cire. (Voy. Defrémery,
Journ. asiat. janvier 1862, p. 93.)

Bouracan. Esp. *barragan*; portug. *barregana*; ital. *baracane*; bas lat. *barracanus*, *baracanus*. De l'arabe بّركان ou
برنكان *barrakān*, *barnakān*, même signification. M. A. de
Chevallet cherche à *bouracan* une étymologie germanique[2],
mais tous les mots qu'il cite sont relativement modernes
et ne sauraient infirmer l'origine orientale.

Boutargue. Sorte de caviar fait avec des œufs de muge.
Le *Dict. d'hist. nat.* de Déterville écrit *boutarque*, *pou-
tarque*. Esp. *botagra*[3], ital. *buttagra*. C'est l'arabe بطرخة
boutarkha, même sens, lequel paraît formé, d'après Ét.
Quatremère, de l'article copte *bou* et du grec τάριχος ou
τάριχον, poisson salé, fumé, séché. (*Journ. des Savants*,
janvier 1848, p. 45.)

---

[1] *Le Tour du monde*, 1ᵉʳ sem. 1863, p. 3.
[2] *Origine de la lang. franç.* t. Iᵉʳ, p. 368.
[3] *Botagra* n'est pas noté dans le *Gloss.* de M. Dozy.

BRAN. « Les bœufs sauvages qu'on appelle en Provence et Languedoc bœufs *brans* ou *branes*. . . . Tels bœufs sont nourris aux marets de la Camargue. » (*Agriculture et maison rustique* de Charles Estienne et Jean Liébault, p. 130.)

Ce mot doit certainement être mis à côté de l'espagnol *albarran*, venant de l'arabe بَرّان *barrān*, avec le sens de *sauvage*, *étranger*, soit qu'on le dérive de بَرّ *barr*, terre, champ, soit qu'on le rattache à la racine برى *baria*, être libre. (Voy. *Gloss.* de Dozy, p. 69.)

BRODEQUIN. Esp. *borcegui*, portug. *borzeguim*, ital. *borzacchino*. M. Dozy a cherché à établir l'origine arabe de *borcegui*. On peut voir sa dissertation, p. 241 du *Glossaire*.

BULBUL. Nom du rossignol en langue persane : بلبل *boulboul*, qui est évidemment une onomatopée.

BURNOUS. Esp. *albornoz*, portug. *albernos*. De l'arabe برنس *bournous*, sorte de bonnet ou de capuchon. M. D'Escayrac s'est amusé à contester l'origine arabe de ce mot et a voulu y voir une corruption de *mérinos*. Mais برنس est ancien dans la langue arabe. Chez Maçoudi et chez Ibn al-Athir, c'est un bonnet de forme haute : على راسه برنس طويل « il avait sur la tête un *bournous* allongé », dit le premier; عليه برنس باذناب الثعالب « il portait un *bournous* avec des queues de renard », dit le second. J'emprunte ces deux citations à une intéressante note de M. Defrémery, dans son *Mémoire sur les Sadjides*, p. 61, 64.

C

CAABA. Temple sacré de la Mecque. En arabe كعبة *ka'ba*, c'est-à-dire *carrée* (ou plutôt *cubique*), à cause de la forme du bâtiment.

Cab. Mesure d'un litre environ, chez les Juifs; transcription de l'hébreu קַב *qab*.

Cabale ou Kabbale. Originellement, ce mot désigne une tradition juive touchant l'interprétation de l'Ancien Testament, et vient de la racine sémitique קָבַל *qabal*. chald. *qebal*, arabe قبل *qabal*, recevoir. Plus tard, cabale s'est dit d'une science mystérieuse permettant de se mettre en communication avec les êtres surnaturels; de là, le sens actuel, *intrigues, menées secrètes*.

Caban. Autrefois *gaban*; esp. *gaban*, portug. *gabbão*, ital. *gabbano*. Le *Dictionn.* de M. Littré donne pour étymologie l'arabe عباء *'abā*, drap grossier dont on fait des capotes, et aussi manteau noir rayé des derviches. L'*aba*, dit M. Defrémery, est « une sorte de manteau court, ouvert sur le devant et dépourvu de manches. C'est l'habit caractéristique des Bédouins à toutes les époques [1]. » « Il y avait là des Kurdes... dont l'*abba* est rayé de bandes brunes ou blanches. » (Duhousset [2].)

Un autre terme قباء *qabā* est le nom d'une sorte de tunique dont Chardin et Tavernier ont donné la description. Eastwick définit le *qabā* « a kind of light cloak with long sleeves, somewhat like a college gown, but generally made of wool [3]. »

Enfin le *Gazoph. ling. Pers.* traduit *gaban* par كپين *kapan* et كينك *kapanek*, qui pourraient bien être d'origine européenne.

Je ne vois là rien d'assuré pour l'étymologie du mot qui nous occupe. Mais عبا *'abā* est l'*aba*, *abat*, que donne Bescherelle [4]: « L'*aba* sert à habiller en Turquie les ma-

---

[1] Trad. du *Gulistan*, p. 153, note 1.

[2] *Les chasses en Perse*, dans *le Tour du monde*, 2ᵉ sem. 1862, p. 128.

[3] *The Gulistan*, vocabul. — قباء *qabā* a donné en portugais *cabaya*.

[4] *Dictionn. national*. On trouve aussi dans les dictionnaires: *abe*, habit

telots et les indigents. — Les *abats* n'ont presque plus de valeur. »

CABAS. Esp. *capazo, capaza, capacho*, portug. *cabaz*, bas lat. *cabacus, cabacius, cabassio*. D'après M. Defrémery [1], de l'arabe قفص *qafaṣ*, cage[2], qui a donné aussi l'espagnol *al-cabaz*, même sens, d'où le languedocien *câs*, cage d'osier pour les poules. Le changement de *f* en *p* dans l'espagnol peut se justifier par l'exemple de *alpicoz*, concombre, à côté de *alficoz*, venant de الفقوص *al-faqqoûṣ*.

CACATOÈS ou CACATOIS. Perroquet de l'archipel Indien. En malais ككتوا *kakatoua*. Ce nom n'est d'ailleurs que la figuration du cri ordinaire de l'oiseau.

CADI. Transcription de l'arabe قاضى *qâḍî*, juge, qui, avec l'article, a donné *alcade*. *Cadilesker*, magistrat turc, est formé de ce mot *qâḍî* et du persan لشكر *lechker*, armée (ou, si l'on veut, de *qâḍî* et du persan arabisé العسكر *al-asker*, l'armée).

CADIE. Arbrisseau originaire d'Arabie, qu'on cultive chez nous en serre chaude. De l'arabe قضى *qaḍi*, nom de cet arbuste.

CAFARD. L'espagnol et portugais *cafre*, dur, cruel, vient certainement de l'arabe كافر *kâfir*, infidèle, mécréant. Mais je n'oserais affirmer que *cafard* ait la même origine,

oriental; *habe*, habit des Arabes. (*Nouveau vocab. de l'Acad. franç.* Paris, 1831.)

[1] *Revue critique*, numéro du 28 décembre 1868, p. 408.

[2] Dans des relations de voyage, on trouve *cafess* employé pour désigner une partie du sérail servant de prison. Voy. par exemple le récit intitulé « Une visite au sérail en 1860 » (*Le Tour du monde*, 1er sem. 1863, p. 11). C'est la forme turque et persane قفس *qafes* du même mot.

soit sous l'influence des pluriels كفار *kifâr, kouffâr,* كفرة
kafara, soit par l'adjonction de la particule péjorative *ard*
(*cafard* pour *cafrard*). En tous cas, le mot كافر est employé
aujourd'hui avec ce sens, comme on peut le voir dans les
Dictionnaires de Bocthor et de Cherbonneau. Celui-ci prononce *kafar.*

Café. De l'arabe قهوة *kahoua* (prononcé à la turque
kahvé), qui désigne la liqueur et non le fruit[1]. *Cahua.*
dans Du Cange, est « du vin blanc léger », d'après Ma-
thæus Sylvaticus, médecin du xive siècle. Le sens primitif
du mot arabe paraît aussi être *vin. liqueur apéritive.*

Dans la première moitié du xvie siècle, le café était encore si peu connu que le botaniste Dominique Chabré.
dans son édition de l'*Historia plantarum universalis* de Jean
Bauhin (1650), se demande si la liqueur préparée par
les Turcs avec le *buna, bunnu* ou *bunchos* (بن *bounn*),
et qu'il nomme *chaube,* est identique avec le *coaua,* décoction bien connue, dit-il, que les Arabes préparent
avec le *bon* ou *ban*[2].

Caftan. C'est le turc قفتان *qaftân,* vêtement d'hon-
neur, primitivement identique, sans doute. à l'arabe-
persan خفتان *khaftân.* cotte de mailles. armure militaire.

Caïd. Esp. *alcaide,* commandant de forteresse; portug.
alcaide, exempt de police. De l'arabe قائد *qâïd.* chef, capitaine.

L'étoile qui est à l'extrémité de la queue de la Grande
Ourse est quelquefois appelée *kaïd*[3]. C'est le même mot :

---

[1] Voy. Sacy, *Chrest. ar.* t. Ier, p. 442.
[2] Tome Ier, p. 420.
[3] *Journal du ciel.* numéro du 20 mars 1873. p. 574. Voy. aussi le no

ويسمى الذى على طرف الذنب قائد « on nomme *qāïd* l'étoile qui est à l'extrémité de la queue. » (Man. n° 964, sup. ar. de la Bibl. nat. fol. 19 recto.)

CAÏMACAN. Mot composé de deux termes arabes قائم *qāïm* et مقام *maqām*, signifiant ensemble *lieutenant*.

CAÏQUE. Petite embarcation en usage dans l'Archipel et à Constantinople. C'est le turc قايق *qāïq*.

CAJEPUT. Terme de pharmacie, huile extraite d'un arbre des Moluques, très-employée en taxidermie, pour la conservation des objets d'histoire naturelle. C'est le malais كايو قوته *kāyou-poûtih*, littéralement *arbre blanc*, nom qu'on donne à l'espèce de myrte appelée par les naturalistes *Melaleuca leucadendron*. *Leucadendron* est, comme on voit, la traduction grecque du nom malais. Nos navigateurs appellent l'arbre *cajeputier*: « A l'ombre des cajeputiers, arbres reconnaissables à la blancheur de leur écorce... » (Rienzi, *Océanie*, t. Ier, p. 211.) Les Malais nomment le cajeput مييق كايو قوته *mīgnak kāyou-poûtih*, huile du kayou-poutih.

Le terme malais كايو *kāyou*, arbre, figure, sous la forme *caju*, dans le nom d'un grand nombre d'arbres originaires des Indes orientales. Le *Dictionnaire d'histoire naturelle* de Déterville en cite plus de quarante. Aussi suis-je porté à croire que notre mot *acajou*, qu'on trouve également écrit *cajou* et *cadjou*, est le même mot malais. Le bois d'acajou, il est vrai, vient d'Amérique; mais le véritable acajou croît dans les mêmes parages que les arbres dont nous venons de parler. (V. l'article *acajou* et l'article *mahogon*, dans le *Dict.* de Déterville.)

méro du 3 mai suivant où j'ai donné l'explication de quelques autres noms d'étoiles de la même constellation (p. 619, 620).

CAKILE. Genre de plantes de la famille des crucifères. Le *cakile maritime* abonde aux environs de Boulogne-sur-Mer, où on le brûle pour en retirer de la soude. C'est l'arbre قاقلا *qâqoullâ*, «species herbæ salsæ», dit Freytag d'après le *Qamous*, ou قاقلة *qâqoulla*, comme écrit l'Avicenne de Rome (p. ٢٦٣); Avicenne en mentionne deux espèces, l'une semblable au pois chiche, l'autre à la lentille.

CALADION. Lat. botan. *caladium*, plante voisine du gouet, cultivée en serre. C'est le malais كلادى *kalâdi*, sorte d'arum à racine comestible.

CALAM. Transcription de l'arabe قلم *qalam*, roseau à écrire. Mais *calame*, terme d'archéologie pour désigner le roseau à écrire des anciens, est le latin *calamus*; *calame* est un terme de formation savante, c'est-à-dire calqué sur le latin sans égard à l'accent. La langue populaire disait *chaume*.

CALAMBAC, CALAMBART, CALAMBOU, CALAMBOUC, CALAMBOUR, CALAMBOURG. Tous ces noms paraissent s'appliquer à un même arbre des Indes orientales, dont le bois à odeur aromatique est connu en Europe sous le nom d'*agalloche* ou *bois d'aloès*. C'est le malais كلمبق *kalambaq*.

Le *calambac* porte aussi, chez nos auteurs, le nom de *garo*, qui est le malais كهارو *gahârou* ou كارو *gârou*, mot d'origine hindoue. De celui-ci vient, peut-être, notre mot *garou*, appliqué à l'écorce d'une espèce de laurier dont on se sert pour les vésicatoires. Le *gahârou* est ainsi défini dans le *Dictionnaire* de Marsden: «Sorte de bois résineux et en apparence pourri, qui en brûlant se fond et exhale un parfum dont on fait grand cas dans tout l'Orient.»

CALAPITE. Concrétion pierreuse qu'on trouve dans l'intérieur des noix de coco. Ce mot vient de كلاپ *kalāpa*, nom malais et javanais du coco.

CALENDER. Sorte de moine ou de religieux musulman. Du persan قلندر *qalender*, même sens. On peut voir dans la *Chr. ar.* de Sacy (t. Ier, p. 263 à 266) des détails sur la secte des *Kalendéris*.

CALFATER. Esp. *calafatear, calafetar*, portug. *calafetar*, ital. *calafatare*, grec mod. καλαφατεῖν. Malgré l'opinion de Jal, adoptée par Engelmann, je ne crois guère à l'étymologie latine *calefacere, calefactare*, vainement appuyée sur des formes de vieux français *calfaicter, calfacter, etc.* que je n'ai, pour ma part, jamais rencontrées. Calfater ne signifie point mettre du goudron fondu dans les interstices des planches (et en fût-il ainsi que l'expression *calefacere* serait encore d'un choix assez peu ingénieux), mais bien y insinuer des étoupes, des fibres végétales. Chacun sait que, dans les mers de l'Inde, on se servait autrefois, notamment à l'époque des voyages des Deux Musulmans[1], et plus tard au temps de Marco Polo, de navires dont les parties étaient reliées entre elles par des coutures faites avec des fibres de cocotier ou autre végétal[2]. Ces mêmes fibres قلف. قلفة *qilf, qilfa*, servaient aussi à garnir les joints et sont encore employées au même usage en guise d'étoupes[3], d'où le verbe arabe قلف *qallaf*, «ferruminare,

[1] Voy. l'édit. de M. Reinaud ou la trad. publiée dans les *Voy. anc. et mod.* t. II, p. 130 et 148.

[2] «Leurs nefs . . . . . sont cousues de fil que il font d'escorces d'arbres des noix d'Inde: car il font battre l'escorce et devient comme poil de cring de cheval, de quoi il font fil et en cousent leur nef.» (Marco Polo, édit. Pauthier, p. 87 et 88.)

[3] «Ces bateaux se nomment chelingues . . . . . Les coutures sont calfatées avec de l'étoupe faite de la même écorce (coco) et enfoncées sans beaucoup de façons avec un mauvais couteau.» (Legentil, dans les *Voy. anc. et mod.* t. Ier, p. 540.)

libris palmæ vel musci tabularum commissuras infarciendo et obducendo picem, stipare navim », c'est-à-dire calfater ou calfeutrer, comme traduit lui-même Meninski; d'où encore قلافة qilāfa ou qalāfa, calfatage.

Quelle difficulté voit-on à ce que ces mots aient pénétré dans les langues européennes pour y donner calfat, calfater, etc.? Et pourquoi y chercher une coïncidence fortuite de son et de sens? Et d'où viendrait d'ailleurs ce singulier accord des termes espagnols, portugais, italiens, grecs, à adopter un *a* pour la seconde voyelle au lieu de l'*e* qui est dans *calefacere, calefactare?*

Bocthor traduit calfater par قلفط *qalfat*, mot de formation moderne et que ne donnent pas les anciens dictionnaires; le P. Germain de Silésie (1639) a seulement قلف *qallaf*, اقلف *aqlaf* (4 f.) [1].

Calfeutrer est sans doute le même mot que *calfater*, altéré sous l'influence de l'idée de feutre, tant il est vrai que la signification essentielle du mot est *garnir d'étoupes* et non *goudronner*.

CALIBRE. On a proposé, comme étymologie, l'arabe قالب *qālab*, *qālib*, *qāloub*, forme, moule, prototype [2]. M. Dozy n'en veut pas. Il a peut-être raison; mais est-il vrai que les significations de *qālib* ne conviennent pas au sens de calibre? Le calibre est, ce semble, la mesure du diamètre intérieur d'un tuyau, ou, si l'on veut matérialiser cette idée abstraite, le cylindre qui entrerait exactement dans le tuyau. Y a-t-il donc là un tel désaccord avec les divers sens de *qālib*? Et si قالب vient du grec καλάπους, forme à soulier [3], n'est-ce pas une analogie de plus? Reste la ques-

---

[1] *Fabrica ling. arab.* aux mots *assettare* et *rassettare la nave.*

[2] M. Cherbonneau n'hésite pas à traduire calibre par قالب *qāleb*, ajoutant entre parenthèses (*étymol.*), *Dict. fr.-ar.* 1872.

[3] En persan, كالبد *kālboud*, forme, moule.

tion de l'accent. قالب, avec l'accent sur la première syllabe aurait dû donner *calbe* (et peut-être est-ce bien là l'étymologie de notre *galbe*). Mais cette règle de la conservation de l'accent, sujette à plus d'une exception lorsqu'il s'agit du passage du latin aux langues romanes, n'est pas plus immuable dans le passage de l'arabe à l'espagnol.

Quelle que soit l'origine de calibre, on peut rapprocher de ce mot l'anglais *caliver*, petit mousquet dont on se servait autrefois et qui est cité dans Shakespeare.

CALIFE. Esp. portug. et ital. *califa*. De l'arabe خليفة *khalīfa*. successeur (de Mahomet).

CALIOUN. Pipe persane. M. de Gobineau écrit *kalian*. « De beaux *kalians*, à la carafe de cristal et à la tête d'or simple ou d'or émaillé[1]. » C'est le persan قليون *qalioūn* ou قليان *qaliān*.

CAMOCAN. Sorte d'étoffe précieuse, nommée *kamoukas* dans ce passage de Froissart :

> D'un kamoukas ou d'un cadis,
> Comment se tailloit un abis[2];

et ailleurs *camocas* : « Vestus de veloux et de camocas[3]. » De l'arabe كمخا *kamkhā* ou, comme prononce Richardson, *kimkha*. M. Dozy[4] note en espagnol *camocan* et *camucan*, qui manquent dans les dictionnaires, mais qui se trouvent plusieurs fois répétés dans Clavijo (*Vida del gran Tamerlan*). Le mot paraît être d'origine chinoise et désigner une

---

[1] *Voy. en Perse*, dans le *Tour du monde*, t. II, p. 31. M. Duhousset dit *kaléan* (*Les chasses en Perse*, même recueil, 2ᵉ sem. 1862, p. 113).
[2] *Dict.* de Littré, au mot *cadis*.
[3] *Ibid.* au mot *velours*.
[4] *Gloss.* p. 246.

espèce de brocart. Dans le تَجِرَةُ ملايو *Chadjarat malāyou*, chroniques malaises dont M. Dulaurier a publié le texte, on lit, p. ٢٤١ : مك راج چين فون مغوتس كلاك بغكسين ..... ستر بنغ غريب ٢ امس مك ديوغك دغن بيراق بند يغ. « Le roi de Chine envoya à Malaka ses présents : ..... de la soie, du fil d'or, du *kimka*, des étoffes à tentures et une foule d'objets rares. » Je lis *kimka* et non *kamka*, parce qu'un manuscrit porte la variante كيمك *kīmka*, où la voyelle est écrite.

On trouve dans les dictionnaires français : *canque*, toile de coton de la Chine, qui paraît être le même mot.

CAMPHRE. Esp. *alcanfor*, portug. *alcamphor*, ital. *canfora*, bas grec καφουρά. De l'arabe كافور *kāfoūr*, même sens. « Camphora, quam Aetius *caphura* nominavit », dit Herm. Barbaro, commentateur de Dioscoride au xve siècle[1].

CANANG. Genre de plantes, comprenant des arbres des Indes orientales (*Uvaria*). En malais, كنانغ *kenānga*; en bougui, *kananga*, qui paraissent être le sanscrit *kanaka*, dont la dernière consonne s'est nasalisée.

CANARI. Arbre de l'archipel Indien. Lat. botan. *canarium*. C'est le malais كناری *kanāri*. Le *canari oléifère* produit une résine huileuse qui entre, dit Bose[2], dans la confection de la substance appelée *damar* ou *dammar* (en malais, دامر *dā-mar*, résine) employée dans l'Inde pour calfater les navires.

CANDI (Sucre). Esp. *cande*, *candi*, portug. *candil* et ital. *candito* (dans un texte de 1310[3]). De l'adjectif قندی *qan-dī* formé sur l'arabe-persan قند *qand*, sucre de canne, mot d'origine hindoue.

---

[1] *Dioscoridæ pharm. lib. VIII*, folio 21 verso.
[2] *Dict. d'hist. nat.* t. V, p. 185.
[3] Littré, *Dict.*

CAPHAR. Droit que payent les Chrétiens pour leurs marchandises depuis Alep jusqu'à Jérusalem. De l'arabe خفارة *khafāra*, protection. (Littré.) Cette définition n'est pas d'une parfaite exactitude, ainsi que l'a fait observer M. Defrémery, dans un compte rendu d'un ouvrage de M. Ch. Nisard (*Le Constitutionnel*, numéro du 23 septembre 1865, p. 2, col. 6); mais l'étymologie est exacte.

CAPIGI. Portier du sérail. C'est le turc قپوجی *qapoūdjī*, *qapūdjī*, portier. venant de قپو *qapoū*, porte.

CAPOC. Terme de commerce; espèce de coton soyeux des Indes orientales, qu'on ne file pas, mais qu'on emploie à la manière de la ouate. Le capoc se tire du fruit du *capoquier*, arbre du genre du cotonnier. C'est le malais كاڤق *kāpoq*, nom spécial de cette espèce d'ouate. En persan, on dit چاپوت *tchāpoūt*.

CARABÉ. Ambre jaune. Esp. *carabe*, portug. *carabé*, *charabé*, ital. *carabe*. De l'arabe كهربا *kahrabā*, qui est le persan كاهربا *kāhroubā* (de كاه *kāh*, paille, et ربا *roubā*, qui enlève), nom donné au succin à cause de la propriété qu'il possède d'attirer les corps légers après avoir été frotté avec du drap.

CARAFE. Esp. et portug. *garrafa*, ital. *caraffa*, « vient certainement de la racine arabe غرف *gharaf* qui signifie *puiser* », dit M. Dozy (*Gloss.* p. 274). Et le savant professeur en donne d'excellentes et solides raisons. Nous renvoyons à son article. M. Littré (*Addit.*) cite l'opinion de M. Mohl qui rapproche carafe du persan قرابه *qarābah*, bouteille de verre à gros ventre, destinée à laisser reposer le vin pendant quarante jours.

CARAGUEUSE. Personnage des marionnettes en Turquie.

« Le héros de la pièce, dit M. Sévin, est un infâme nommé Caragueuse qui paraît sur la scène avec tout l'équipage du fameux dieu de Lampsaque. » (Pouqueville[1].) En turc, قراغوش *qarâghoûch*, aujourd'hui قرەگوز *qaragoûz*.

CARAÏTE. Secte juive qui rejette les traditions et les interprétations de l'Écriture, pour s'attacher au texte. De l'hébreu קָרָא *qarâ*, lire, réciter. La même racine sémitique se retrouve dans l'arabe قرآن *qorân*. (Voy. ALCORAN.)

CARAMBOLIER. Arbre des Indes orientales (*Averrhoa*). Linné note, entre autres espèces, l'*Averrhoa carambola* et l'*Averrhoa bilimbi*. *Carambola* est le malais كرمبل *karambil*, quoique Marsden et l'abbé Favre ne donnent à ce mot d'autre sens que celui de noix de coco; et *bilimbi* ou *blimbing* est le malais بليمبغ *balimbing*, mot d'usage ordinaire pour désigner le fruit du carambolier.

Chéramelle, chermelle, cherembellier, chéramellier (portug. *cheramella*) sont d'autres formes de *carambolier*.

Quant à la dénomination botanique *averrhoa*, elle est prise du nom du célèbre philosophe arabe Averrhoès, c'est-à-dire ابن رشد *Ibn-rouchd*.

CARAQUE. Esp. *carraca, caracoa*, portug. *coracora, corocora*, ital. *caracca;* on trouve aussi dans le français du XVIᵉ siècle *carragon* et *carraquon*. Tous ces mots, anciens dans nos langues (du XIVᵉ siècle au moins), viennent de l'arabe قرقور *qorqoûr*, grand vaisseau marchand, soit directement, soit par le pluriel قراقر *qarâqir*. Telle est l'opinion de M. Dozy[2] et de M. Defrémery[3]. M. Dozy, obser-

---

[1] *Voyage en Grèce et à Constantinople*, dans la collection Smith, t. XII, p. 345.

[2] *Gloss.* p. 248.

[3] *Journ. asiat.* août 1867, p. 183.

vant que فرقور *qorqoūr*, bien qu'ancien en arabe, n'a pas de racine dans cette langue, se demande si le mot ne viendrait pas du latin *carricare*, charger. Je ne le pense pas. En tout cas, les formes portugaises *coracora*, *corocora* et la forme espagnole *caracoa* ne viennent ni du latin ni même de l'arabe, mais bien du malais ٢ كور (كركور) *kora-kōra*, grande embarcation en usage parmi les habitants de l'archipel Indien, et dont on peut voir le dessin dans le *Voyage de Forrest à la Nouvelle-Guinée*[1]. *Kora-kōra* est, je pense, primitivement identique à un autre terme malais *koura-koūra*, nom de la tortue de mer qui fournit l'écaille appelée *caret* (en malais, ٢ كور سيسق *sīsiq koura-koūra*, d'où peut-être notre mot *caret* lui-même[2]).

Je suis porté à croire que l'arabe فرقور *qorqōr* vient pareillement du malais *kora-kōra*. Et, pour qu'on ne soit pas surpris de trouver un terme malais dans la langue arabe du moyen âge, je dirai que, dans un recueil d'anecdotes de voyages intitulé عجايب الهند *âdjāïb al-Hind*, Merveilles de l'Inde[3], j'ai pu en noter plusieurs que l'auteur arabe emploie sans explication, ce qui fait supposer qu'il comptait être suffisamment compris de ses compatriotes. En voici un exemple : le mot بليج *bilīdj* se rencontre dans deux histoires différentes (p. 26 et 108), et chaque fois répété de façon à ne laisser aucun doute sur sa signification, *cabine* d'un navire. Les dictionnaires arabes et persans ne donnent rien de pareil. Ce ne peut être que le malais بيلق *bīliq*, cabinet, pièce d'un logis, pavillon, qu'on trouve,

---

[1] Marsden, *Dict. mal.* Rienzi écrit *korokoro* : « La sculpture des korokoros malais... annonce autant d'intelligence que de goût. » (*Océanie*, t. I⁰ʳ, p. 84.) M. Littré donne la forme française *caracore*, sorte de navire en usage aux îles Philippines.

[2] D'après le *Dict.* de l'abbé Favre, ٢ كور *koura-koūra* ne désignerait qu'une tortue terrestre. La tortue caret s'appellerait en malais كاره *kārah*, mot qui manque dans Marsden.

[3] Man. ar. de la collection de M. Schefer.

par exemple, dans le passage suivant : دتارهن قد سوات بيلق هتمير استنان ايت, « il le fit placer dans un pavillon proche du palais[1]. » Je dois ajouter que tous les faits rapportés dans l'ouvrage arabe tendent à prouver qu'il a été rédigé vers le milieu du xe siècle de notre ère.

Carat. Esp. *quilate*, portug. *quirate*, ital. *carato*; chez les alchimistes, *karratus*[2]. De l'arabe قيراط *qīrāt*, tiré du grec *κεράτιον*, le tiers d'une obole.

Caratch ou Kharadj. Capitation payée en Turquie par les sujets non musulmans. C'est l'arabe خراج *kharādj*, tribut, mot passé en turc. « Les rayas seuls payent le *kharatch* ou capitation. » (Tancoigne[3].)

Caravane. Du persan كروان *karwān*, même sens. De là vient :

Caravansérail. En persan كروانسراى *karwān-seraï*, hôtel de la caravane.

Carme. Au jeu de tric-trac, le coup de dés qui amène le double quatre. On disait autrefois *carne*, et en espagnol ce même mot *carne* marque celui des quatre côtés de l'osselet qui présente une figure concave en forme de S. M. Dozy, remarquant l'analogie de cette figure avec une

---

[1] Man. malais de la Bibl. nat. n° 22, p. 107. Voy. aussi le *Makota raja*, p. ۱۳۰, éd. Roorda.

[2] « *Et iste sol est ad xxij vel xxiiij karratos* », et cet or est à 22 ou 24 carats. Man. lat. de la Bibl. nat. anc. fonds, n° 7147, folio 18 verso (*Opus mirabile super Mercurio*).

[3] *Voy. de Constantinople à Smyrne et dans l'île de Candie*, dans la collection Smith, t. XI, p. 390, note 2. Cet impôt, dit le même voyageur, est d'environ 10 piastres turques (moins de 10 francs). Les femmes et les enfants au-dessous de dix ans n'y sont point assujettis (*Ibid.* p. 371, note 2).

corne [1], tire le terme espagnol de l'arabe قرن *qarn*, corne. On sait que, chez les anciens, le jeu des osselets fut le prototype du jeu de dés. Il serait donc possible que notre *carme* ou *carne* dût être assimilé à l'espagnol *carne*. Toutefois il semble plus naturel de le rattacher au latin *quaternus*, comme *terne*, double trois, se rattache à *ternus*. On sait qu'une voyelle brève atone précédant immédiatement la tonique latine disparaît presque toujours en français. La chute de l'*a* bref de *quaternus* a entraîné celle du *t*; et nous trouvons en effet que l'expression *querne* ou *quarne* était usitée au xvie siècle en Suisse et en Provence pour indiquer la réunion de quatre pièces de billon. *Querne* s'est dit aussi pour désigner les quaternaux ou quaternes, monnaie valant quatre deniers, frappée en Dauphiné dès le milieu du xie siècle. (Voy. Ludovic Lalanne, *Dict. hist. de la France.*)

Caroube ou Carouge. Esp. *garroba, garrubia, algarroba*; portug. *alfarroba*; ital. *carrubo*. De l'arabe خرّوبة *kharroūba* ou خرنوب *kharnoūb*, même sens. Cette dernière forme est celle qu'on trouve dans le manuscrit de Razi, fol. 34 verso.

Carmantine. Genre de plantes de l'Asie tropicale (une des espèces porte le nom de *noyer des Indes*). En malais كرمنتغ *caramounting*.

Carquois. Esp. *carcax*, portug. *carcas*, ital. *carcasso*, provenç. *carcais*, tous mots fort voisins de notre *carcasse*; d'autre part, on a en italien *turcasso*, bas lat. *turcasia*, bas grec ταρκάσιον, correspondant au vieux français *tarquais* (xiiie siècle), *turquois* (xve siècle). La permutation des

---

[1] L'analogie est encore plus frappante dans le contour extérieur de cette face de l'osselet.

articulations *t* et *k* étant extrêmement fréquente dans nos langues, ainsi qu'en a fait la remarque M. Defrémery[1], on est porté à assimiler tous ces mots, et l'on ne peut manquer d'y reconnaître avec ce savant le persan تركش *terkech*, qui signifie aussi *carquois* (de تير *tîr*, flèche, et كش *kech*, portant). Le mot nous est venu par l'arabe qui a changé *terkech* en *tarkāch*.

L'identité d'origine de *carcasse* et *carquois* est admise par M. Littré.

CARTHAME ou *safran bâtard*. Latin botan. *carthamus*. On tire ce mot de l'arabe قرطم *qortoum*, même sens. J'ignore quelles sont les raisons, excellentes sans doute, qui ont empêché MM. Dozy et Engelmann de compter *cartamo, cartuma*, parmi les mots espagnols et portugais dérivés de l'arabe.

CARVI ou **CHERVIS**. Esp. *carvi, alcaravia*, portug. *cherivia, alcaravia, alquirivia*, ital. *carvi*. De l'arabe كروبا[2] *karawîā* ou *karwîā*, qui désigne la même plante, nommée en grec κάρον, κάρεον (en latin *carum, careum*, dans Pline). L'arabe serait la transcription d'une forme grecque καρυΐα ou καρευΐα qui manque dans les dictionnaires. Par quel singulier artifice M. A. de Chevallet veut-il tirer *chervis* de *siser* ou *sisarum*, et *carvi* de *careum*[3]?

CASAUBA, CASBAH. Esp. *alcazaba*, portug. *alcaçova*, proprement *forteresse*. De l'arabe قصبة *qaṣaba*, même signification. Y a-t-il eu quelque influence de ce mot dans la formation du bizarre terme italien *casamatta*, origine de notre *casemate* et de l'espagnol *casamata*? (*m* et *b* sont deux labiales sujettes à se substituer l'une à l'autre.)

---

[1] *Mém. d'hist. orient.* p. 235.
[2] Le mot est dans Razi, man. déjà cité, fol. 41 recto.
[3] *Orig. de la lang. fr.* t. II, p. 140.

Casoar. Cet oiseau, originaire de l'archipel Indien, tire son nom du malais كسوارى *kasouāri*.

Casse. Poëlon, chaudron, grande cuiller, coupe (dans le Midi). Esp. *cazo*, portug. *caço*, ital. *cazza*, bas lat. *caza*, *cazia*. On a proposé comme étymologie l'ancien haut allemand *chezi*. En arabe كاس *kas*, coupe à boire, date au moins du xIIIᵉ siècle, car il est souvent répété dans le سيرة عنتر *sīrat antar*, aventures d'Antar, et on trouve كاسه *kāsah* dans le Gulistan, ouvrage écrit en 1258 : « Je veux, dit un marchand, porter en Chine du soufre de Perse et en rapporter pour la Grèce de la *vaisselle* de Chine » واز آنجا كاسهٔ چينى بروم (Édit. Eastwick, p. 111; liv. III, hist. 22. p. 179 de la traduct. de M. Defrémery.) كاسه، كاس, sont-ils différents de *casse?* L'ancienneté de *kas* dans les langues sémitiques est constatée par l'hébreu כוס *kōs*, coupe, qui se rencontre dans le Lévitique, le Deutéronome et les Psaumes. *Cazo, caço* manquent dans Dozy.

Catiang. Plante exotique de la famille des légumineuses (*Dolichos catiang* de Linné). C'est le malais كاچڠ *kātchang*, qui se dit de tous les légumes à gousse, pois, fève, haricot, vesce, etc. Le dolic *cacara* des naturalistes est en malais كاچڠ ككار *kātchang-kakāra*.

Cayan (*cajanus*), genre de cytise, est étymologiquement le même mot que *catiang* (jav. ᮊᮎᮀ).

Censal. Courtier, dans les ports du Levant. Ital. *sensale*. C'est l'arabe سمسار *simsār*, même sens. Bocthor donne aussi l'orthographe صمصار *ṣimṣār*. (Voy. à *censal* et à *courtier*.) On regarde le mot comme étant d'origine persane: à côté de *simsār*, le persan a سفسار *sifsār*.

Cétérach. Plante vulgairement nommée *scolopendre* ou

doradille. Esp. *ceteraque*, ital. *cetracca*, *citracca*, bas grec
κιταράχ. «Mauritanis et officinis *ceterach* Arabum», dit
Chabré[1]. C'est l'arabe شطرك *chetrak*[2], auquel il faut iden-
tifier شيطرج *chîtaradj*, جينترك *tchîtarak*, nom d'un médicament indien, dans Freytag.

CHABAN. Huitième mois de l'année musulmane. En
arabe شعبان *cha'bān*. Montesquieu écrit *chahban*.

CHACAL. Bocthor traduit ce mot par چكال *tchakāl*, qui
est turc et vient du persan شغال *chaghāl*, ou شكال *chagāl*,
même sens.

CHACHIA. Transcription de l'arabe شاشية *chāchīa*, «bon-
nets de laine fine, façon de Tunis ou de Fez, qui sont ordinairement de couleur écarlate, et qui font la pièce essentielle de la coiffure des Arabes et des Turcs.» (S. de Sacy,
Chrest. ar. I, p. 199.) C'est un adjectif féminin formé de
شاش *chāch*, mousseline.

CHAGRIN. «Préparation de la peau du cheval, de l'âne
ou du mulet, qui se fait en Turquie et en Perse. On ne se
sert pour le chagrin que de *la peau du derrière* de l'animal;
après qu'elle est tannée et devenue souple et maniable,
on l'étend sur un châssis au soleil, on en couvre le côté
du poil avec la graine noire d'une espèce d'arroche, et
non pas avec la graine de moutarde, comme on le pense
assez généralement; cette graine, pressée par les pieds
des ouvriers, se fixe dans le cuir et ne s'en détache plus
que lorsqu'il est sec. Le chagrin est le *sagri* des Turcs.»
(Sonnini[3].)

---

[1] *Stirpium icones*, append. p. 637.
[2] *Gazophyl. ling. Pers.* p. 377, au mot *scolopendria*.
[3] *Dict. d'hist. natur.* t. VI, p. 6.

Le mot turc صاغری *sāghri* ou صغرى *saghri* désigne en effet *la croupe du cheval* et la peau préparée que nous nommons *chagrin*. Les mots que nous avons soulignés dans l'explication de Sonnini démontrent l'exactitude de son étymologie, indiquée d'ailleurs depuis deux siècles par Chardin [1].

CHAH. Du persan شاه *chāh*, roi. *Padichah* est le persan پادشاه *pādichāh*. On écrit quelquefois *shah*, d'après l'orthographe anglaise, et *schah* d'après l'orthographe allemande.

CHALAND. Sorte de bateau plat. Ce mot est très-ancien dans la langue française ; on le trouve sous la forme *calant*, dans la chanson de Roland (xi⁰ siècle), ce qui n'est pas très-favorable à l'étymologie arabe شلندى *chalandī* [2], شلندية *chalandīa*, genus navigii (dans Freytag). Un ش *ch* peut difficilement devenir *c* dur. Cf. Letronne, *Journ. des sav.* janvier 1848.

CHÂLE. Bien que le mot se trouve dans la langue arabe moderne (شال *chāl*, plur. شيلان *chīlān*, dans Bocthor), ce n'est pas là que nous l'avons pris. D'introduction peu ancienne en Europe, il a été apporté de l'Orient par le commerce anglais. C'est le persan شال *chāl*, sorte de drap grossier en poil de chèvre ou de brebis que les derviches, dit Meninski, jettent sur leurs épaules en guise de manteau. Le mot s'est ensuite spécialement appliqué au tissu de Cachemire : ومعنى شالى كه در كشمير بافند, dit le *Bahāri agam* (cité par Vullers).

CHALEF. Arbre à fleurs odorantes originaire de l'Orient.

[1] *Voy. en Perse*, p. 294. Ed. Smith.
[2] Voy. Defrémery (*Journ. asiat.* août 1867, p. 183), qui renvoie à Ibn-Athir, éd. Tornberg, t. XI, p. 159.

C'est l'arabe خلاف *khalâf*, saule d'Égypte, identique, semble-t-il, au بان *bân*. (Voy. le *Dict.* de Bocthor, au mot *saule.*)

CHAMPAC ou SAMPAC. Arbre des Indes orientales, cultivé dans les jardins pour ses fleurs odoriférantes (*Michelia champaca* de Linné). C'est le malais چمپاك *tchampâka*, nom répandu dans tout l'archipel Indien, mais dont l'origine est hindoue.

CHARABIA. L'espagnol *algarabia*, *algaravia*, signifiant à la fois *la langue arabe* et *bruit confus, baragouin*, ne laisse aucun doute sur l'étymologie; c'est l'adjectif féminin عربية *'arabîa*, arabe (la langue [1]).

CHEBEC. Bâtiment à trois mâts de la Méditerranée. Ancien franç. *chabek*, esp. *jabeque, xabeque, xaveque*, portug. *xabeco, enxabeque, chaveco*, ital. *sciabecco, zambecco, stambecco*, « tous mots qui signifient *chebec* et dont l'origine est ignorée. » (Littré.) Jal, montrant que c'était autrefois une barque de pêcheur, pense que le mot vient de l'arabe شبكة *chabeka*, filet. Ce qui est certain, c'est que le terme *chébec* existe dans l'arabe moderne sous la forme شباك *chabbâk* ou *chobbâk* [2]. Mais nous avons une forme plus ancienne, car on la trouve dans la première édition du *Thesaurus* de Meninski (1680) : سنبکی *sounbekî*, « genus navigii in Asia frequentis. » La nasale de *sounbekî* se retrouve dans l'italien *zambecco*. *Sounbekî* est donné comme turc par Richardson, et ne paraît guère pouvoir se rattacher à شبكة *chabeka*, filet.

---

[1] Voy. Dozy, *Gloss.* p. 119, et Defrémery, *Journ. asiat.* août 1867, p. 183, note 4; voy. aussi *Correspondance littéraire*, numéro du 25 août 1860.

[2] Voy. Dozy, *Gloss.* p. 352.

Chébule. Espèce de myrobolan. Dans les ouvrages de botanique écrits en latin[1], on trouve *kebulus, quebula, chepula, cepula*. De l'arabe-persan كابلى *kābouli*, c'est-à-dire, je pense, du pays de Kaboul. On lit en effet dans Yakout[2] que le كابل *kāboul* est « une province et ville de la Perse qui produit le coco, le safran et le *myrobolan*. »

Cheikh, Cheik ou Scheik. Transcription de l'arabe شيخ *cheikh*, qui, signifiant primitivement *vieillard*, a pris les mêmes sens que le latin *senior* devenu *signore, señor,* seigneur. « Les naturels (de Madeigascar), dit Marco Polo, sont sarrazins et adorent Mahomet. Ils ont quatre *esceques,* c'est-à-dire quatre vieux hommes aux mains desquels est la seigneurie du pays[3]. »

Le titre de *cheik-ul-islam,* شيخ الاسلام *cheikhou 'l-islam,* signifie *chef de l'islam* ou de la religion.

Cheiranthe. Le latin *cheiranthus* est un mot forgé par les botanistes pour désigner les giroflées. « Il tire son origine, dit Léman[4], soit de deux mots grecs qui signifieraient *fleur en forme de main* ($\chi\varepsilon i\rho$, $\check{\alpha}\nu\theta o\varsigma$), ou bien du mot grec *anthos,* fleur, et de *cheiri,* nom arabe de plusieurs espèces de ce genre. » Nos dictionnaires de botanique donnent en effet *cheri, keiri, alcheiri,* comme noms de diverses variétés de giroflées, ce qui représente l'arabe خيرى *khīrī* et le persan خيرو *khīroū.* خيرى est dans Razi (man. déjà cité, fol. 45 recto). Il y a longtemps que nos botanistes connaissent le terme arabe. Hermolao Barbaro, qui écrivait au xve siècle, commentant le terme ἴον de Dioscoride,

---

[1] Voy. par exemple l'*Hist. plantarum universalis,* de Jean Bauhin, t. Ier, p. 202.

[2] *Dict. géogr. de la Perse,* par M. Barbier de Meynard, au mot كابل *kaboul.*

[3] *Voy. anciens et mod.* t. Ier, p. 412.

[4] *Dict. d'hist. nat.* t. VI, p. 213.

dit : « Leucoia intelligo quas Mauritania *cheiri* appellat[1]. »
C'est assurément sur ce *cheiri* qu'a été fait *cheiranthus*. En
espagnol, *alhaili*, *alheli*, *aleli*, giroflée, viennent du même
terme arabe.

CHÉRIF. Transcription de l'arabe شريف *charīf*, proprement *illustre, noble*, puis « descendant de Mahomet par sa
fille Fathima, épouse d'Ali. » Le même mot est devenu en
espagnol *xarifo*, paré, bien mis. Sur ce que sont aujour-
d'hui les chérifs, on peut voir J. J. Marcel, *Contes du cheykh
el-Mohdy*, t. III, p. 422.

CHÉRUBIN. Mot emprunté au latin biblique; en hébreu,
כְּרוּבִים *keroūbīm*, plur. de כְּרוּב *keroūb*.

CHEWAL. Dixième mois de l'année musulmane; en
arabe شَوّال *chawouāl*. Les éditeurs de Montesquieu écrivent
chalval.

CHIAOUX ou CHAOUX. Dans Bocthor جاويش *djāouīch*; mais
le mot est pris du turc جاوش *tchāouch*, en persan چاووش
tchāwoūch, chef, conducteur. « Proprie est vox Turcica, dit
Vullers, significans *apparitor, famulus aulicus*. » M. Pavet
de Courteille, dans son *Dict. du turc oriental*, a noté جاوش
avec le sens de *huissier, conducteur de caravane*.

CHIBOUQUE. Pipe orientale. Dans Bocthor شبك *choubouk*,
qui est le turc چيبوق *tchouboūq*, *tchiboūq*, proprement *bâton,
tuyau*, et puis *pipe*. (Cf. چوب *tchoūb*, bâton, baguette.)

CHICANE. Ce mot, aujourd'hui passablement détourné
de son sens, a dû désigner primitivement le jeu du mail,

---

[1] *Dioscoridae pharmacorum liber VIII.* Strasb. 1529, fol. 254 recto.

D'après Bescherelle, il se dit encore d'une certaine manière de jouer au billard, au mail, à la paume[1]. Dans certains appareils de chauffage et de ventilation, on appelle *chicanes* des pièces de diverses formes disposées de manière à contrarier, à diriger successivement en divers sens un courant d'air chaud ou froid; à quoi on peut comparer l'expression des marins *chicaner le vent*. De plus, on trouve, en bas grec, τζυκάνιον, *jeu de mail*; τζυκανίζειν, *jouer au mail*. Tout cela ne laisse aucun doute sur l'étymologie : c'est le persan چوگان *tchaugān*, bâton recourbé, maillet pour jouer au mail. Aussi comprend-on difficilement que Diez et Génin aient voulu, après Ménage, chercher l'origine de *chicane* dans l'espagnol *chico*, petit, qui n'explique ni la forme, ni les sens de ce terme.

De چوكان *djōkān*, forme arabe de چوگان, dérive le portugais *choca*. (Voy. Dozy, *Gloss.* p. 254.) Le changement de و *u, ou, oū* en *i* est si fréquent qu'il est à peine besoin de s'y arrêter.

Cuiffon. Ital. *chiffone*, arabe *chiffoun*, étoffe mince et transparente. (Defrémery[2].) L'étymologie est bonne, mais il faut dire que *chiffon* vient de *chiffe*, vieux mot français qui désigne une étoffe légère et de mauvaise qualité[3], et *chiffe* est l'arabe شَتّ *chiff*, « vestis tenuis et pellucida. » La terminaison *oun* dans le *chiffoun* de M. Defrémery est la *nunnation* arabe, marque du nominatif des noms indéter-

---

[1] Voy. Defrémery, *Mém. d'hist. orient.* p. 235. Le savant professeur cite un passage du *Voyage de Chapelle et de Bachaumont*, qui montre qu'au XVIIe siècle *chicane* se disait du jeu du mail : « Nous y arrivâmes à travers mille boules de mail : car on joue là, le long des chemins, à la chicane. »

[2] *Mém. d'hist. orient.* 2e partie, p. 334.

[3] Littré, *Dict. franç.* Le mot *chiffe* n'est pas encore hors d'usage. En voici un exemple pris dans la préface de l'*Almageste* de Ptolémée, par M. Halma : « Manuscrit du Vatican, en papier de chiffes » (p. lij).

minés, laquelle n'a jamais joué aucun rôle dans la trans-
mission des mots arabes aux autres langues. Cf. cependant
zédaron.

Chiffre. Esp. et portug. *cifra*, ital. *cifera*. De l'arabe
صفر *sifr*, vide, mot employé pour désigner le zéro, qui
n'est que la traduction du sanscrit *çounya*, par lequel ce
caractère est désigné dans les anciens traités d'arithmétique indiens. En effet, *chiffre, ciffre, cyfre, cyffre*, employé tantôt au masculin, tantôt au féminin, a marqué
primitivement le zéro seul[1]; encore aujourd'hui, le portugais *cifra* et l'anglais *cipher* s'appliquent spécialement à
ce caractère. Le même sens est resté assez longtemps au
terme français; car on lit, dans un traité d'arithmétique
du xviie siècle : «La dernière figure, qui s'appelle *nulle*
ou *zéro*, ne vaut rien... En autre langage, elle s'appelle
chifre; toutefois ce mot abusivement prins en françois
signifie toutes les figures et l'art d'arithmétique[2].»

Zéro est une autre forme du même mot صفر *sifr*, que les
anciens traités de calcul écrits en latin transcrivent *zephyrum*, en italien *zefiro*, et enfin *zéro*[3]. Si l'on songe que
l'invention du zéro et de son rôle est le trait caractéristique de la numération écrite moderne, on comprendra
que le nom de ce caractère ait fini par s'appliquer à toutes
les figures, longtemps nommées *figures de chiffre*.

Chiper. Tanner les peaux d'une certaine façon différente de la manière ordinaire. En turc, سپ *sep* est le tan
ou le réservoir où se fait le tannage, ou la trempe desti-

---

[1] Voy. les exemples cités par M. Littré. Planude écrit τζίφρα : Εἰσὶ δὲ τὰ
σχήματα ἐννέα μόνα... καὶ ἕτερον τι σχῆμα ὃ καλοῦσι τζίφραν, κατ' Ἰνδοῦ
σημαῖνον οὐδέν. (Voy. Wœpcke, *Propag. des chiff. ind.* dans le *Journ. asiat.*
juin 1863, p. 526.)

[2] *L'arithmétique de Jean Tranchant.* Lyon 1643, p. 15.

[3] Voir le savant mémoire de M. Wœpcke, ci-dessus cité, p. 521 et suiv.

née à l'apprêt des cuirs: d'où le verbe سپمك *sepmek*, سپلمك *seplemek*, tanner, apprêter des peaux. Est-ce le même mot?

Chott. Vastes dépressions du sol, en Algérie, qu'on suppose avoir formé autrefois le lit d'une mer intérieure. Ce mot, employé par les géographes, a pris une certaine notoriété, depuis qu'on songe à ramener la mer sur cette région de notre colonie. C'est l'arabe شط *chaṭṭ*, bord, rive d'un fleuve, prononcé *chott* à cause du ط *ṭ* emphatique. Le même mot figure dans la dénomination du Chat-el-Arab, formé par la réunion du Tigre et de l'Euphrate.

Cid. De l'arabe سيّد *seyid*, seigneur, d'où سيدى *seyidi*, mon seigneur: en Algérie, *sidi*, qui correspond à notre *monsieur*. Par abréviation, on dit aussi, tout simplement, *si*.

Cimeterre. Esp. et portug. *cimitarra*, ital. *scimitarra*. On tire ordinairement ce mot du persan شمشير *chimchīr*, qui a le même sens. Au XVᵉ siècle, on a dit *cimiterre*, *sanneterre*.

Cinnor ou Kinnor. Instrument de musique chez les Hébreux. Transcription de l'hébreu כִּנּוֹר *kinnōr*, qu'on interprète par le latin *cithara*.

Cipaye. Nom donné dans l'Inde aux indigènes qui servent dans les troupes européennes. Du persan سپاهى *sipāhī*, cavalier, soldat. C'est le même mot que *spahi*. *Sipāhī* vient de اسپ *asp*, cheval.

Civette. Ital. *zibetto*. *Zibet* ou *zibeth* est le même nom appliqué par nos naturalistes à un animal très-voisin de la civette[1]. C'est l'arabe زباد *zebād*, *zoubād*, qui, comme

<hr>

[1] Defrémery, *Mém. d'hist. orient.* p. 335, n. 1.

chez nous le mot *civette*, s'applique à la substance onc-
tueuse et parfumée que fournit l'animal. Les Arabes semblent vouloir rapprocher *zoubâd* de زبد *zoubd*, crème de
lait. Mais je suis porté à croire que c'est là une simple
coïncidence avec le nom du quadrupède : la civette est
originaire de l'Afrique équatoriale; les nègres du Congo
la nomment *nzimé*.

COLBACK. Sorte de bonnet à poil en usage dans quelques
corps de notre cavalerie. Il date chez nous de l'expédition
de Bonaparte en Égypte. C'est le turc قلپك *qalpak*, bonnet tartare en fourrures, mot qui figure aussi chez nos
écrivains sous la forme *calpak* ou *kalpak* et *talpack*.

COLCOTHAR. Esp. *colcotar*, portug. *colcothar*. On trouve
aussi, chez les alchimistes, *calcatar*. M. Littré suppose
que ce mot a été inventé par Paracelse; mais on le trouve
déjà dans le *Vocabul. arar.* de Pedro de Alcala, de l'année
1505, époque où Paracelse n'avait qu'une douzaine d'années. C'est l'arabe قلقطار *qolqotâr*, que M. Dozy (*Gloss.*
p. 257) regarde comme une corruption du grec χάλκαν-
θος ou χαλκάνθη.

COLOUGLI ou COULOUGLI. C'est le nom qu'on donnait,
avant la conquête de l'Algérie par les Français, aux habitants d'Alger issus de l'alliance des soldats turcs avec
les femmes indigènes. En turc, قولاوغلى *qoûl-oghli*, de قول
qoûl, esclave, soldat, et اوغل *oghoul*, fils, fils de soldat.

On écrit aussi *couloghlou* : «Lors de la conquête, au
XVIe siècle, Darghout-Pacha partagea les jardins de l'oa-
sis (de Tripoli) entre ses compagnons, qui, s'unissant aux
femmes indigènes, formèrent une population métisse où
domina le sang étranger. Les *Coul-oghlou* (fils de servi-
teurs), depuis lors, jouirent du privilége de ne payer au-

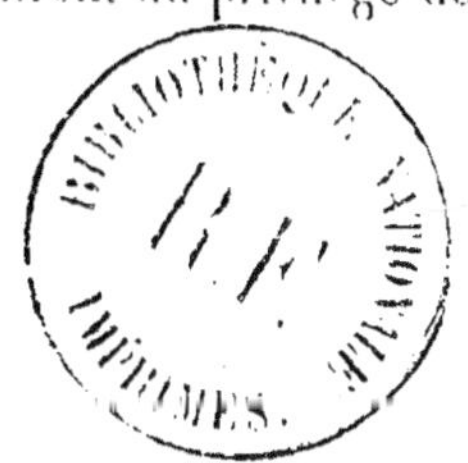

cun impôt, à titre de postérité des conquérants. » (Baron de Krafft, *Promenades dans la Tripolitaine* [1].)

Cor. Mesure pour les liquides chez les Hébreux. Transcription de l'hébreu כּר *kor*, χόρος dans les Septante.

Corge ou Courge. « Paquet de toile de coton des Indes. » (Littré.) C'est vraisemblablement l'arabe خرج *khordj*, besace, sac de voyage, portemanteau (qui, avec l'article et le ة d'unité, الخرجة *al-khordja*, a donné l'espagnol *alforja*, portug. *alforge*, besace).

C'est ainsi que l'espagnol *fardel*, correspondant à notre *fardeau*, signifie à la fois *havre-sac, besace* et *ballot de marchandises*. *Valise* et ses congénères offrent un double sens du même genre. (Voy. **Fardeau** et **Valise**.)

Cos ou Coss. Mesure itinéraire dans l'Inde, variant, suivant les contrées, de trois à cinq kilomètres environ [2]. C'est le persan كوس *kôs*. « A road measure of about two miles », dit Richardson. Deux milles anglais valent un peu plus de trois kilomètres. « Les distances des lieux se supputent par *cos*; chaque *cos* est compté pour une demi-heure de marche ou environ, ainsi que cela a été vérifié, en 1758, par les directeurs de la factorerie de Surate. » (Stavorinus, *Voyage dans l'archipel des Moluques*, t. II, p. 24).

Coton. Esp. *algodon*, portug. *algodão*, ital. *cotone, cottone*. De l'arabe قطن *qoton*.

Coufique. Système ancien d'écriture arabe. Du nom de la ville de كوفة *Koûfa*, dans l'Irak-Arabi.

---

[1] Dans *le Tour du monde*, 1er sem. 1861, p. 70.

[2] Par quelque méprise inexpliquée, Bescherelle, après avoir donné trois kilomètres pour la valeur du *cos*, en attribue dix-sept au *coss*.

Coulilaban. Arbre des Indes orientales (*Laurus culilaban*, de Linné). C'est une altération du malais كولت لاوڠ *koûlit-lāwang*, littéralement *écorce-girofle*, nom donné à ce végétal à cause du parfum de clou de girofle qu'exhale son écorce. لاوڠ *lāwang* est l'ancien nom malais du clou de girofle, peu usité aujourd'hui; mais لابڠ *lābang* signifie encore *clou*.

Le mot كولت *koûlit*. écorce, entre dans la formation de plusieurs autres mots employés par les naturalistes ou les voyageurs, tels que *culit-bavang*, coquille appelée aussi *tonne pelure-d'oignon*, du mot باوڠ *bāwang*, oignon: *culit-api*, arbre de la famille des rubiacées, dont l'écorce, à odeur aromatique, est brûlée comme parfum, de اڤى *api*. feu; *coulicoys*, grandes pièces d'écorce préparées pour certains usages, corruption de l'expression malaise كولت كايو *koûlit-kāyou*, écorce d'arbre. etc.

Courban. Fête religieuse des musulmans. En arabe. قربان *qourbān*. ce qu'on offre à Dieu. sacrifice.

Couschite. Nom d'une race d'hommes. De l'hébreu כּוּשִׁי *koûchi*, éthiopien. adjectif formé sur *Koûch*, nom biblique de l'Éthiopie.

Couscous. On trouve aussi *couscou, couscoussou* et *cuzcuz* (dans J.-J. Rousseau): esp. *alcuzcuz, alcuzcuzu, alcoscuzu*. De l'arabe كسكس *kouskous*. A Saint-Domingue. la semence mondée du maïs est appelée *coussecouche* ou *couchecousse*. C'est le même mot, importé sans doute par les nègres africains.

Cramoisi. Esp. *carmesi*, port. *carmezim*, ital. *chermisi, cremisi*. De l'arabe قرمزى *qirmezī*, adjectif dérivé de قرمز *qirmiz*, kermès. De là vient aussi *carmin*. bas latin *carmesinus*.

CRISS. Qu'on écrit quelquefois, mais à tort, *crid* ou *cric*. Poignard malais. Du malais كريس *krīs* ou كرس *kris*. Il se porte à un ceinturon nommé تالى كريس *tālī krīs*, cordon du *criss*.

CUBÈBE. Esp. et portug. *cubeba*, ital. *cubebe*. De l'arabe كبابة *kebāba*, même sens. Aucun dictionnaire ne donne la voyelle *u, ou*, pour la première syllabe, tandis qu'elle se trouve dans toutes les formes européennes. Le mot est ancien dans notre langue; on le rencontre dans des textes du XIVe siècle sous la forme *cubebbe*.

CUINE. Terme d'ancienne chimie : cornue pour la distillation de l'eau-forte. Ambroise Paré écrit *cuenne*. Pour un agent tel que l'acide nitrique, la cornue devait être en verre. Je conjecture que *cuine, cuenne*, représentent l'arabe قنينة *qanina*, lagena, ampulla vitrea (Golius); Freytag indique encore la prononciation *qinnina*. Dans l'alchimie de Geber (man. n° 1080, sup. arabe de la Bibl. nat.), le mot est écrit قنينية *qaninia* : فاذ صار كذلك غر بالخل فى قنينية «les choses كبيرة واسعة ثم تدفنها فى الزبل أحد وعشرين يوما étant ainsi, jette le vinaigre dans une *qaninia* grande, large, et enterre-la dans le fumier vingt et un jours» (fol. 5 verso). Dans d'autres passages du même manuscrit on lit cependant قنينة واسعة الراس : فانهم ياخذون قنينة ils prennent une *qanina* à فيكبسونها من الحجر الى دون عنقها tête large et la garnissent de pierres jusqu'au cou» (fol. 157 verso). Nos alchimistes du moyen âge ont pris ce mot sous la forme *canna*, comme برنيّة *berniya*, autre vase de verre, sous la forme *berna*. (Voy. le *Lexicon alchemiæ* de Ruland.) Le même ouvrage donne encore «*kymenna*, id est ampulla.» Si l'on se donne la peine de parcourir notre article ALCHIMIE, on ne sera pas surpris de l'altération de *qanina* en *canna, kymenna, cuenne, cuine*.

Curcuma. Esp. portug. et ital. *curcuma*. On trouve *cul-cuma* dans un tarif français du xviie siècle. (Littré.) C'est l'arabe كركم, كركمة *kourkoum, kourkouma* (héb. כַּרְכֹּם), même signification. L'Avicenne de Rome donne la leçon قرقوما *qourqoumâ'* (p. ٣٢٤), que les dictionnaires n'ont pas relevée.

Cuscute. Esp. et portug. *cuscuta*, ital. *cuscuta, cussuta*. Cette dernière forme nous donne l'étymologie du mot : c'est l'arabe كشوت *kouchoût*, ou كشوتا *kouchoûtâ*, qui désigne la même plante [1]. On trouve les variantes orthographiques كشوث, كشوثا *kouchouth, kouchoûthâ*. Les termes arabes viennent du grec κασύτας ou d'une autre forme du même mot. Le *Dict. d'hist. nat.* de Déterville donne, comme se trouvant dans Théophraste, *cassytha* (qu'on transcrirait κασύθη, en arabe كشوثي). Les formes *cassuta, cassita*, des botanistes modernes semblent, par leurs voyelles, dériver directement de la forme grecque. Il en est de même de *cassite*, nom d'une autre famille de plantes parasites assez analogues à la cuscute.

D

Damas. Étoffe ; tire son nom de la ville de Syrie, en arabe دمشق *dimachq*. Le *q* final fait comprendre la forme des dérivés *damasquiné, damasquette, etc.* à côté des mots plus modernes *damassé, damassade, etc.* composés directement sur le nom français de Damas.

Dame-jeanne. Le dictionnaire français-arabe de Bocthor traduit *dame-jeanne* par دمجانة *damdjâna* ou *damadjâna;* ce mot, M. Littré (dans les *Addit. au Dict.*) le donne pour

---

[1] Voy. Freytag et Bocthor. Cette étymologie est aussi indiquée par M. Defrémery (*Rev. critiq.* numéro de décembre 1868, p. 408), qui reproche justement à M. Dozy de l'avoir oubliée dans son *Glossaire*.

étymologie de *dame-jeanne*. Il joint une citation de Niebuhr[1], de laquelle il résulte que *damajane* signifie en Orient un grand flacon de verre. Le *Dictionn. arabe-franç.* de Kasimirski a recueilli cette expression. J'ignore, pour moi, si دجانة est d'origine orientale. La fin du mot rappelle l'arabe جونة *djoūna*, cruche, « capsa vitraria » dans Golius, « a glass phial » dans Richardson, qui met un *hamza* sur le و; et ce *djoūna* fait songer à notre vieux mot *gonne*, futaille à mettre des liquides, du poisson salé, du goudron, etc. On peut comparer *damdjāna* à l'hébreu צִנְצֶנֶת *tsintseneth*, bouteille.

Darse. Esp. et ital. *darsena*. Pour l'étymologie de *darsena*, voy. Arsenal.

Denab. Étoile de première grandeur, α du Cygne. C'est l'arabe ذنب *dhenab* ou *dheneb*, queue; les astronomes arabes nomment en effet cette étoile دنب الدجاجة *dhenab ed-dadjādja*, la queue de la poule, à cause de sa situation sur la queue de l'oiseau qui figure la constellation.

Dey. D'après M. Garcin de Tassy[2], ce mot viendrait de l'arabe داعى *dā'ī*, celui qui appelle, missionnaire. Mais M. Defrémery établit que le mot est d'origine turque[3]. Il fait judicieusement remarquer que, dès la fin du xviiᵉ siècle, les deys d'Alger s'intitulaient ضاى *ḍāī* ou ظاى *ḍhāī*, dans les lettres écrites en arabe, et داى *dāī* dans les lettres en turc, toujours sans ع. داى *dāī* en turc signifie *oncle maternel*[4].

Dinar. Monnaie arabe. Transcription de l'arabe دينار

---

[1] Ce passage se trouve p. 233 de l'édit. Smith; le mot est écrit *damasjane*.
[2] *Mém. sur les noms propres et les titres musulmans*, 1854.
[3] *Journ. asiat.* janvier 1862, p. 85.
[4] *Ibid.* août 1867, p. 180.

dinâr. Mais l'esp. *dinero*, le portug. *dinheiro*, l'ital. *danaro*, *denaro*, comme notre *denier*, viennent du latin *denarius*[1]. Le mot arabe lui-même n'est autre que le grec δηνάριον.

DIRHEM. Monnaie arabe. Transcription de درهم *dirhem*, en grec δραχμή, drachme. Les Espagnols ont pris le même mot sous la forme *adarame* ou *adarme*, avec le sens de *demi-drachme*.

DIVAN. C'est un terme que nous avons pris aux Turcs, qui l'ont reçu des Arabes ou des Persans, car le mot ديوان *dîwân* est d'origine persane. On peut voir ses nombreuses significations dans les *Dictionnaires* de Meninski, Richardson, Bianchi. (Voy. plus loin DOUANE.)

DIVANI. Sorte d'écriture en caractères arabes. C'est un adjectif ديوانى *dîwâni*, formé sur *dîwân*, qui regarde le divan, parce que cette écriture est spécialement employée dans les bureaux du Divan, dans l'empire ottoman.

DJÉRID. Transcription de l'arabe جريد *djerîd*, qui signifie «une tige de palmier dépouillée de ses feuilles», d'où *javelot* et enfin l'exercice guerrier qui porte ce nom. «Le javelot des exercices qu'on appelle *gerid*, c'est-à-dire *branche de palmier*, parce qu'il est fait des branches de palmier sèches, est beaucoup plus long qu'une pertuisane et est fort pesant, de manière qu'il faut une grande force de bras pour le lancer.» (Chardin[2].)

DJINN. Mot arabe, جنّ *djinn*, nom collectif qui désigne les génies, les démons, les êtres surnaturels, par opposition à l'homme.

---

[1] Voir pourtant Dozy, *Gloss.* p. 258.
[2] *Voy. en Perse*, éd. Smith, p. 239.

Doliman ou Dolman. Sorte de vêtement turc; du turc طولامه *dōlāma*, ou دولامان *dōlāmān*; en polonais *doloman* (dans Meninski).

Doronic. Genre de plantes de la famille des synanthérées. Esp. *doronica*, portug. *doronico* (ces deux termes manquent dans le *Glossaire* d'Engelmann et Dozy); lat. botaniq. *doronicum*. « On dit que c'est l'altération d'un nom arabe », dit Littré. Cinquante ans auparavant, Léman disait : « Selon quelques auteurs, ce nom est formé d'un mot arabe qui signifierait *poison du léopard* [1]. » Le mot est en arabe en effet : درانج, درنج, درونج, *darānedj*, *daranedj*, *daroūnedj*, dans Bocthor; la dernière forme seule est dans Richardson; Freytag prononce *douroundj*. Quelle que soit l'origine première de ce vocable, il a été de bonne heure employé par les savants arabes, puisqu'on le lit dans Razi, qui mourut en 923 de notre ère.

Douane. Esp. *aduana*, ital. *dogana*. De l'arabe ديوان *dīouān*, d'après Engelmann, qui explique ainsi l'étymologie : *dīouān*, qui est d'origine persane (voy. Divan), signifie d'abord *registre*, puis l'endroit où se réunissent les employés qui tiennent les registres, *conseil d'État*, *salle d'audience*, et aussi *bureau de douane*, ainsi qu'il résulte d'un grand nombre de passages d'Ibn-Batouta, Ibn-Djobéir, Maccari, et surtout Ibn-Khaldoun. (Voy. *Gloss.* p. 47.)

Douar. Esp. *aduar*. Notre mot français vient d'Algérie, où دوار *doūār* signifie un village composé de tentes [2]. Mais

---

[1] *Dict. d'hist. nat.* t. IX, p. 550. J'ignore de quel mot arabe il peut être question.

[2] Cherbonneau, *Dict. fr.-arab.* au mot *village*, p. 617. J'ai déjà fait observer que M. Cherbonneau, tout en rédigeant un dictionnaire spécial de l'arabe algérien, a négligé de donner les mots que nous avons empruntés à notre colonie. Il n'y faut donc pas chercher *douar*.

l'espagnol *aduar* montre que الدوار *ad-doûâr* doit être ancien dans la langue arabe; et en effet, M. Dozy[1] l'a relevé dans Edrici (*Clim.* I, sect. 8) et dans Ibn-Batouta
(II, 69). دوار est un singulier (faisant au pluriel ادوار chez
Boethor, دواوير dans Cherbonneau), qu'il ne faut pas confondre avec un pluriel de دار *dâr*, habitation, bien qu'il y
ait eu sans doute similitude à l'origine. *Douar*, en Orient,
se dit d'un petit camp dont les tentes sont groupées en
cercle; un camp plus considérable et dont les tentes sont
rangées sur une ou plusieurs lignes droites se nomme *nezel*.
(Voy. *Voyage en Arabie*, dans la collection Smith, t. XI,
p. 309.)

Doume. Palmier de la Thébaïde, décrit dans le grand
ouvrage de la commission de l'Institut d'Égypte[2]. C'est
l'arabe دوم *daum* ou *doûm*. Dans les anciens ouvrages de
botanique, le nom de cet arbre est *Cuciphera thebaïda*,
que certain dictionnaire, par une singulière inadvertance, transforme en *crucifère thébaïque*, plante. Le fruit,
dont on fait encore au Caire une grande consommation,
a été en effet désigné sous le nom de *cuci*, mot qui est
dans Pline, et auquel les dictionnaires latins attribuent
une origine persane.

Doura. Qu'on écrit à tort *dourah* par un *h*, sorte de
millet. De l'arabe ذرّة *dhorra*. Boethor (aux mots *maïs, mil*)
écrit ذرّة, درا, *dora, dorâ*, par un seul *r* et par un د *d* sans
point; Cherbonneau (au mot *maïs*) met aussi un *d* sans
point, mais il double le ر *r* (*dorra*). Enfin Freytag et Ri-

<hr>

[1] *Gloss.* p. 47.

[2] *Hist. nat.* t. 1er, 1re partie, p. 53-58. MM. Cammas et André Lefèvre
ont eu tort d'écrire *doums* par un *s* au singulier: «C'est le *doums*, qui diffère
du dattier par la conformation et par le fruit.» (*Voy. en Égypte*, dans *le Tour
du monde*, 1re série, 1863, p. 202.)

chardson écrivent ذرة *dhora* avec le ذ *dh* et un seul *r*[1]. L'orthographe que j'ai adoptée est celle que je trouve dans Razi, qui parle du *doura* en ces termes : الذرّة قليلة الاغذاء عاقلة للبطن [2] « le *dhorra* est peu nourrissant et resserre le ventre. » Niebuhr, sans doute d'après la prononciation de la péninsule Arabique, double aussi l'*r* : « Les champs dans ces montagnes (du Yémen) étaient semés uniquement de *durra*, espèce de gros millet dont le petit peuple fait son pain[3]. »

Drogman ou **Dragoman.** Ce mot et son équivalent *truchement* représentent l'arabe ترجمان *tardjaman, tardjouman, tourdjouman.* Esp. *trujaman,* ital. *drogmano, dragomano, turcimanno;* bas lat. *dragumanus, drocmandus, turchimannus;* bas grec δραγούμανος, vieux français (xiie et xiiie siècles) *drughemant, drugement;* on a dit *truchement* dès le xve siècle. La racine sémitique du mot ترجمان *tardjamān* se retrouve dans le nom de *targum* qu'on donne à la paraphrase chaldaïque de la Bible et qui signifie *interprétation*[4].

Dub. Sorte de lézard d'Afrique. De l'arabe ضبّ *dabb.* Le changement de *a* en *u* (*ou*) est dû à la prononciation emphatique du ض *d*, ou à l'influence des pluriels اضبّ *adoubb.* ضبّان *doubban.*

Dugong. Vache marine de la mer des Indes. Du malais

---

[1] Le grand ouvrage de la commission de l'Institut d'Égypte donne aussi ضورة *doûrah.* (*Hist. nat.* t. II, p. 53.)

[2] Man. arabe déjà cité, fol. 35 recto.

[3] *Voy. en Arabie,* édit. Smith, p. 302.

[4] A vrai dire, le verbe chaldaïque תרגם *targem,* interpréter, ne paraît pas être d'origine sémitique, et récemment M. J. Halévy essayait de le rattacher au grec τρυγμός. (*Société de linguist.* séance du 18 mars 1876.)

دويغ *doūyoung*, nom qu'on retrouve dans les autres langues de l'archipel Indien sous la forme *roudjong* ou *rouyong*.

DURION, DOURION ou **DOURIAN.** Fruit d'un arbre des Indes, le *Durio zibethinus* de Linné. « Le fruit est une baie solide, *hérissée de fortes pointes pyramidales*, et grosse comme un melon, dont elle a presque la forme[1]. » C'est le malais دريٮن *dourīan*, venant de دورى *doūri*, épine. Le voyageur Linschot, parlant du *dourion*, appelle *batan* l'arbre qui le produit et *buaa* la fleur de cet arbre[2]. Or *batan* et *buaa* sont deux mots malais, dont le premier, باتغ *bātang*, signifie simplement *arbre, tronc d'arbre*, et le second, بوٮه *boūah*, fruit; peut-être faut-il lire بوغ *boūnga*, fleur.

E

EBLIS ou **IBLIS**, le démon. De l'arabe ابليس *iblis*, qui paraît être une altération du grec διάβολος.

ÉCHECS (Le jeu des). Portug. *escaques*, ital. *scacchi*. C'est de ce jeu que paraît venir notre substantif *échec*. Le nom du jeu serait lui-même une altération de الشاه *ech-chāh*, le roi, formé de l'article arabe *ech* pour *al* et du persan *chāh*, roi. Le joueur qui met le roi sous le coup d'une prise avertit son adversaire en disant : *ech-chāh*, le roi! L'espagnol dit *xaque!* L'expression *échec et mat* est, dans le même ordre d'idées, une altération de l'arabe الشاه مات *ech-chāh-māt*, le roi est mort, en portugais *xa-mate* ou *xaque mate*, en espagnol *xaque y mate*, en italien *scacco matto*.

La présence du *q* ou du *c* dans ces mots s'expliquerait par la manière dont les Arabes faisaient sentir le ه *h* persan

---

[1] *Dict. d'hist. nat.* de Déterville, t. IX, p. 612.
[2] *Ibid.* t. III, p. 508.

final; on sait qu'il rendent souvent cette lettre par un ج
dj ou *g* dur, ce dont on peut voir un exemple plus loin au
mot Emblic. Il est vrai qu'on trouve en vieux français
eschas, *escas*, bas lat. *scacatus;* mais la forme actuelle *échec*
ou *eschec* est encore plus ancienne et remonte au xie siècle.

Quant à songer à l'arabe شيخ *cheikh* comme employé
pour *châh*, l'*a* de *eschas*, *xaque*, *scacco*, *etc.* ne le permet pas.

Efendi ou Effendi. Titre turc correspondant à notre *monsieur*. Transcription du turc افندى *efendi*, mot corrompu,
dit-on, du grec αὐθέντης (prononcé à la moderne *afthendis*),
qui agit de sa propre autorité, seigneur[1].

Elémi. Résine qu'on tire du balsamier de Ceylan et du
balsamier élémifère de l'Amérique du Sud. Esp. *elemi*, portug. *gumileme*. Bocthor traduit ce mot par صمغ لامى *samagh
lâmi*, gomme de *lami*. J'ignore quelle est la provenance
de ce *lâmi*. Dans une liste de termes techniques de médecine et de thérapeuthique arabes[2], M. Sanguinetti a noté
لامى *lâmi*, gomme élémi. Mais l'ouvrage où il a recueilli
ce terme est trop récent pour qu'on en puisse rien conclure sur la nationalité du mot[3].

Élixir. Esp. et portug. *elixir*, ital. *elisire*. C'est l'arabe
الاكسير *el-iksîr*, terme par lequel les alchimistes désignent
la pierre philosophale, la matière solide ou liquide qui
doit servir à la transmutation des métaux, la *poudre de
projection :* « In ipsis pulveribus qui a philosophis vocantur
elixir. » (*Opus mirabile de Mercurio ad ejus fixationem*[4].) On

---

[1] Littré, *Dict.*

[2] *Journ. asiat.* mai 1866, p. 322. On peut voir aussi Dozy, *Gloss.* p. 259.

[3] L'auteur, Alkalioubi, est mort en 1659.

[4] Dans le man. lat. n° 7147, ancien fonds, de la Bibl. nat. p. 18 verso. Le
même volume contient un traité intitulé *Elixiris compositio vera;* il semble
traduit de l'hébreu et commence par ces mots : « In nomine Adonay. »

trouve aussi *alexir*, « medicina alchymicæ præparata » (Ruland, *Lexic. alchem.*), *xir*, *yxir* et *ysir*.

Le mot arabe lui-même n'est autre chose que la transcription du grec ξηρόν, sec, médicament sec. On a objecté[1] contre cette origine que les Arabes transcrivent le ξ par سك *sk* et non par كس *ks*; mais il existe d'autres exemples de cette dernière transcription *ks* ou *qs*, et M. Defrémery en a cité trois[2]: قبسيس *boqsīs*, buis = πύξοs; بقسماط *baqsamāt*, biscuit = παξαμάδιον, et ابركسيس *abraksīs* = πρᾶξις.

Dans la terminologie pharmaceutique, *élixir* a subi une déviation de sens analogue à celle d'*alcool*; le mot ne se dit plus aujourd'hui que de liqueurs résultant d'un mélange de certains sirops avec des alcoolats.

EMBLIC, EMBLIQUE, AMBLIQUE. Terme de droguerie; espèce de myrobolan. Latin du moyen âge *emblicus* (voy. CHEBULE), « emblica Arabes *embelgi* vocant », dit Jean Bauhin, d'après Garcias (*Histor. plantarum univers.*). C'est en effet l'arabe أملج *amledj*, qui est le persan آمله *amleh*, venant lui-même du sanscrit *āmlak*. أملج *amledj* est dans Razi. (Trait. III, ch. xxviii, folio 47 recto du man. déjà cité.) La forme sanscrite est restée dans le malais ملاكا *malāka*, emblic officinal, lequel, d'après les traditions malaises, a donné son nom à la presqu'île de Malacca[3].

ÉMIR. Transcription de l'arabe امير *emīr* ou *amīr*, chef: le même mot qui a donné *amiral*. Dans certains pays musulmans, on dit *mir*; et de là vient le *mirza* ميرزا, fils d'émir, monsieur, des Persans.

ENIF. Étoile ε de la constellation de Pégase. C'est l'arabe

---

[1] H. Zotenberg, *Rev. crit.* 20 avril 1867, p. 242.
[2] *Journ. asiat.* août 1867, p. 185.
[3] Voy. le *Chedjarat malayou*, p. ١٢ du texte édité par M. Dulaurier.

انف *anf*, nez, انف الفرس *anf al-faras*, le nez du cheval. L'étoile est en effet placée sur le museau ou la bouche de Pégase.

ÉPINARD. Vieux franç. *espinard, espinace, espinoce, espinoche;* esp. *espinaca,* portug. *espinafre,* ital. *spinace,* lat. mod. *spinacium, spinachium, spinaceum, spanachium;* grec mod. σπινάχιον. Les étymologistes (et M. Dozy est sans doute du nombre, puisque *espinaca, espinafre* manquent dans son *Glossaire*) s'accordent à dériver ces mots du latin *spina,* épine. Toutes les langues romanes se seraient donc entendues, le mot n'existant pas en latin, pour dénommer cette plante d'après un de ses caractères qui n'a rien de frappant, à savoir deux ou quatre petites pointes épineuses placées à la surface du calice[1]: encore manquent-elles dans le grand épinard.

Mais la vérité est que le mot a une origine tout autre: il vient sans contredit de l'arabe-persan اسفاناج, اسفاناج, اسپیناخ, *isfinādj, isfānādj, aspanākh.* Richardson qui cite ces trois formes, les donne comme venant du grec σπινάχια, mais σπινάχια est moderne et n'existe pas dans la langue classique: c'est la dérivation inverse qui est vraie[2]. Jean Bauhin écrit σπανάχια, qui correspond à *spanachium* et à *aspanakh,* «sumpto nomine (dit-il) a raritate (σπάνιος signifiant *rare*) quod raro illo medici utuntur», ce qui rappelle la fameuse étymologie «*aqua, a qua vivimus.*»

Du reste, le célèbre botaniste du xvie siècle ajoute qu'on appelle aussi l'épinard *hispaniense* ou *hispanicum olus,* légume d'Espagne. «fortasse quod inde primum duxerit

---

[1] «Espinars ou espinoches, ainsi dites à raison que leur graine est spineuse.» (*Agric. et maison rustique* de Jean Liebault, p. 204.)

[2] Hermol. Barbaro, commentant le nom ἀτραφάξις dans Dioscoride, dit: «Quibus porro atriplex idem videtur esse cum eo genere *quod spinacia vulgo dicimus, et Graeci recentiores spanachia,* falluntur apertissime.» (*Dioscoridae pharmac. lib. VIII.* 1529. folio 121 verso.)

originem. » Nous voilà bien loin de l'*épine* de nos étymologistes actuels. Nous n'avons pas besoin de dire que la
prétendue qualification *d'espagnol* est due à une coïncidence fortuite de son. Jean Bauhin ajoute d'ailleurs que
les anciens auteurs ne font aucune mention de l'épinard,
sauf les Arabes qui le nomment *hispanac*[1].

Bauhin, en effet, avait pu relever le mot dans Razi qui,
dès la fin du ixe siècle, faisait un grand éloge de ce légume[2]. « Les épinards ont été apportés d'Orient en Espagne », dit une phrase citée en exemple dans Littré ; et
les botanistes savent que cette plante, jadis inconnue en
Europe, croît spontanément en Perse, ainsi que l'a constaté le voyageur Olivier[3]. Il ne peut donc rester de doute
sur l'origine arabo-persane du mot *épinard*.

ESCARPIN. Esp. *escarpin*, portug. *escarpim*, ital. *scarpa, scarpino*. L'étymologie de ces mots serait bien difficile, si l'on n'a-
vait l'italien *scappino* et les vieilles formes françaises *eschapin, eschappin*, qui sont antérieures à toutes les autres.
Joignez-y l'expression « mettre les souliers en *escapine* »,
c'est-à-dire en pantoufles (dans Du Cange). Il me semble
impossible de ne pas rattacher ces formes sans *r* aux vieux
mots : *escafe*, chaussure, et aussi coup de pied au jeu de
ballon, *escafilon, escafillon, escafignon*, chaussure légère ;
escafinon, même sens ; bas lat. *scaffones, scuffones, scofoni*[4].
Et maintenant, comment ne pas songer à l'arabe اسكف,

---

[1] *Histor. plantarum univers.* t. II, p. 964.
[2] Voici le passage, pour faire plaisir aux amateurs d'épinards : الاسفاناخ
معتدل جيد للحلق والرية والمعدة والكبد يليّن البطن وغذاوة جيد جيدا
« Les épinards sont *tempérés*, bons pour la gorge, le poumon, l'estomac et le
foie ; ils adoucissent le ventre et constituent un excellent aliment. » (Man.
déjà cité, folio 42 recto.)
[3] G. A. Olivier, *Voy. dans l'empire ottoman, l'Égypte et la Perse*, 1802.
[4] « Italis *scofoni* primo nihil aliud fuisse videntur nisi tegumenta pedum. »
(Du Cange.)

اسكاف *askaf*, *iskāf* (*eskāfi*, dans Bocthor), اسكوف *ouskoūf*, سكّاف *sakkāf*, tous mots signifiant *cordonnier*?

On peut joindre aux mots qui précèdent, comme ayant, suivant toute vraisemblance, une même origine : *escoffraie*, *écoffrai*, *écofroi*, boutique de marchand de cuirs; *escoffier*, bas lat. *escofferius*, marchand de cuirs, et peut-être *escaupile*, mot emprunté à l'espagnol, qu'on lit dans ce passage de Robertson : «Les armes des Mexicains ne pouvaient pénétrer ni les boucliers des Espagnols ni leurs corselets piqués appelés escaupiles. »(*Hist. d'Amér.* trad. t. II, p. 308.)

Mais tous ces mots sont-ils d'origine orientale? C'est bien douteux; car les langues germaniques ont *schuh*, soulier, en allemand; *shoe*, en anglais, et *skoh*, en gothique. Je laisse à de plus érudits la tâche d'élucider ce problème, dont j'ai seulement voulu rassembler quelques éléments.

ESTRAGON. Esp. *estragon*, *taragona*, portug. *estragão*, ital. *targone*. On a voulu tirer ces mots du latin *draconem*[1], *draco* étant supposé employé dans le sens de *dracunculus*, nom d'une plante dans Pline. «lequel, dit M. Littré, ne paraît pas avoir été donné à l'estragon, mais que les botanistes lui ont appliqué. » Sans parler de ce qu'il y a de bizarre dans cette dérivation, historiquement parlant, on trouvera assurément quelques difficultés phonétiques à tirer *estragon* de *draconem*. Ce serait le seul exemple de *dr* latin devenu *tr* en français. Aussi faut-il chercher ailleurs la vraie dérivation. Les formes *taragona*, *targone*, anc. fr. *tragon*[2], nous ramènent à l'arabe-persan طرخون *tarkhoūn*, mot qu'on trouve dans Ibn-Beithar, dans Avicenne et

---

[1] A. de Chevallet (*Orig. de la lang. fr.* t. II, p. 124 et note) dit *dracuntium*; mais ce mot, qui est le δρακόντιον de Dioscoride, n'a pu donner les formes romanes ci-dessus.

[2] Dans Rabelais, *Pantagr.* liv. V, ch. XXX; et aussi dans les ouvrages d'agriculture : « *Targon*, que les jardiniers nomment *estragon*.» (*Agric. et maison rustique* de Jean Liebault, 1601, p. 213.)

même dans Razi[1]. Le mot, légèrement modifié, était d'usage vulgaire à Chiraz, au commencement du xɪɪ siècle; car, dans le grand ouvrage du médecin persan Al-Hoceini, on lit : طرخون بشيرازى ترخونى كويند, le *tarkhoūn* dans le dialecte de Chiraz s'appelle *terkhoūnī*[2]. On trouve aussi طرتون *tartoūn*.

Nos anciens botanistes écrivaient *tarcon* ou *tarchon*; cette dernière orthographe est celle de Gesner, qui a donné le nom de *tarchon sauvage* à l'*Achillea ptarmica*[3]. Vaillant, un siècle et demi plus tard, a appelé *tarchonante, tarchonanthus*, un arbrisseau d'Afrique dont les fleurs ont quelque rapport avec celles de l'estragon (*tarchon, ἄνθος*).

En dernière analyse, il peut se faire que *tarkhoūn* ait été emprunté par les Arabes au grec δράκων, et que, par suite, ceux qui tirent *estragon* de *draconem* ne se trompent qu'à moitié. Dans tous les cas, je signale le mot à l'attention de M. Dozy, qui ne l'a pas inséré dans son *Glossaire*. La syllabe initiale *es* dans *estragon* et *estragão* pourrait être l'article arabe *el*, *el* défiguré par suite de la prononciation emphatique du ط *t*.

EYALET. « Nom des gouvernements de la Turquie appelés aussi pachaliks. » (Bescherelle.) C'est la prononciation turque de l'arabe ايالة *iyāla*, gouvernement, nom d'action du verbe آل *āl*, être à la tête de. se rattachant à اول *awal*, premier.

F

FABRÈGUE. Plante dont les feuilles ressemblent à celles du serpolet. (Littré, *Add. au Dict.*) Esp. *alfabega, alhabe-*

---

[1] Man. ar. déjà cité, folio 42 recto.

[2] Man. de la Bibl. nat. n° 339 du suppl. persan, p. 142.

[3] Conrad Gesner connaissait les langues orientales: il a publié en 1542 à Lyon des extraits d'auteurs arabes relatifs à la médecine et à la botanique.

ga, alabega, albahaca; portug. *alfabaca* (basilic ou autre
herbe odorante). C'est l'arabe الحبق *al-ḥabaq,* plante fort
mal définie par les dictionnaires, car c'est tantôt le basilic,
tantôt le pouliot, ou la marjolaine, la mélisse, la germandrée, l'armoise, la citronnelle, etc.

Il faudrait bien se garder de rattacher à ces mots,
comme étymologie, *fabago* ou *fabagelle,* plante africaine et
asiatique ainsi nommée par le botaniste Dodonée, à cause
d'une certaine analogie de structure avec la fève.

Fabreguier, nom donné quelquefois au micocoulier, n'a
non plus aucun rapport avec la fabrègue.

Fagarier. Genre de plantes de la famille des xanthoxy-
lées, qui tire son nom du *fagara.* Le fagara, dans Avicenne (فاغرة *fāghara*), est un fruit qui ressemble au pois
chiche et au mahalep, et qu'on apporte, dit-il, de Sofala
(يحمل من السفالة)[1], c'est-à-dire de quelque endroit de la
mer des Indes. Le voyageur Linschot[2] dit que ce mot désigne à Java le fagarier du Japon. La lettre *f* n'existant pas
en javanais non plus qu'en malais, *fagara* ne peut être un
terme de ces langues, où l'on trouve seulement فاڭر *pāgar,*
haie, qui paraît être étymologiquement le même mot.

Falaque. Instrument de supplice usité au Maghreb.
Portug. *falaca.* De l'arabe فلقة *falaqa.* (Voy. Dozy, *Gloss.*
p. 262.)

Falque ou Fargue. Petits panneaux placés sur les bords
des bateaux pour les exhausser. Esp. *falca,* qui, d'après
M. Dozy (*Gloss.* p. 263), est un dérivé de la racine arabe
حلق *ḥalaq,* entourer, d'où *ḥalq,* clôture, mur d'enceinte,
dans Ibn-Djobaïr.

---

[1] Édit. de Rome, p. 236.
[2] Voy. *Dict. d'hist. nat.* de Déterville, t. XI, p. 21.

Fanègue. Mesure de capacité pour les liquides, dans la péninsule Hispanique. Esp. *fanega*, portug. *fanga*. De l'arabe فنيقة *fanīqa*, grand sac. (Voy. Dozy, *Gloss.* p. 266.)

Faquir ou Fakir. Transcription de l'arabe فقير *faqīr*, pauvre. On a proposé ce mot comme étymologie de l'italien *facchino*, portefaix, qui est notre *faquin*, esp. *faquin*, portug. *faquino* (balayeur de la Patriarchale de Lisbonne). Le changement de *r* en *n* ne ferait pas grande difficulté (voy. Anafin), mais nous manquons d'arguments à l'appui de cette conjecture.

Farde. Bordage d'un navire, est identique à *falque* ou *fargue*. *Farde*, balle de café moka pesant 185 kilogrammes, est le primitif de *fardeau*. (Voy. ce mot.)

Fardeau. Esp. *fardo*, *fardillo* (ballot), *fardel* (havre-sac, besace); portug. *fardo*, *fardel* (même sens): ital. *fardello* (paquet), *fardaggio* (bagage). On voit que le vrai sens est *ballot*, *paquet*, et c'est aussi celui de notre vieux mot *fardel*, sens qui du reste a persisté jusqu'au dernier siècle, comme le montre, par exemple, un tarif de 1737 indiquant les droits de péage pour Bléré, sur le Cher: «Pour *fardeau* cordé de draps de laine, pesant 600 livres, 12 deniers; pour *fardeau* cordé de feutres, pesant 600 livres, 20 sols; pour *fardeau* cordé de tapis, etc.[1].»

Fardel, *fardeau* est un diminutif de *farde*. Or, le mot *farde*, au sens général de *ballot*, est usité depuis longtemps dans tout l'Orient: Bocthor, le *Gazophylacium ling.* *Pers.* la *Fabrica ling. arabic.* traduisent *ballot* par فردة *farda*. Il est vrai que S. de Sacy[2] pense, sans donner ses raisons, que ce mot فردة *farda*, bien qu'employé par les Arabes, est

---

[1] *Histoire de Chenonceaux*, par l'abbé Chevalier, 1868, p. 28.
[2] *Chrest. ar. t.* III, p. 379.

étranger à leur langue. Et en effet, il semble au premier abord impossible de rattacher فردة *ballot*, à la racine فرد *farad*. Mais on va voir combien au contraire la relation est facile à établir. فرد *fard* signifie *res una, pars paris altera*, chacune des deux parties d'un objet unique, mais double, d'une feuille pliée en deux, par exemple, chacun des deux côtés de la mâchoire; فردة *farda*, qui ne se trouve dans Freytag qu'avec le sens précité de ballot, *sarcina mercium*, marque de plus : chacun des deux battants d'une porte [1], chacune des deux étrivières d'une selle [2], chacun des deux arbalétriers d'une ferme (en espagnol *alfarda* [3]). Quoi de plus naturel que de voir le même mot signifier « chacun des deux ballots formant la charge d'un chameau »? La *farde* en effet est la demi-charge du chameau, comme on le voit dans ce passage du voyageur La Roque, cité par S. de Sacy [4] : « C'est là que les Arabes de la campagne viennent apporter leur café dans de grands sacs de natte : ils en mettent deux sur chaque chameau. » Chacune de ces balles, ajoute l'illustre orientaliste, pèse un peu moins de 4 quintaux (400 livres), c'est-à-dire le poids ci-dessus indiqué pour la farde.

Le mot فردة *farda* est donc arabe, non-seulement par l'usage, mais aussi par l'étymologie. Quant à *farde, fardeau*, et leurs correspondants des langues européennes, on n'a pu leur découvrir aucune étymologie sérieuse dans le latin, le grec ni le germanique. Tout prouve que nous avons emprunté ce mot à l'Orient, comme nombre d'autres termes de commerce.

FARSANGE. Mesure itinéraire. Du persan فرسنك *ferseng*,.

---

[1] *Dict.* de Boethor, à *battant.*
[2] Cherbonneau, *Journ. asiat.* 1er sem. 1849. p. 546.
[3] Voy. Dozy. *Gloss.* p. 109.
[4] *Chrest. arab.* t. III. p. 378. 379

en arabe فرسخ *farsakh*, le même mot que *parasange* (παρα-σάγγης).

FELLAH. Transcription de l'arabe فلّاح *fellâh*, laboureur, nom de métier du verbe فلح *falah*, fendre (la terre), labourer.

FELOUQUE. Petit navire à voiles et à rames. Esp. *faluca, falua, falucho* (petite barque); portug. *falua;* ital. *feluca, filuca, filucca.* Bocthor traduit ce mot par فلوكة *faloûka.* La plupart des étymologistes rattachent tous ces termes à l'ancien arabe فلك *foulk,* navire. Mais M. Dozy affirme que cette étymologie doit être « rejetée immédiatement et sans réserve, car فلك n'appartient pas à la langue qu'on parlait au moyen âge; c'est un vieux mot qu'on rencontre bien encore quelquefois chez les poëtes, parce que ceux-ci recherchent précisément les termes surannés, mais jamais chez les prosateurs, ni dans la signification générale de navire, ni comme le nom d'une certaine espèce de vaisseau. Le peuple et les marins ne le connaissent pas; il ne peut donc avoir passé dans les langues romanes, car il va sans dire que tous les mots arabes qu'elles ont admis appartiennent à la langue telle qu'on la parlait[1]. » Il est permis à un savant de la valeur et de la vaste érudition de M. Dozy d'être ainsi affirmatif; et nous n'avons qu'à nous incliner devant ce jugement sans appel. Je me contenterai de faire remarquer que les traducteurs de la Bible en arabe n'ont pas craint de choisir ce terme même فلك *foulk* ou *folk* pour désigner l'arche de Noé[2], et le P. Germain de Silésie a noté le mot avec ce sens dans son dictionnaire italien-arabe (1637).

---

[1] *Gloss.* p. 264, 265.

[2] *Genèse*, ch. vi, vers. 14 et suiv.

M. Dozy, rejetant tout rapport entre *faluca, felouque,* فلوكة et l'ancien فلك *folk,* n'attribue pas moins à ces vocables une origine arabe. Il les regarde comme des altérations, « un peu fortes à la vérité, » d'un autre mot حرّاقة *harrāca,* qui a signifié « une barque de dessus laquelle on pouvait lancer des matières incendiaires sur les vaisseaux ennemis. » On peut voir son argumentation, p. 265 et 266 de son *Glossaire.* Mais j'ai bien peur que les étymologistes ne se laissent pas convaincre et persistent dans leur opinion première.

Fennec. En arabe فنك, que les dictionnaires prononcent *fanek, fenek,* ou même *founk.* Si ce petit animal ne nous est bien connu que depuis le *Voyage* de Bruce *en Abyssinie*[1], le nom du moins a été porté longtemps auparavant en Europe: car on lit dans le testament d'Arnaud, archevêque de Narbonne (ann. 1149): « Laxo coopertorium martrinum et pelles meas de *alfanex* »; et plus loin : « coopertotorium unum de alfanex »; et dans une charte espagnole de 1048[2]: « una pelle *alfanehe* » (dans Du Cange).

Nos dictionnaires et les traducteurs d'écrivains arabes rendent فنك *fanek* par *fouine.* C'est la traduction adoptée par Silvestre de Sacy, dans la citation d'un curieux passage de Maçoudi sur les fourrures qui proviennent des environs du Volga[3]. Sans vouloir m'arrêter au rapport étymologique des deux mots, je ne suis pas éloigné de croire que dictionnaires et traducteurs ont eu raison dans un grand nombre de cas. Les fourrures dont les Orientaux se faisaient des vêtements et auxquelles ils attachaient un si

[1] Tome V, dans l'édit. franç. de Panckoucke.

[2] Engelmann, qui emprunte à Du Cange la même citation, donne la date 1084 ; c'est une métathèse des deux derniers chiffres.

[3] *Chrest. ar.* t. II. p. 17.

grand prix, provenaient en grande partie de l'Europe. A la fin du xviie siècle, la dépouille des fouines de France avait encore un grand débit à Smyrne, en même temps que celle des fouines de Moscovie, d'Arménie, de Géorgie [1]. A la fin du ixe siècle ou au commencement du xe, le médecin Razi, dans son chapitre des vêtements, mentionne cinq sortes de fourrures : السمور الثعالب الفنك القاقم الخواصل, la martre-zibeline, le renard, le *fanek*, l'hermine et *al-ḥaouāṣil* [2]. *Fanek* est-il le véritable *fennec?* C'est, semble-t-il, l'opinion du tunisien Ibn al-Hachchâ, qui, dans son dictionnaire explicatif des termes employés par Razi, dit que le *fanek* est connu dans le *Sahara d'Ifriqiya* [3]. Mais on peut voir, dans l'intéressant article *alfaneque* du *Glossaire* de M. Dozy, que le mot s'est dit certainement de la fourrure d'animaux tout autres que le petit quadrupède abyssinien [4].

Le double *n* que nous écrivons dans notre *fennec* est du fait de Bruce. C'est par un système orthographique ana-

---

[1] Voy. Tournefort, *Voy. du Levant*, t. III, p. 373. A propos de fouine, on lit dans d'Herbelot qu'après la mort du calife Vathek (واثق), une *fouine* lui rongea l'œil (*Biblioth. orient.* éd. de 1697, p. 912). Le *Nigaristan*, auquel l'auteur dit avoir emprunté l'anecdote, porte موشى *moûchî*, mot qui, je pense, ne peut s'appliquer à la fouine et désigne une espèce de rat. (Voy. man. suppl. persan, n° 1080.)

[2] Man. sup. ar. n° 1005 de la Bibl. nat. fol. 45 verso. حواصل est le pluriel de حوصلة *haouṣala*, nom d'un oiseau aquatique qui, dans l'histoire des animaux de Démiri, paraît être le cormoran, ainsi nommé à cause de la poche volumineuse placée sous son bec (en arabe *haouṣala*). V. Defrémery, *Journ. des sav.* septemb. 1871, p. 447. — On sait que le grèbe (voy. ce mot) sert encore à fabriquer certaines fourrures.

[3] V. Dozy, *Gloss.* p. 104. L'affirmation d'Ibn al-Hachchâ a été récemment confirmée par M. Gaston Lemay, qui, en décembre 1875, rencontrait le fennec non loin de Ghadamès : «Le chamelier nous apporte... deux petits renards lilliputiens appelés *fenek*, de la grosseur d'un chat, qu'il a pris dans leur terrier de sable. (*Le Rappel* du 1er mars 1876.)

[4] D'après M. Pavet de Courteille (*Dict. turc-oriental*), les Persans appellent فنك *fenek* (voy. l'art. ci-dess. cité de M. Defrémery) le petit renard de Tartarie, désigné par les naturalistes sous le nom de *canis corsak*, en turc oriental قارساق *qārsāq*.

logue que le célèbre voyageur appelle *Kennouz*, par deux *n*, la peuplade africaine des *Konoûz* كنوز[1].

Fetfā ou **Fetva**. C'est l'arabe فتوى *fetwā*, que les Turcs, de qui nous l'avons pris, prononcent *fetva*. Un fetva est la décision d'un jurisconsulte ou *mufti* (nom dérivé de la racine).

Fez. La coiffure ainsi appelée tire son nom de la ville marocaine de Fez فاس, où elle se fabrique. Le terme militaire *féci* ou *phéci* (képi) est un adjectif de même provenance, فاسي *féci*, de Fez. Inutile de chercher *fez*, *féci* (ni même *képi*) dans le *Dictionnaire français-arabe pour la conversation en Algérie*, de M. Cherbonneau.

Filali. «Industrie particulière de la côte méditerranéenne de l'Afrique et dont le siége principal est *Tafilet*, dans le Maroc; elle a pour objet la préparation des cuirs et maroquins, la fabrication des chaussures, brides, selles, etc. On trouve des ouvriers en filali dans toute l'Algérie.» (Bouillet, *Dictionn. des scienc.*) C'est l'adjectif arabe فيلالي *filāli*, de Tafilet ou Tafilalet. En espagnol, *fileli* désigne une sorte de tissu fabriqué originairement dans le même pays. M. Defrémery[2] a le premier établi cette étymologie, abondamment confirmée par M. Dozy dans son *Glossaire*, p. 268. L'espagnol a aussi *tafilete* dans le sens de maroquin, peau de Tafilet.

Firman. Ce mot est le persan فرمان *fermān*, ordre (فرمودن *fermoûden*, ordonner), qui a passé dans toutes les langues musulmanes et nous est venu par les Arabes ou les Turcs.

---

[1] Voy. S. de Sacy, *Chrest. ar.* t. II, p. 32, 33.
[2] *Journ. asiat.* janvier 1861, p. 90.

FOMALHAUT. Nom d'une étoile de première grandeur, α du Poisson austral. Esp. *fomahant, fomahante*. C'est l'arabe فم الحوت *foum al-haut,* la bouche du Poisson, une des quinze étoiles de première grandeur citées par Alfergani, qui la rattache au signe du Verseau[1]. Le terme arabe a été altéré de bien des façons par nos anciens astronomes; car Lalande cite les formes *fomahana, fumahant, fumalhant, fontabant, fomahaut* et, d'après Schickard, *fomolcuti.* Cette dernière forme est remarquable en ce qu'elle montre une transcription du ح *h* par un *c,* sous la plume d'un des plus célèbres orientalistes du XVIIe siècle; *fomolcuti* représente en effet très-exactement l'expression arabe prononcée avec les terminaisons casuelles, *foummou 'l-hauti.* Tycho-Brahé écrit *fomahant.*

FONDE, FONDIC, FONDIQUE, FONDOUC. Esp. *fundago, al-fondega, alfondiga, alhondiga;* portug. *alfandega*[2] (douane), ital. *fondaco.* Tous ces mots signifient ou ont signifié *magasin, boutique, maison pour recevoir les marchands étrangers, hôtellerie.* C'est l'arabe فندق *fondouq,* même sens. L'arabe vient lui-même du grec πανδοχεῖον, ou plutôt πάνδοχος ou πάνδοχος.

Je n'hésite pas à réunir, ainsi que l'a fait M. Littré, *fonde* avec *fondouc.* L'accentuation a produit ici un fait analogue à celui que nous avons constaté pour *alberge.* (Voy. ABRICOT.) Je crois donc que Müller a raison lorsqu'il propose de rattacher l'espagnol *fonda* aux autres vocables dérivés de فندق *fondouq.* On remarquera que, dans *alfondega, alfondiga,* etc. l'accent tonique est sur *fon.* Une rue de la ville de Cahors s'appelle encore *la Fonduc;* c'est probablement un mot de la même famille.

---

[1] Édit. de Golius, p. 76.

[2] *Alfandega* manque dans le *Gloss.* de Dozy, qui donne *alhandega,* simple variation orthographique.

Fou. Une des pièces du jeu des échecs. Esp. *alfil*, *arfil*, portug. *alfil*, ital. *alfido*, *alfino*, bas lat. *alphilis*, *alfilus*, *alphillus*, *alphinus*, vieux français *auphin*, *aufin*, *auffin*, *dauphin*. De l'arabe فيل *fil* (persan پيل *pil*), éléphant, avec l'article *al-fil*, parce que la pièce en question avait, chez les Orientaux, la figure d'un éléphant. La dérivation des formes qui ont gardé l'article *al*, *au*, est évidente. Celle de *fou* ne l'est pas autant : on a dû dire *fil*, puis *fol*, par assimilation avec le personnage de la cour qu'on appelait le fou ou le bouffon du roi. C'est par une assimilation analogue que l'*aufin* est devenu le *dauphin* [1], tant il est vrai, comme je l'ai dit ailleurs, que le peuple a une tendance naturelle à altérer les mots étrangers pour leur donner une apparence de signification dans sa propre langue.

Foutah. Portug. *fota*. Le nom de cette étoffe (ou vêtement) est persan : فوته *foutah* ; mais il a surtout été répandu par le commerce arabe. Les Arabes écrivent فوطة *fouta*. Ce fut de bonne heure un objet d'échange avec les tribus africaines et océaniennes. Dans un ouvrage du xᵉ siècle de notre ère intitulé عجايب الهند Merveilles de l'Inde, on voit un navire arabe commerçant avec des nègres, payer le prix des esclaves avec ce produit de l'industrie orientale : ونشتري بعضهم بالفوطة والتمر والشئ اليسير « et nous en achetâmes avec des *foutahs*, des dattes et des bagatelles. » (Man. appart. à la collect. de M. Schefer, p. 8.) (Voir sur ce mot Dozy, *Gloss.* p. 270, et S. de Sacy, *Chrest. ar.* t. Iᵉʳ, p. 195.)

---

[1] Voir ce que je disais à ce sujet dans la *Rev. de l'instr. publ.* numéro du 25 janvier 1866, p. 677. Voyez aussi Defrémery, *Journal asiatique*, janvier 1862, p. 88.

G

Gabelle. Esp. *alcabala, alcavala, gabela,* portug. *alca-vala, gabella,* ital. *gabella.* Les mots *alcabala, alcavala,* signifiant *impôt, taxe,* viennent certainement de l'arabe القبالة *al-qabāla,* qui a été employé dans le même sens (de la racine قبل *qabal,* recevoir, prendre). Mais Diez conteste que la même étymologie convienne à *gabela, gabella, gabelle,* qu'il veut tirer de l'anglo-saxon *gaful, gafol.* La seule raison qu'on donne pour rejeter l'étymologie arabe, c'est que le ق *q* ne deviendrait jamais *g* dans les langues romanes. M. Dozy [1] fait remarquer avec raison que l'italien écrit aussi *caballa, cabella* (la permutation entre *c* et *g* n'est pas rare en cette langue). D'ailleurs on a plusieurs exemples de ق *q* devenant *g* (p. ex. *algodon,* coton, de قطن *qoton*), et de toute façon rien ne s'oppose à l'identification de tous ces termes avec le terme arabe.

Gâche. Personne n'a songé à comparer ce mot à l'espagnol *alguaza,* penture, gond, pas même M. Dozy en établissant l'origine arabe du terme aragonais [2]. Cette origine même tend à confirmer l'identité des deux termes; car l'arabe الرزّة *ar-razza* signifie à la fois *gond* et *gâche.* (Voy. plus loin au mot **Mortaise.**)

Galanga. Esp. et portug. *galanga,* anc. franç. *galangal, garingal,* angl. *galangale.* Le nom de cette plante, originaire des Indes, nous est venu par l'arabe خلنجان *kha-*

<hr>

[1] *Gloss.* p. 75.
[2] *Gloss.* p. 131. « Les Aragonais, dit M. Dozy, doivent l'avoir reçu de personnes qui ne pouvaient pas prononcer le *r,* et qui, par conséquent, étaient aussi obligées dans cette circonstance de ne pas assimiler la consonne de l'article à la première consonne du substantif. »

landjān. On la nomme aussi *langas*, *lanquas*, qui est le malais لڠكواس *langkouas*. L'ancienne forme vulgaire est *galangue* : « La pulpe d'artichaud, cuicte en bouillon de chair, mangée avec sel, poyvre et *galangue* en poudre, sert à l'acte vénérien. » (*Agricult. et maison rustique*, de Jean Liebault. liv. II, ch. XIV, p. 200.)

GAMACHE. Mot vieilli qui signifiait *guêtres*, et que Diez tire de *gamba*. (Littré.) La vraie étymologie, je crois pouvoir l'affirmer, est le nom d'une ville africaine, غدامس Gadamès (dans l'État de Tripoli), célèbre par ses cuirs « moelleux comme une étoffe de soie », dit un auteur arabe [1]. Dans le Quercy, le Rouergue et sans doute en plusieurs autres parties de la France méridionale, on appelle encore *garamaches* (*gorromatzos*) les grandes guêtres ou jambières de cuir des cavaliers et les grosses bottes à l'écuyère. Le mot nous est sans doute venu par l'espagnol *guadamaci*, portug. *guadamecim*, qui désignait autrefois une espèce de cuir fabriqué d'abord à Gadamès et plus tard en Espagne même [2].

GAMBIR. Substance astringente, analogue au cachou, que les Malais mâchent avec le bétel, et que l'industrie européenne emploie pour la tannerie. On écrit quelquefois *gambier*, à la façon hollandaise. C'est le malais ڬمبير *gambīr*, nom d'un arbre de l'archipel Indien, le *Nauclea gambir* des naturalistes, dont les feuilles fournissent cette substance par décoction [3]. Celle-ci est nommée par les Malais ڬتة ڬمبير *ghetah-gambir*, gomme de gambir, du mot ڬتة *ghetah* ou *gatah*, gomme, baume.

---

[1] Voy. Dozy, *Gloss.* p. 280.

[2] *Ibid.*

[3] Dans son *Herbarium Amboinense*, le botaniste Rumpf cite l'arbre *gambolaut*, qui est le malais ڬمبير لاوت *gambīr lāout*, gambir de mer.

GANDASULI. Plante des Indes orientales cultivée dans nos serres pour ses fleurs et son parfum. Du malais كندسولى *gandasoūli*. On peut voir ce que dit l'abbé Favre [1] de l'origine de ce nom, dont la première partie paraît être le sanscrit *ganḍa*, odeur.

GANDOLE. Plante des Indes orientales qu'on mange à la façon des épinards (*gandola*, de Rumpf). Du malais كندول *gandōla* ou *goundōla*.

GARBIN. Vent du sud-ouest. Ital. *garbino*. De l'arabe غربى *gharbī*, occidental, adjectif dérivé de غرب *gharb*, couchant, occident, mot d'où vient aussi le nom du *Magreb*, en arabe, مغرب *maghreb* ou *maghrib*, occident, Afrique occidentale, et notre terme *maugrebin*, habitant du *Magreb*, Maure.

GAUPE. Est-ce l'arabe قحبة *qaḥba*, vieille femme, courtisane, qu'on tire de قحب *qaḥab*, tousser, par allusion au toussement dont les courtisanes se servent pour attirer les chalands? Les dictionnaires persans et turcs donnent aussi قحبة, قهبة, *qaḥpè*, *qaḥpè*, dans le même sens; et Richardson, قحبة خانه *qaḥbè-khaneh*, « a brothel »: *qaḥba* est actuellement le terme usité en Algérie. Le patois napolitain appelle *guappa* une femme hardie, batailleuse, matamore. (Voy. *Naples et les Napolitains*, par M. Marc Monnier, dans *le Tour du Monde*, IV, p. 223.) Comp. les termes d'argot populaire *gouape*, *gouapeur*.

GAZELLE. Esp. *gacela*, *gacele*, *gacel*, autref. *algacel*; portug. *gazella*, ital. *gazzella*. De l'arabe غزال *ghazāl*, même sens. Buffon a donné le nom d'*algazelle* à une espèce de

---

[1] *Dict. mal.-fr.* t. Iᵉʳ, p. 440.

gazelle, qui, selon Cuvier, ne diffère pas de la gazelle proprement dite.

Gecko. Espèce de lézard des contrées chaudes. Valentijn prétend que les Javanais se servaient des humeurs sécrétées par cet animal pour empoisonner leurs flèches. En malais, کیکوّ *ghëkoq*, par imitation de son cri. Dans les mots terminés par un ق *q*, cette finale se fait à peine sentir.

Gehenne. Ce vocable biblique peut être cité comme un curieux exemple de la transformation de sens que peut subir un mot par l'effet du temps et des circonstances. La vallée d'Hinnom ou du fils d'Hinnom, en hébreu גֵּי בֶּן־חִנֹּם *gêi ben-hinnom*, ou simplement *gêi hinnom*, était un lieu de plaisance, au-dessous des murs de Jérusalem : « De belles fontaines répandoient leurs eaux dans tous les jardins, dont la verdure et les beautés rendoient ce lieu très-agréable. Il y avoit aussi beaucoup d'arbres fruitiers et des plantes d'une odeur merveilleuse[1]. » Les Juifs s'avisèrent d'y bâtir un temple à Moloch, à qui ils sacrifiaient des victimes humaines. Le roi Josias ayant supprimé ce culte sanglant, et voulant rendre cette place souillée désormais exécrable à tous les Juifs, y fit répandre toutes les immondices de la ville. Après avoir été un but de promenade, un lieu de délices, la vallée d'Hinnom devint un objet d'horreur, si bien qu'à une époque postérieure *gehenne* fut synonyme d'enfer. Plus tard, ce ne fut que la torture. Et enfin, le mot se contractant en *gêne* a perdu, de nos jours, presque toute l'énergie de ses significations antérieures.

Gémara. Partie du Talmud. Transcription de l'hébreu

---

[1] Simon, *Dict. de la Bible* (1693).

גְּמָרָה *gemarah* (*g* dur). Le verbe גָּמַר *gamar* signifie *ache-
ver, compléter;* la gémara est en effet une glose qui sert de
commentaire à une partie de la Mischna.

GEMMADI. Cinquième et sixième mois de l'année musulmane. En arabe, جمادى *djoumādā,* prononcé chez les
Turcs *djoumadi* ou *djemadi* (voy. Meninski). Gemmadi est
la transcription usitée chez nos écrivains du xviii° siècle.

GENET. Espèce de cheval d'Espagne. Nous avons emprunté ce mot à l'espagnol *ginete,* cavalier armé à la légère, terme pour lequel on a proposé une foule d'étymologies aussi peu satisfaisantes les unes que les autres. (Voy.
le *Dict.* de Littré.) M. Dozy[1] a fait voir que *ginete* vient
de زناتة *zenāta,* grande nation berbère connue pour la
valeur de sa cavalerie. De *ginete,* qui est aussi en portugais, le catalan avait fait *janet* et l'italien *giannetto.*

GENETTE. Esp. et portug. *gineta,* latin des natural. *ge-
netta.* D'après M. Cherbonneau[2], le nom de ce quadrupède africain est, en arabe, جرنيط *djerneit.* Citons, pour
mémoire, l'hypothèse de Sonnini : «Ce nom est venu
vraisemblablement, dit-il, de ce que la genette se tient
volontiers dans les cantons couverts de genêts, fort communs en Espagne[3].» Le savant naturaliste oublie que *ge-
nêt,* en espagnol, se dit *ginesta* et non *gineta.*

Quant à *genette,* courte lance, c'est l'espagnol *gineta,*
dont l'origine est la même que celle de *ginete.* (Voy. ci-
dessus GENET.)

GENGÉLI. Espèce de sésame. Esp. *aljonjolí, ajonjolí,*

<hr>

[1] *Gloss.* p. 276, 277.
[2] *Journ. asiat.* 1er sem. 1849, p. 541.
[3] *Dict. d'hist. nat.* t. XII, p. 602.

portug. *gergelim*, *zirgelim*. On trouve aussi, en français, *jugeoline*, *jugoline* (dans la *Botan.* de Jean Bauhin). C'est l'arabe جنجلان *djoundjoulīn*, prononcé, en Espagne, *djondjolīn*; l'*ā* long, en effet, s'adoucit très-fréquemment en *ē* ou en *ī*.

GERBOISE ou GERBO. Lat. des natural. *gerboa*, esp. *gerbasia*. De l'arabe يربوع *yerbō'*. On peut voir, sur ce petit animal et sur les auteurs qui en ont parlé, le *Voyage en Nubie* de Bruce, t. V, p. 145 à 152 (édit. Panckouke). M. Cherbonneau écrit جربوع *djerboū'*. (*Dict. fr.-ar.*)

GHAZEL. Petite pièce de vers amoureux chez les Orientaux. C'est l'arabe غزل *ghazal :* «Ce mot, dit d'Herbelot, signifie des vers amoureux qui ne doivent pas excéder le nombre de dix-sept ou dix-huit *beits* (بيت) que nous appellerions distiques, mais dont chacun n'est qu'un vers arabique. Lorsqu'ils passent ce nombre, le poëme s'appelle *cassidah* (قصيدة *qaṣīda*), qui répond à notre élégie. Le *gazal* ne peut être aussi moindre que de sept *beits*, ou tout au moins de cinq: car, quand il n'y a que quatre *beits*, c'est un *rabeât* (رباعة *rebā'a*) ou quatrain. Les deux premiers *beits* d'un *gazal* s'appellent *methlà* (مطلع *maṭla'*, début), et les deux derniers. *meethà* (مقطع *maqṭa'*, conclusion). » (*Biblioth. orient.*)

GIAOUR. Mot par lequel les Turcs désignent quiconque n'est pas musulman. Le mot گور, prononcé par les Turcs *ghiaour*, est persan; sa vraie prononciation est *gawr*, et c'est une autre forme du terme گبر *ghebr*, adorateur du feu, guèbre.

GIBBAR. Espèce de cétacé (baleinoptère gibbar). Ce semble être l'arabe جبّار *djebbār*, géant, être d'une taille extraordinaire. Cependant, le naturaliste Rondelet, dans son célèbre ouvrage sur les Poissons, imprimé en 1554, donne une autre étymologie : « Vocant *gibbar*, dit-il, a gibbero dorso, id est in tumorem elato. » (*De piscibus marinis*, lib. XVI, cap. xii.)

GIBET. Ital. *giubbetto, giubbette*. On n'a rien proposé de sérieux pour l'étymologie de ces mots. *Giubbetto* aurait-il quelque rapport avec le persan چوب *tchoûb*, pièce de bois, poutre, bâton? Le *Gazophylacium ling. Pers.* traduit *patibulum* par چوب بست *tchoûb best;* mais cette expression persane est-elle authentique? Et puis, comment l'italien serait-il allé prendre en Orient le nom de cet instrument de supplice?

GIRAFE. Esp. *girafa* (ancienn. *azorafa*), portug. *girafa*, ital. *giraffa*. On trouve en vieux français *orafle* (Joinville), *girafle;* Marco Polo, dans l'édit. Pauthier, écrit *gerofle*. C'est l'arabe زرافة *zourâfa, zerâfa*. Meninski donne aussi زرنايا , سرنايا *sournâpâ, zournâpâ*.

Dans le man. de la collection de M. Schefer, intitulé عجايب الهند Merveilles de l'Inde, ouvrage dont il a déjà été question et qui paraît avoir été rédigé au x siècle de notre ère, on lit sur la girafe le passage suivant : وحدثني ان بجزيرة لامرى من الزرافة من لا يوصف كبره, etc. « On m'a conté que dans l'île de Lamri il y a des girafes d'une grandeur indescriptible. Des naufragés, forcés de marcher des parages de Fansour vers Lamri, se gardaient de cheminer la nuit, par crainte des girafes; car elles ne se montraient pas le jour. Et, quand approchait la nuit, les voyageurs montaient sur un grand arbre, par peur de ces animaux. Et, la nuit venue, ils les entendaient rôder autour d'eux; et le jour, ils voyaient les empreintes de leurs pas sur le sable. » (P. 95.)

Cela ne ressemble guère à ce que rapporte le P. Ange de Saint-Joseph, qui explique ainsi le mot *giraffa*, زرافه, dans son *Gazophyl. ling. Pers.* : « Petit daim; l'on en trouve des troupes en voyageant par la Perse : elles connaissent en regardant un homme s'il est amy ou ennemy, et en même temps ou fuyent ou s'arrêtent. »

GIRBE. Vieux mot désignant le péritoine. Portug. et ital. *zirbo*. De l'arabe ثرب *therb*, même sens. (Voy. Freytag, et aussi Bocthor, à *péritoine* et à *épiploon*).

GOLGOTHA. En grec, γολγοθᾶ, que les Évangiles expliquent par τόπος κρανίου, place du crâne, soit à cause de l'aspect de l'endroit, soit parce qu'on y trouvait beaucoup de crânes de suppliciés. C'est un mot chaldaïque גלגלתא *goulgalthā*, en hébreu גלגלת *goulgoleth*, crâne.

GOMOR. Mesure de capacité pour les matières sèches, chez les Hébreux. C'est la transcription, dans les Septante, γομόρ, de l'hébreu עֹמֶר *'omer*, une poignée. Cette mesure était la dixième partie d'une autre, nommée אֵפָה *ephah*.

GOMUTI ou GOMUTO. Espèce de palmier (*Borassus gomutus*). Du malais ڬوموتي *gomoûti*, ou, suivant la prononciation de l'abbé Favre, *ghemoûti*, mot qui désigne plus spécialement les longs filaments noirs fournis par cet arbre, lesquels servent à la fabrication de cordages inaltérables.

GONG. Instrument de musique aussi appelé *tam-tam*. En malais, اڬوڠ *agõng* ou كوڠ *gõng*, « dénomination, dit Rienzi, commune à toutes les langues de la Malaisie. Le *gong* paraît provenir de la Chine[1]. » Le mot existe en javanais, en battak, en tagale, en bissaya, en dayak, etc[2].

---

[1] *Océanie*, t. Iᵉʳ, p. 84.

[2] Voy. le *Dict. mal.-fr.* de l'abbé Favre.

Goudron. Esp. *alquitran*, portug. *alcatrão*, ital. *catrame*; bas latin *alquitranum*. Dans le man. latin du XIV° siècle, n° 7156, ancien fonds de la Bibl. nat., on trouve (p. 40): «*alkatranc*, oleum de cedro.» et «*alkitran*, oleum juniperi.» C'est l'arabe قطران *qaṭrān* ou *qiṭrān*, goudron, en persan كتران *ketrān*. Le français a encore *goudran*, où l'*a* primitif s'est conservé: il en est de même dans *gouldran* ou *goultran*, liqueur claire et grasse qui coule des vieux pins (Bescherelle): ici, la lettre *l* est due à la prononciation emphatique du ط *ṭ*. (Compar. Altaïr, *Alcalde*.)

Goule. En arabe, غول *ghoûl*, ogre ou démon qui dévore les hommes; être surnaturel et malfaisant qui possède la faculté de changer de forme. Nous avons mis le nom au féminin et nous avons fait de la goule un monstre à face humaine qui se repaît de cadavres. *Ghoûl* est d'origine persane.

Goum. Contingent militaire des tribus algériennes (le mot n'est pas dans le *Dict. fr.-ar.* de M. Cherbonneau). C'est l'arabe قوم *qaum*, troupe, prononcé *goum* en Algérie.

Goura. Oiseau de l'archipel Indien, aussi nommé *pigeon* ou *faisan couronné*. Lorsque le mâle désire sa femelle, «il fait entendre une voix mugissante, triste et plaintive.» (*Dict. d'Hist. nat.* t. XIII, p. 331). De là vient son nom qui est javanais, *gora*, et signifie *grand bruit*. Ce mot se rattache au verbe *gheroq*: en malais, گروه *gheroh*, mugir, ronfler, گروه *gourouh*, bruit du tonnerre.

Gourame. Nom d'un poisson des mers de l'Inde et de la Chine, aussi nommé, dans nos dictionnaires d'histoire naturelle, *gourami* ou *goramy* (osphronème) et, à l'île de

France, *gouramier*[1]. Du malais كرامه *gourāmeh* ou كراى *gourāmi*. On peut voir, dans le *Dict. mal.* de l'abbé Favre, l'origine présumée de ce nom.

GOURBI ou GOURBIL. Hutte, ou village de tentes, en Algérie. En arabe algérien, قربى *gourbī*. J'ignore si le mot est d'origine berbère ou s'il représente simplement l'ancien arabe قربى *qourbā*, parenté, voisinage.

GOURGANDINE. Est-ce le persan غرغنجه *gharghandjah*, *gherghendjih*, « mulier coïtu insatiabilis » (Meninski)? Cette étymologie est indiquée par M. Pihan.

GOURMAND. Le *Gazophylacium linguæ Persarum* compare ce mot au persan خورمند *khoūrmend*, « helluo, gallice *gourmand*, dit l'auteur, quæ vox num a lingua persica detorta[2]? » Conjecture mentionnée ici pour mémoire, faute de mieux.

GRABELER. Ancien terme de pharmacie signifiant *éplucher, trier;* esp. *garbillar*, cribler, bas lat. *garbillare*. Ces verbes, formés sur le substantif *garbillo*, bien que faciles à rattacher au latin *cribrum, cribrillum*, semblent, vu la présence de la voyelle *a* dans la première syllabe, avoir subi l'influence de l'arabe غربال *gharbāl, gharbil*, crible. (Voy. Dozy, *Gloss.* p. 274.)

Grabeau, en pharmacie, se dit des menus fragments de drogues, des parties ligneuses qu'on sépare, etc., c'est-à-dire, en somme, des parties triées, épluchées, *grabelées.* Il avait autrefois le sens de *scrutin*, métaphore assez ingénieuse.

[1] Voy. Alf. Erny, *Séjour à l'île Maurice*, dans *le Tour du monde*, 2e sem. 1863, p. 137.
[2] *Clavis Garophyl.* p. 6.

Grèbe. Oiseau plongeur. Je crois, sans rien préjuger de l'origine du mot, que ce nom doit être rapproché de l'arabe غيهب *gheiheb*. Le P. Ange de Saint-Joseph traduit غيهب par *pélican onocrotale;* un demi-siècle auparavant, le P. Germain de Silésie traduit aussi *gheiheb* par *pelicano.* Mais on sait combien de difficultés offre la synonymie zoologique ou botanique des Orientaux. Nos dictionnaires fourmillent de confusions de ce genre[1]. Mettre un oiseau aquatique pour un autre est une erreur facile en cette matière. C'est ainsi que le nom d'*alcatraz* a été appliqué au pélican brun, au petit cormoran, au calao, à l'albatros. Ce qui est moins compréhensible, c'est que غيهب soit traduit par *struthio-camelus,* autruche, dans Freytag. Le même mot, d'après le *Qamous,* signifierait *vestis lanosa;* serait-ce quelque chose d'analogue aux manchons faits avec la peau du grèbe revêtue de son duvet?

Grèbe est assurément le grec moderne γλάϐος, qui, d'après Tournefort[2], « signifie un oiseau appelé *gabian* en Provence, et qui n'a presque que des plumes, quoiqu'il paraisse en volant aussi gros qu'un coq d'Inde». Le *Gabian* ou *gabrian* est, disent les uns, un goëland; ou un plongeon, disent les autres; un cormoran, dit Tournefort lui-même.

En Algérie, d'après M. Cherbonneau[3], le grèbe s'appelle بوغطاس *bou-ghattâs*, le père du plongeur. Pour Freytag, l'oiseau غطاس *ghattâs* est identique à l'oiseau غواص *ghawwoûs*, dont le nom signifie aussi *plongeur;* et Chézy[4] dit, d'après Castell et Richardson, que celui-ci

---

[1] Pour citer un seul exemple des difficultés qu'on éprouve à dénommer exactement un animal à l'aide des dictionnaires, ouvrons Boethor; nous y trouverons *écureuil* traduit par سنجاب *sendjâb;* consultons Meninski, nous y verrons *sendjâb* rendu par *hermine.*

[2] *Voy. du Levant,* t. 1er, p. 375.

[3] *Dict. fr.-ar.*

[4] Dans une note insérée p. 507 du t. III de la *Chrest. ar.* de S. de Sacy.

pourrait bien être le *héron*. On voit combien il est difficile de se démêler dans ce fouillis inextricable.

GUÈBRE. Adorateur du feu. Du persan كبر *ghebr*, même sens.

GUTTA-PERCHA. Substance gommo-résineuse fournie par un arbre de l'archipel Indien, l'*Isonandra percha*. Les nombreux emplois qu'en fait l'industrie européenne ne datent guère que d'une trentaine d'années. C'est le malais كته فرچ *gatah pertcha*, orthographié à l'anglaise *gutta percha*. *Gatah* signifie *gomme*, et فرچ *pertcha* est le nom de l'île que nous appelons Sumatra, et aussi celui de l'arbre qui produit la gutta-percha. En ce dernier sens, le *Dictionnaire* de l'abbé Favre termine le mot par un ه *h*, فرچه *pertchah*.

GUTTE (GOMME-). Dans *gomme-gutte*, le second mot n'est que la traduction du premier : en malais كته *gatah* ou *ghetah*, gomme, baume, le même qui se trouve dans *gutta-percha*. C'est l'orthographe anglaise qui nous a fait prononcer *u* là où il faudrait dire *a* ou *é*.

H

HABZÉLI, HABALZELIN ou HABELZELIN. Nom de la plante appelée aussi *souchet comestible*. C'est l'arabe حب الزلم *habb az-zelem*, graine de *zelem*. Le زلم *zelem* est ainsi défini par Freytag : « Nomen plantæ cujusdam tam floribus quam semine carentis. Radicibus sub terra grana adhærent expansa, pulchra, dulcia. » Inutile de dire que cette description, empruntée au *Qamous*, est inexacte dans sa première partie; car le *zelem* ou souchet n'est point un cryptogame.

La même plante est nommée par Rauwolf *habelassis*, *habaziz* par Porta, *habbaziz* par C. Bauhin, ou *granum di-*

lectum : ce qui représente l'arabe حبّالعزيز *ḥabb al-'azīz*, grain exquis (pour être correct, il faudrait mettre l'article devant *ḥabb*, ou le supprimer devant *'azīz*.)

Hachich. C'est l'arabe حشيش *ḥachīch*, dont le sens propre est *herbe, foin*, et qui s'est plus tard appliqué au *bang* ou chanvre indien et à la drogue enivrante qu'on en tire حشيشة الفقراء *ḥachīchat al-foqarā*, l'herbe des fakirs. (Voy. S. de Sacy, *Chrest. ar.* t. Iᵉʳ, p. 210).

Hadji. Transcription de l'arabe حاجّ *ḥādjdjī*, celui qui a fait le pèlerinage de la Mecque. Le mot se dit aussi d'un chrétien ou d'un juif qui a fait le pèlerinage de Jérusalem. Le sens primitif du verbe حجّ *ḥadjdj*, dont *ḥādjdjī* représente le participe actif, est *marcher, aller et venir, danser, célébrer une fête*, en hébreu, חגג *ḥagag*.

Haje. Vipère d'Égypte qu'on croit être l'aspic des anciens. De l'arabe حيّة *ḥayya*, serpent.

Hallali. Ne serait-ce pas une imitation du cri des guerriers musulmans لا اله الّا الله *la ilah illa 'llah*, il n'y a pas d'autre Dieu que Dieu, cri représenté par *alilies* dans diverses relations, et par *lelilies* dans ce passage de Don Quijote : « *Luego se oyeron infinitos lelilies al uso de Moros cuando entran en las batallas*, aussitôt on entendit une infinité de *lelilies*, à la mode des Mores lorsqu'ils entrent au combat. » (Voy. Dozy, *Gloss.* p. 297.)

Hanifite. Qui est de la secte ou du rite d'*Abou-Hanifa an-No'man* ابو حنيفة النعمن.

Haras. Bas lat. *haracium*. N'était la difficulté du changement de *f* en *h*, on serait tout naturellement porté vers l'étymologie arabe فرس *faras*, cheval, depuis longtemps proposée. Il est vrai qu'on trouve dans le français du xiv⁰ siècle un mot *farat* paraissant signifier *troupeau*. D'autre part l'analogie de *hardes* avec *fardes* semble montrer aussi que *f* peut devenir *h*. Cependant, faute de correspondants dans les autres langues romanes, l'étymologie reste douteuse.

Hardes. Au xii⁰ siècle on a dit *fardes*. Portug. *farda*, vêtement de soldat. M. Littré pense que *hardes* et *fardes* sont identiques, comme *hardel* et *fardel*, et il rattache tous ces mots à une commune origine, celle de *fardeau*. Je crois avoir démontré que *fardeau* est d'origine arabe, *hardes* le serait donc aussi.

D'autre part, M. Engelmann a proposé pour le portugais *farda* l'arabe فرض *fard*, « pannus seu vestimentum », étymologie que M. Dozy repousse : ce mot, dit-il, n'étant pas d'usage en ce sens dans la langue vulgaire. Le savant professeur de Leyde connaît mieux que moi la valeur d'un argument de cette nature. Seulement on peut éprouver quelque scrupule à le suivre lorsqu'il affirme que *farda* a la même origine que *fato*, *hato*, origine indo-germanique (lisez indo-européenne) attestée par un mot sanscrit *pata*, tissu, drap, vêtement. Passer ainsi de l'espagnol au sanscrit, c'est faire un saut bien large pour les étymologistes timorés.

Harem. Esp. *haren*, portug. *harem*. De l'arabe حرم *harem*, gynécée, proprement *chose illicite, défendue*.

Haret. Terme de chasse, se dit du chat sauvage; on écrit aussi *chat-harret*, par deux *r*. Ce mot a-t-il quelque rapport avec l'arabe هر *hirr*, هرة *hirra* (*hirret*), chat?

Harmale. Genre de plantes, rue de Syrie, rue sauvage, etc. Esp. *harma*, *harmaga*, *alharma*, *armaga*, *alhargama*, portug. *harmale*. C'est l'arabe حرمل *harmal*, même
sens, qui paraît avoir été introduit dans la nomenclature
botanique moderne au milieu du xvie siècle par le célèbre
botaniste Gesner. Il est vrai qu'on trouve déjà *harmala*,
harmula, dans Apulée (qui était africain). Mais, si je ne
me trompe, ce n'est pas chez lui, mais chez les Arabes,
que Gesner a pris le mot[1]. En tout cas, les formes espagnoles ne viennent pas du latin.

Razi consacre quelques mots à l'harmale[2] : حرمل يسكر
ويسدر ويهيج القى ويدرّ الطمث « l'harmale enivre[3] et donne le
vertige, excite le vomissement et provoque les menstrues. »
Dans le grand ouvrage médical persan de Zein ed-din
abou 'l-fadl Ismaïl ben Hasan al-Hoceini de Djourdjan[4],
on lit : حرمل دو نوع است سرخ وسپيد نوع سپيدرا حرمل عربی
خوانند وبيونانی مولی وبپارسی صندل «il y a deux sortes d'harmale, le rouge et le blanc; l'espèce blanche est appelée
harmale arabique, en grec *moli* et en persan *sandal* ... »
Je cite ce passage pour les curieux qui recherchent ce que
peut être le *moly*, μῶλυ, que Mercure donna à Ulysse
comme préservatif contre les enchantements de Circé.
(*Odyssée*, chant X.)

Hasard. Esp. et portug. *azar*, ital. *azzardo*, *la zara*, bas

---

[1] Gesner connaissait la langue arabe, ainsi qu'il a été dit précédemment
(art. *estragon*). J'ajouterai que l'harmale n'est pas mentionné dans ceux des
antidotaires latins du moyen âge qui n'ont pas fait d'emprunts aux Arabes.
(Voy. par exemple le man. n° 7009 anc. fonds de la Bibl. nat.) Voir toutefois
le passage mentionné dans le *Thesaur.* d'Henri Estienne : Βήσασα, σπέρμα
δὲ ἔσλιν ἐν Συρίᾳ γεννώμενον τοῦ ἀγρίου πηγάνου, ὃ δὴ οἱ ἐντόπιοι ἅρμαλα
καλοῦσιν. (Édit. Didot.)

[2] Man. déjà cité, folio 49 recto.

[3] Je lis يسكر bien que le man. porte يسكن, qui ne concorde point avec
la suite.

[4] Man. persan. n° 339 du suppl. Bibl. nat. folio 118 verso

lat. *azardum*, *azarum*, *azarrum*. La signification primitive
est *jeu de dés*, ainsi que le démontrent les nombreux exemples cités dans le *Dictionnaire* de M. Littré. (Voy. aussi Du
Cange.) Aussi le tire-t-on de l'arabe الزهر *az-zahr*, dé à
jouer. Malheureusement ce mot, qu'on trouve chez Bocthor, manque dans les dictionnaires classiques. (Le *Gazophyl. ling. Pers.* écrit زار *zār*, qui figure dans Meninski
comme purement turc.) Cela laisse des doutes. M. Defrémery accepte l'étymologie sans faire aucune réflexion sur
l'authenticité de زهر *zahr*. Le *Glossaire* de MM. Engelmann
et Dozy n'en dit pas davantage. Je n'ai moi-même aucun
argument nouveau à fournir pour ou contre.

HATTI-CHÉRIF. Ordonnance royale qui porte une marque
de la propre main du souverain. C'est une expression persane خطّ شريف *khatt-i-cherif*, formée de deux mots arabes
خطّ *khatt*, ligne, écriture, et شريف *cherif*, illustre. L'*i* qui
joint les deux mots marque en persan l'union du substantif à son adjectif. On dit dans le même sens خطّ هايون
khatt-i-houmāyoūn, prononcé *hatti humayoun*, du persan
houmāyoūn, royal.

HÉGIRE. Esp. *hegira*. De l'arabe هجرة *hedjra*, fuite, de Mahomet à Médine, le 16 juillet 622, époque à partir de laquelle se comptent les années du calendrier musulman.

HELBE, HEBBE ou HELBEH. Fenugrec. De l'arabe حلبة
houlba.

HENNÉ. Arbuste d'Afrique et d'Asie, dont les feuilles
séchées et réduites en poudre servent aux femmes de l'O-
rient à se teindre les ongles en jaune safran. C'est l'arabe
حنّاء *hinnā*, qui, précédé de l'article, a donné l'espagnol

alheña. M. Dozy ne semble pas s'être aperçu que le portugais *alfena, alfeneiro*, troëne, est le même mot (il n'a point noté ces deux termes dans son *Glossaire*, non plus que l'espagnol *alcana*, même sens): le henné porte aussi le nom de *troëne d'Égypte*. Gérard de Crémone, qui traduisait l'*Almansouri de Razi*, vers le milieu du xII[e] siècle, prononce *alchanna* : «Alchanna pustulis quæ sunt in ore et adustioni ignis remedium affert» (lib. III, cap. xxvIII[1]). En italien, on dit encore *alcanna* et *alchenna*.

HOQUETON. Vieux français *auqueton*. On a reconnu depuis longtemps l'identité de ce mot avec l'espagnol *al-coton, algodon*, coton, représentant l'arabe القطن *al-qoton*. Du nom de la matière, le mot est passé à l'étoffe qu'on en fabriquait et ensuite à un vêtement fait de cette étoffe. Si l'on ne connaissait à ce terme que le sens de *casaque*, on comprendrait malaisément que l'auteur du *Roman de Roncevaux* en eût pu faire un objet de comparaison avec une barbe blanche dans ce vers[2] :

> Blanche ot la barbe aussi come *auqueton*.

HORDE. C'est un mot tartare; en turc, اوردو *ordou*, camp.

HOSANNA. C'est l'hébreu הוֹשִׁיעָה-נָא *hôchĭ'anâ*, deuxième personne du singulier de l'impératif intensif du verbe הוֹשִׁיעַ *hôchĭ'a* (forme *hiph.* de יָשַׁע), sauve, délivre, porte secours. Le נָא *nâ* final est une particule précative, qui a

---

[1] Ce qui correspond au fol. 48 verso du man. de Razi déjà cité : الحنا ينفع للقلاع وحرق النار.

[2] *Dict.* de M. Littré. — M. A. de Chevallet, dans son *Orig. de la langue fr.* (t. Ier, p. 544), faisait de *hoqueton* un diminutif de *huque, houque*, et lui donnait une origine germanique.

le sens du latin *quæso*, je vous prie. Les Grecs ont transcrit Ὡσαννά, et saint Jérôme *Hosanna*.

Houka. Pipe turque ou persane peu différente du narghileh. (Littré.) De l'arabe حقّة *ḥouqqa*, ou, si l'on veut, du persan حقّه *ḥouqqa*, vase, bocal, et spécialement : « the bottle through which the fumes pass when smoking tobacco » (Richardson), le flacon où passe la fumée du tabac avant d'arriver à la bouche du fumeur.

Houle. Bien que Jal (*Dict. de Marine*) ait indiqué pour ce mot le hollandais *holle*, creux, je ne puis m'empêcher de signaler la coïncidence au moins remarquable de ce terme avec l'arabe هول *haul*[1], auquel les dictionnaires ne donnent d'autre sens que celui de *terreur, objet terrifiant,* mais qui, dans maints récits de tempêtes ou d'aventures maritimes se traduirait tout naturellement par *houle* ou quelque chose d'approchant. En voici trois exemples empruntés à l'ouvrage intitulé عجايب الهند *Merveilles de l'Inde,* dont il a déjà été question. Au milieu d'une tempête, un marin s'écrie : ما تنظر هول هذا البحر وامواجه « Ne vois-tu pas le *haul* de cette mer et ses vagues? » (p. 18). Et plus loin, au sujet d'une troupe d'esclaves qui, emmenés de la côte africaine dans un navire, se sauvent en sautant par-dessus bord, malgré l'état agité de la mer : ما فعلوا بنفوسهم ذلك الّا باقتدار لهم « Ils ne se sont hasardés à cela, dit le capitaine, que parce qu'ils sont en état de lutter contre le *haul* de cette mer » (p. 25). Et enfin, dans cette phrase : فلم يروا ما يهتدون به وهول البحر وامواجه ترفعهم الى السحاب « Ils ne virent plus aucun moyen de se diriger, et le *haul* de la mer

---

[1] L'étymologie est suggérée par M. Pihan et par M. Cherbonneau, mais sans aucun argument à l'appui. M. Cherbonneau traduit *mer houleuse* par بحر مموّج *bahr mouhawwel.*

et ses vagues les élevaient jusqu'aux nues » (p. 16); est-
il possible de traduire *haul* autrement que par un mot voisin comme sens de notre *houle*?

Ajoutons que dans le portugais *folla* (folla da mar)[1], le
f correspondrait parfaitement au ه *h* de *haul;* car on sait
que, dans les langues hispaniques, *f* transcrit fréquemment les aspirations arabes ح, خ, ه *ḥ, kh, h.*

Houri. L'ancienne forme arabe est حوراء *ḥaurā*, plur.
حور *hoūr*, qui a les yeux noirs de la gazelle. Les Persans
en ont fait حورى *hoūrī* avec le ى *i* d'unité, et les Arabes
ont repris ce mot sous la forme حورية *hoūrīa*. (Voy. Dozy,
Gloss. p. 287.)

Hulla. Celui qui, d'après la loi musulmane, doit épou-
ser une épouse divorcée, avant que son mari puisse la
reprendre en mariage. (Littré.) C'est un dérivé de la racine arabe حل *ḥall*, qui, à la deuxième forme حلل *ḥallal*,
signifie : « Ter repudiatam duxit, ut post repudium a
primo conjuge repeti posset[2]. » L'épouse reprise ensuite
par son premier mari est appelée حللة *ḥalāla*.

<h1 style="text-align:center">I</h1>

Icoglan. Page du sérail. Du turc اوغلان اچ *ītch-oghlān*,
formé de *ītch*, intérieur, et *oghlān*, jeune garçon, page.

Pouqueville écrit *icholan :* « Les pages ou *icholans* du
vizir voulurent nous régaler d'un concert à leur manière[3]. »

---

[1] L'expression *folla da mar* semble calquée sur صول البحر.

[2] La forme régulière ne peut être que حلّل. On dit aussi مستحلّ. Cf.
la note 40 de Lane sur le chap. xi de sa traduction des *Mille et une Nuits*
(Ch. Defrémery.)

[3] *Voyage en Morée et à Constantinople*, éd. Smith, t. XII, p. 329.

Iman ou Imam. Transcription de l'arabe إمام *imâm*; aussi disons-nous *imamat* et non *imanat*, pour désigner les fonctions religieuses de l'iman.

Imaret. Sorte d'hôtellerie turque où les élèves des différentes écoles vont prendre leurs repas. Les pauvres y trouvent aussi gratuitement des vivres. (Littré.) Transcription, d'après la prononciation turque, de l'arabe عمارة *'imâra*, fondation pieuse, édifice public.

Iradé. Décret impérial en Turquie. Prononciation turque de l'arabe إرادة *irâda*, volonté, désir.

Islam. Transcription de l'arabe اسلام *islâm*, religion musulmane, proprement, *résignation à la volonté de Dieu*.

Izari. — Voy. Alizari.

J

Jagre. — Voy. Téréniabin.

Jambose ou Jambosier. Arbre des Indes (*Eugenia jambos*) qui produit un fruit comestible appelé *pomme de rose*; en malais جامبو *djambou*. Une espèce porte, chez les Malais, le nom de جامبو كلنك *djambou-kling*, ce qui marque qu'elle est originaire de la côte de Coromandel (*kling*, en malais).

Le *jambolongue* ou *jamlongue* de l'île de France, le *jambolane* et le *jamrosade* de Saint-Domingue, sont des espèces ou des variétés de jambosier importées des Indes dans ces colonies. Les trois premiers de ces noms correspondent au malais جامبلان *djambelan*: le dernier est formé de *djambou* et du mot *rose*, à cause de l'odeur de rose des fruits de cette espèce, qu'on nomme aussi, aux Antilles, *pommier-rose*.

Janissaire. Du turc يكيچرى *yeni-tcheri*, formé de يكى *yeni*, nouveau, et چرى *tcheri*, soldat, milice.

Jarde. Tumeur qui se développe à la partie externe du jarret du cheval. Ital. *giarda*. Dans un ouvrage d'hippiatrique écrit en latin au moyen âge, je trouve les deux formes *giarda, jarda :* « Quasi mollis sufflatio ad magnitudinem ovi aut amplius... nascitur in garretis[1]. » C'est l'arabe جرد *djaradh*, même signification (*Tumor omnis natus in suffragine jumenti aut inferiore pedis nervo*, dit Meninski).

C'est par erreur que le *Dictionnaire* de Handjéri traduit *javart* par ce même mot جرد : les javarts n'ont aucun rapport avec la jarde.

Jargon. Gemme de couleur jaune tirant sur le rouge, souvent confondue avec l'*hyacinthe*. Le minéralogiste Haüy a réuni ces deux sortes de pierres sous le nom commun de *zircon*. Ital. *giargone*. *Jargon* et *zircon*, dont personne, à ma connaissance, n'a encore établi l'étymologie, sont certainement identiques à l'espagnol *azarcon*. D'après le Dictionnaire de l'Académie espagnole, *azarcon*, en peinture, signifie *orangé vif :* « el color naranjado muy encendido, *color aureus;* » ce qui s'applique très-exactement à l'hyacinthe. *Azarcon* s'est dit aussi, comme le portugais *zarcão, zarquão, azarcão*, de l'ocre rouge. Et tous ces mots correspondent à un terme arabe, زرقون *zarqoūn*, avec l'article *az-zarqoūn*, qui se disait du minium et d'autres sub-

---

[1] *Liber de cura equorum, compositus a Jordano Ruffo, milite Calabrensi*, man. lat. ancien fonds de la Bibl. nat. n° 7058. Ce manuscrit est du xɪɪɪ° siècle.

stances de couleur tirant sur le rouge. Mais quelle est l'origine de ce *zarqoūn*, qui ne paraît pas très-ancien dans la langue arabe? On trouve un certain nombre de termes très-voisins de celui-là, tels que سيلقون *sīlqoūn*, سريقون *serīqoūn*, أسريقون *asrīqoūn*, etc. correspondant au bas grec συρικόν, et à notre vieux mot *azuric*, vitriol rouge, et s'appliquant aussi au minium, au cinabre. D'autre part, Pline a déjà *syricum* ou *sirucum* [1] dans le même sens, et *sirqoūn* se trouve également en syriaque. Ceci prouve, comme l'a fort bien fait observer M. Dozy [2], que le mot en question était connu en Orient et en Occident avant que les Arabes pussent avoir aucune action sur les langues du monde civilisé.

Si le mot n'est point arabe, il peut être persan. M. Dozy suggère آزرگون *āzar-goūn*, couleur de feu (de آذر ou آزر *āzar*, feu, et گون *goūn*, couleur). Je préférerais زرگون *zar-goūn*, couleur d'or, qui me semble mieux convenir aux formes arabes et correspond très-exactement à زرقون *zar-qoūn*. Il semble que l'Académie espagnole ait songé à cette étymologie, lorsqu'elle explique *azarcon* par *color aureus*.

Dans tous les cas, notre *jargon* me paraît venir de cette expression persane qui définit très-exactement la couleur de la gemme. N'oublions pas que celle-ci est originaire de Ceylan, de l'Inde et du Pégu.

JARRE. Esp. *jarra*, *jarro*; portug. *jarra*, *zarra*; ital. *giara*, *giarro*: dans l'Archipel, *iarros* [3]. De l'arabe جرّة

---

[1] A ces formes, se rattache le mot *sory*, «sel vitriolique des anciens» (Bescherelle); en persan, سوری *soūrī*, vitriol rouge, c'est-à-dire *cinabre* ou *minium*, dans Richardson. *Sory* manque dans la plupart des dict. Il est question dans Pline, et avant lui dans Vitruve, d'une ocre jaune appelée *sil*, offrant plusieurs variétés qui se distinguent par le nom des pays d'où elles proviennent, *sil Seyrieum* serait le sil de Seyros (voy. *Dict.* de Déterville, t. XXI, p. 165).

[2] *Gloss.* p. 225.

[3] A Trapsano (Candie) il y a une grande fabrique de marmites de

djarra, «*dsjarres*, grands vases de terre, dont chaque maison (au Caire) est pourvue pour mettre l'eau. » (Niebuhr[1].)

JASERAN. Esp. *jacerina*, portug. *jazerina*, ital. *ghiazzerino*. Voir les étymologies arabe et persane proposées par M. Dozy (*Gloss.* p. 289) et par M. Defrémery (*Revue crit.* 26 déc. 1868, p. 407, et *Journ. asiat.* mai-juin 1869, p. 529, 530).

JASMIN. Esp. *jazmin*, portug. *jasmin*, ital. *gelsomino*; chez les botan. *jesminium*, *jesseminium*, *gelseminum*, *gelsemium*, etc. De ياسمين *yāsemīn*, que les Arabes ont emprunté aux Persans.

JAVARIS. «Espèce de sanglier d'Amérique.» (Nouv. Vocab. de l'Acad. franç.[2].) On écrit mieux *javari*. C'est l'espagnol *jabali*, sanglier, nom appliqué en Amérique au pécari. *Jabali* est l'arabe جبلي *djabali*, montagnard, formé de جبل *djabal*, montagne, le sanglier étant appelé *porc des montagnes*. (Voy. Engelmann. *Gloss.* p. 288.)

JEHOVAH. Transcription de l'hébreu יְהֹוָה *Iehovah*.

JUBARTE. Sorte de baleine. C'était le terme employé par les pêcheurs basques. Le même mot que *gibbar*. (Voy. ce mot.)

JUBILÉ. Le latin biblique *jubilæus*, d'où vient notre mot, est formé sur l'hébreu יוֹבֵל *yōbel*, qui désigne une sorte de

terre, de pots et de grosses cruches à huile (*iarros*).» (Tournefort, *Voyage du Levant*, t. Ier, p. 53.)

[1] *Voyage en Arabie*, éd. Smith, p. 194.

[2] Paris, Ve Béchet, 1831.

trompette, au son de laquelle on annonçait l'année du jubilé, שְׁנַת הַיוֹבֵל *chenath ha-yobel*.

Jubis. Terme de commerce. Raisins secs en caisse. C'est une altération de l'arabe زبيب *zebib*, raisin sec, comme le prouvent les vieilles formes *azebit*, *auzibet* : « Pro cargua de *azebits* seu racemis. » dit un vieux tarif de Carcassonne, cité dans Du Cange. Ces dernières, ainsi que l'espagnol *azebibe*, *acebibe*, ont gardé l'article *al*, dont le *l* s'assimile au *z* suivant : *az-zebīb*. En portugais, *acipipe* a pris une signification plus générale, celle de *menues friandises propres à aiguiser l'appétit, à rafraîchir*. Diverses contrées musulmanes, ne buvant pas de vin, livraient leurs raisins séchés au commerce, et cet aliment était fort estimé des Arabes : Razi le regarde comme plus nutritif que la datte : الزبيب لا يسدد كما يفعل التمر اقوى واغدا منه « Le raisin sec n'obstrue point comme fait la datte, bien que plus nourrissant qu'elle. » (Man. arabe déjà cité, fol. 43 verso.)

Jugeoline. — Voy. Gengéli.

Julep. Esp. et portug. *julepe;* ital. *giulebbo, giulebbe:* bas latin, *julapium.* De l'arabe-persan جلاب *djoulāb* ou *djoullāb*, qui a le même sens. « Ils font une potion... qu'ils donnent au malade et qu'ils appellent... *julab*, c'est-à-dire *eau bouillie*, mot d'où il y a assez d'apparence qu'est venu celui de *julep*, dont nous nous servons. » (Chardin [1].) Le persan *djoulāb* ou *goulāb*, كلاب, est formé de كل *goul*, rose, et اب *ab*, eau; *goulāb* signifie, en effet, *eau de rose*, mais se dit aussi de plusieurs autres préparations. Cf. Sacy, *Abdallatif*, p. 317, note 12.

Jupe. Esp. *juba, chupa*, veste, *aljuba;* portug. *aljuba*,

---

[1] *Voyage en Perse*, éd. Smith, p. 332.

casaque moresque: ital. *giuppa*. De l'arabe جبّة *djoubba*.
(Voy. Dozy, *Dict. des vêt.* p. 107.) « Par-dessus le caftan.
les Turcs mettent une *juppe* ou surtout à manches très-
courtes. » (Niebuhr, *Voy. en Arab.* p. 210.)

K

Kabin. Somme payée par le mari musulman à la femme
qu'il répudie. Le mot s'est dit aussi des mariages tempo-
raires contractés par les marins provençaux avec des femmes
grecques dans l'Archipel. (Littré.) Du persan كابين *kābīn*.
même sens.

Kabyle. Nom tiré de l'arabe قبيلة *qabīla*, tribu.

Kadelée. Espèce de haricot de la Malaisie (*Phaseolus
maximus, cadelium* de Rumpf). C'est le javanais ꦏꦢꦼꦭꦺ
kadelé, en malais قدلى *kedeli*. Nos dictionnaires de botanique donnent les variantes *cadali, kadali, cadeli.*

Kadine. « Mot qui signifie *dame* en turc et se dit des
maîtresses en pied du sultan. » (Littré.) Le turc قادن *qādin*
est une altération de خاتون *khātoūn*, dame, maîtresse de
maison.

Kadoche. Grade élevé dans la franc-maçonnerie. De
l'hébreu קָדוֹשׁ *qadōch*, saint, sacré (קָדַשׁ *qadach*, être saint,
en arabe قدس *qadas*).

Kaïmac. Sorte de sorbet turc. Le mot turc قايمق ou قيمق
qaïmaq signifie proprement *crème du lait.*

Kalpak. Bonnet à la tartare, est le même mot turc que
le *colback.* (Voy. ce mot.)

10.

Kanchil. Chevrotain des forêts de Sumatra. (*Bouillet. Scienc.*) En malais كنچيل *kantchil, moschus Javanicus.*

Kava. Boisson enivrante des Polynésiens. «Il y a identité entre ce mot et le mot *kavoua,* café des Arabes, qui se prononce de la même manière. Ces deux boissons sont servies chaudes.» (Rienzi [1].) — Voy. Café.

Kazine. Trésor du Grand-Seigneur. De l'arabe خزينة *khazīna,* venant de la même racine qui a donné *magasin.*

Kermès. Esp. *carmes, alquermez,* portug. *kermes.* De l'arabe قرمز *qirmiz,* même sens. Les botanistes écrivent en latin *chermes.*

Ketmie. Genre de plantes de la famille des malvacées, comprenant un assez grand nombre d'espèces exotiques (*Hibiscus*). De l'arabe خطمى *khatmī* ou *khitmī,* qui est l'*althæa* dans Freytag, la *mauve des marais* (marshmallow) dans Richardson, la *guimauve* dans Bocthor. Celui-ci donne aussi خطمية *khetmiya.* ketmie.

Ketnice, que certains dictionnaires donnent comme le nom d'une malvacée. est probablement une faute d'impression, pour *ketmie.*

Khamsin ou Chamsin. Vent d'Égypte. Transcription de l'arabe خمسين *khamsīn,* mot qui signifie proprement *cinquante* (de خمس *khams,* cinq), et a été. dit-on, appliqué à ce vent parce qu'il souffle pendant cinquante jours. (Voy. J.-J. Marcel. *Contes du cheykh El-Mohdy,* t. III. p. 318.)

Khan. Sorte d'hôtel pour les voyageurs, en Orient. C'est l'arabe خان *khān.* même sens, dont l'origine est per-

<hr>

[1] *Océanie.* t. Ier. p. 45.

sane. (Comp. خانه *khâneh*, maison.) Dans le sens de *prince*, *chef*, le mot est aussi persan et a la même orthographe.

On trouve quelquefois *khan* écrit par un simple *h*, *han*.

KHANDJAR. — Voy. ALFANGE.

KHARBÉGA. «Nom d'un assemblage de trous que l'on creuse symétriquement sur une surface plane, et dans lesquels on pose des cailloux ou des noyaux de datte en guise de pions, comme pour le jeu de dames : خربیة *khar-bega*.» (Cherbonneau, *Dict. franç.-arab. pour la conversation en Algérie.*)

KHÉDIVE. Titre donné au vice-roi d'Égypte. Du persan خدیو *khediw*, roi, prince, souverain, mot adopté par les Turcs.

KIBLA ou **KIBLAT.** Point vers lequel les Musulmans se tournent pour prier (direction du temple de la Mecque). En arabe قبلة *qibla*, dont le sens propre est *chose placée en face*.

KIMA. Tridacne géant (*Chima gigas*). Du malais کیما *kima*, qui se retrouve dans les autres idiomes de l'archipel Indien. Néanmoins, le terme scientifique *chama* et les mots français correspondants *chame*, *came*, qui désignent un genre de coquillages, ont été pris du grec χήμη.

KIOSQUE. Du persan et turc کوشک *koûchk*, belvédère, palais, villa. Le mot nous est venu par les Turcs qui font toujours sentir un *i* bref après le ک *k*.

KURTCHIS. Corps de cavalerie persane composé de l'ancienne noblesse. La finale *s* est la marque du pluriel, car le mot est en persan قورچی *qoûrtchi*.

L

Lampoujane. Espèce de gingembre. Du malais-javanais لمڤوڠ *lampoūyang*, qui se rattache peut-être au mot لمڤو *lampou*, excessif, par allusion à la force de cette épice. Le mot nous est venu par les Hollandais, ce qui explique la substitution du *j* à l'*y*.

Langit. Nom attribué par quelques botanistes à l'arbre plus connu sous le nom d'*ailante* ou *vernis du Japon*. C'est le malais لاغت كايو *kāyoū lānghit*, arbre du ciel. J'ignore l'origine de cette appellation.

Lantard. Espèce de palmier (*Borassus flabelliformis*), *lontarus* de Rumpf [1]. Du malais لنتر *lontar*. On tire en grande quantité de cet arbre la liqueur appelée *toddi* ou vin de palme.

Laque. Gomme laque. C'est un mot d'origine indienne, qui nous est venu par l'arabe-persan لك *lakk* ou لاك *lāk* [2]. La gomme laque, comme les autres gommes, est le suc épaissi d'un arbre, ou plutôt de diverses espèces d'arbres qui croissent aux Indes orientales. « Les Indiens de la côte de Malabar l'appellent *caiulacca* », dit d'Herbelot [3]. *Caiulacca* n'est pas la substance elle-même, mais l'arbre qui la produit, car le mot signifie *arbre de la laque*, du malais كايو *kāyou*, arbre. Les Arabes ont d'ailleurs appliqué le mot *lakk*, *loukk*, *likk*, à des substances colorantes analogues à la gomme laque [4].

---

[1] *Herbarium Amboinense*, ouvrage écrit dans la seconde moitié du xviiᵉ siècle, publié en 1741.

[2] Le double *k* n'est dû, semble-t-il, qu'à la tendance des Arabes à trilitériser tous leurs mots.

[3] *Biblioth. orientale*, au mot *louk*.

[4] Voy. Dozy, *Gloss.* p. 295 et 296.

L'italien *lacca* signifie à la fois *laque* et *cire à cacheter;* dans ce dernier sens on dit en espagnol et en portugais *lacre.* La cire à cacheter doit ce nom à la gomme laque employée pour la colorer [1].

Lazuli (Lapis-). — Voy. **Azur.**

Lascar. Matelot indien de la classe des parias. Du persan لشكر *lechker,* armée, troupe.

Lebbeck. Espèce d'acacia asiatique et africain (connu à la Réunion sous le nom de *bois noir*). De l'arabe لبخ *lebkh.* Le nom du genre *lébeckie* (*Lebeckia*), qui comprend des arbustes du cap de Bonne-Espérance, a sans doute la même origine étymologique.

Léviathan. Transcription, dans saint Jérôme, de l'hébreu לִוְיָתָן *livyathan,* qui désigne un monstre aquatique ou terrestre mal défini. On peut voir ce qu'en dit Gesenius dans son Dictionnaire hébraïque. Le mot paraît se rattacher à la racine לָוָה *lavah,* replier, tordre, en arabe. لوى *lawa;* le léviathan serait un animal capable de *se recourber en replis tortueux,* un serpent. un dragon.

Lilas. Esp. *lilac,* portug. *lilazaro.* Les Arabes disent ليلك, ليلاك, *lilac, lilâc.* (Meninski, *Onomast.* au mot *Syringa Persica.*) Ces mots, qui ne sont point d'origine arabe, se rattachent au persan نيل *nîl,* indigo (voy. **Anil**); on trouve les diverses formes persanes: نيله, نيلج, ليلج. ليلنك. ليلنك, *nîlah. nîladj, liladj, lilandj, lilang.* se rapportant toutes à l'indigo: ce qui montre le changement de *n* initial en *l.* L'arabe *lilak* peut être pris de l'un quelconque de ces

<hr>

[1] D'Herbelot, *Biblioth. orientale,* au mot *louk.*

mots, ou mieux encore, je pense, du diminutif ليلك *lilak*, bleuâtre, comme les doigts bleuis par le froid[1], nuance qui caractérise parfaitement les fleurs du lilas de Perse, lesquelles sont d'un *pourpre pâle*[2].

LIMON. Fruit. Esp. *limon*, portug. *limão*, ital. *limone*. De l'arabe-persan ليمون *leïmoūn*, même sens.

Plusieurs espèces de citronniers portent aussi le nom de *lime*, esp. et portug. *lima;* en arabe ليمة *līma*. (Voy. Dozy. *Gloss.* p. 297.)

LISME. Droit qu'on payait aux régences barbaresques pour la pêche du corail. De l'arabe لازم، لازمة *lāzim, lāzima*, chose obligatoire, dette, impôt. (Defrémery.) M. Cherbonneau donne la forme لزمة *lezma* qui convient encore mieux pour l'étymologie. (*Dictionn. franç.-arab.* au mot *tribut.*)

LOG. Mesure des liquides chez les Hébreux. Transcription de l'hébreu לֹג *log*.

LOOCH. Portug. *looch*. Terme de pharmacie, pris de l'arabe لعوق *la'ōq*, potion qu'on lèche, c'est-à-dire qu'on prend à petites gorgées: du verbe لعق *la'aq*, lécher, lamper.

LORI. Nom d'une espèce de perroquet. C'est le malais لوری *loūrī* ou نوری *noūri*, qui désigne un perroquet des Moluques. « Le *lori*, dont les teintes rouges si variées surpassent en splendeur celles de la plus belle tulipe. » (Rienzi, *Océanie*, I. p. 49.)

―――――――

[1] « *Lilak*, a little blue, bluish: blue as the fingers with cold pinching. » (Richardson.)

[2] *Dict. d'hist. nat.* de Déterville, t. XVIII, p. 32.

Luth. Esp. *laud*, portug. *alaude*, ital. *liuto*. De l'arabe
العود *al-'oûd*, nom du même instrument.

M

Macabre. Quoi qu'en disent maints dictionnaires, la
meilleure étymologie qu'on ait encore proposée pour la
danse macabre est celle qui interprète *macabre* par *cimetière*,
de l'arabe مقابر *maqâbir* (plur. de مقبرة *maqbara*, tombe),
mot qui est resté en portugais sous la forme *almocavar*,
et dans certaines régions de l'Espagne sous celle de *macabes* [1], signifiant l'une et l'autre *cimetière*. Danse du cimetière ou des tombeaux est assurément une qualification
des plus justes pour la danse macabre.

Quant à la *danse des Macchabées, chorea Macchabæorum*,
citée dans Du Cange, comme on n'y voit figurer ni Éléa-
zar, ni ses six frères, ni leur mère, mais seulement une
série de personnages qui disparaissent à tour de rôle
«pour exprimer que chacun de nous doit subir la mort».
je tiens pour assuré que *Macchabæorum* n'est là qu'un représentant de *maqâbir* ou *macabes*, cimetière; fantaisie in-
terprétative dont il ne manque pas d'exemples en notre
langue [2].

Mâche. Herbe qu'on mange en salade (*Valerianella locus-
ta*). Probablement du verbe *mâcher*, dit M. Littré. Cependant le mot est en arabe, ماش *mâch*, la mâche. dans Bocthor. Mais *mâch*, d'après les dictionnaires de Freytag et de

---

[1] Voy. Dozy, *Gloss.* p. 168.

[2] C'est ainsi que d'anciens actes en latin interprètent par *centum nuces*,
cent noix, le nom du village de Sannois, près Paris. Les Portugais, trouvant dans le royaume d'Adel une montagne nommée *djebel al-fil*, montagne
de l'éléphant, l'appelèrent *Monte-Felice*. Le voyageur Poncet nomme le
monastère de Bisan, en Abyssinie, monastère *de la Vision*. (Voy. Bruce,
édit. Panckouke, t. I", 509, et t. II, 160.)

Richardson, est une espèce de légume du genre des pois.
Et cette signification ressort évidemment du passage d'A-
vicenne sur ce mot, p. ۲۱۲ de l'édition de Rome. Je ne sais
si Boethor a fait quelque confusion ou si vraiment ماش se
prend dans le sens de notre mâche.

MADRAGUE. Pêcherie pour le thon. Esp. *almadraba*, portug. *almadrava*. M. Dozy a fait voir dans son *Glossaire* sur
Edrici (p. 310) et dans le *Glossaire* d'Engelmann (p. 148
et suiv.) que le terme espagnol n'est autre que l'arabe
المزربة *al-mazraba*, venant de زرب, entourer d'une haie[1].
La madrague est un grand parc formé avec des filets dans
la mer, et divisé en compartiments où le poisson est successivement chassé.

MAGASIN. Esp. *magacen*, *almagacen*, *almarcen*, *almacen*,
portug. *almazem*, *armazem*, ital. *magazzino*. De l'arabe مخزن
makhzen, plur. مخازن *makhāzin*, grenier, lieu de dépôt, venant du verbe خزن *mettre en magasin*, *serrer*, *conserver*.

MAHALEB. Vulgairement *bois de Sainte-Lucie*. C'est l'arabe
محلب *mahlab*, même signification. (Razi, man. déjà cité,
folio 45 verso.) Sous ce nom, on exportait autrefois de
Syrie en Europe un petit fruit employé en médecine et
qu'on utilise encore dans la parfumerie. Ce fruit a quelque
ressemblance avec un noyau de cerise: aussi nomme-t-on
l'arbre qui le produit *cerisier odorant* ou *cerisier mahaleb*;
Belon écrit *macalep*. Lobel et Anguillara *macaleb*, Gordus
macholeb. Quant au nom vulgaire *bois de Sainte-Lucie*, on
en peut voir l'origine dans Littré au mot *Lucie*.

---

[1] Cf. toutefois une remarque de M. Defrémery. (*Journ. asiat.* mai-juin,
1869, p. 538.) Le savant professeur aimerait mieux rattacher madrague à
la racine ضرب *darab*, planter, enfoncer *un pieu*.

Mahari. Espèce de chameaux. Transcription de l'arabe مهارى *mahārī*, plur. de مهريّة *mahriya*. Ce nom leur vient, dit-on, de مهر *Mahr*, père d'une tribu. « C'est cette même race, dit le naturaliste Desmarest, que Diodore et Strabon ont nommée *camelos dromas*, et qui seule devrait porter le nom de dromadaire. » Cet auteur écrit *maihari* et donne pour synonyme *raguahil*, qui représente رواحل *rawahil*, plur. de راحلة *rahila*, monture.

Mahométan. Rienzi, le voyageur géographe, veut qu'on dise *mohammédan*, le nom du Prophète étant محمّد *mohammed*, le loué, et non *Mahomet*.

Mahonne. Sorte de galère turque. Esp. *mahona*. D'après Müller, c'est l'arabe ماعون *ma'oūn*, vase. *Ma'oūn* signifie en effet *vase, marmite, pot*, et en général tous les ustensiles d'une maison, et bien d'autres choses encore. M. Dozy, à qui j'emprunte cette étymologie[1], ne dit pas sur quelle base s'appuie l'auteur pour passer de là à la galère turque.

Maimon. Singe du genre des macaques. C'est le persan میمون *maïmoūn*, même sens, qu'il ne faut pas confondre avec son homonyme arabe qui signifie *heureux*, comme l'a fait assez étourdiment l'auteur du catalogue des manuscrits malais de la Bibliothèque nationale: un de ces manuscrits porte en effet le titre de خوج میمون *khodja maïmoūn*, que le catalogue traduit *maître singe*. Si l'auteur de cette interprétation avait parcouru seulement le début du conte, il aurait compris qu'un père, joyeux de la naissance de son premier-né, ne le gratifie pas du nom de *maître singe*.

---

[1] *Gloss.* p. 299.

Mainate. Genre d'oiseaux de l'archipel Indien. Une des espèces porte le nom de *mino* ou *maïnou*. Ces mots sont assurément malais. Mais Marsden ne donne que مينا *mīna*, et le *Dictionnaire* de l'abbé Favre rattache ce mot, qu'il écrit sans ا *ā* final, à l'hindoustani *maïna*.

Mamelouk. Esp. et portug. *mameluco*, ital. *mammalucco*. De l'arabe مملوك *mamloūk*, esclave, participe passif du verbe ملك *malak*, posséder.

Malamoque, nom que les marins donnent à un albatros au bec noir, au plumage entièrement noirâtre, ne serait-il pas une altération de ce même mot, par allusion à la couleur des nègres mamelouks?

Manglier. Arbre des Indes orientales, aussi nommé palétuvier. En malais, مڠكي۲ *mangghi-mangghi*, même sens.

Mangoustan. Fruit d'un arbre des Indes. «Le fruit le plus exquis de l'Orient, et peut-être du monde, est le mangoustan (*Garcinia mangostana*)[1].» Du malais مڠكيستن *manggīstan*. Marsden ne donne que مڠكيس *manggīs* et مڠكست *manggista*; la forme *manggistan* est dans le *Dictionnaire* de l'abbé Favre (en javanais, [illegible] *manggis*).

Mangue. Fruit du manguier (*Mangifera Indica*); du malais مڠك *mangga*, même sens.

Manucode. Oiseau de paradis. Du malais-javanais مانق [illegible] *mānouq*, oiseau. L'oiseau de paradis est appelé مانق ديوات *mānouq-dewāta*, oiseau des dieux.

[1] Rienzi, *Océanie*, t. Iᵉʳ, p. 106, 1ʳᵉ colonne.

Marabout. Religieux musulman. Esp. *morabito* (ermite), portug. *marabuto*. De l'arabe مرابط *morābiṭ*, prononcé à peu près *merābot*, à cause du ط *ṭ* emphatique.

Maravédis. Ce mot, que nous avons pris de l'espagnol *maravedi*, est primitivement le nom d'une monnaie d'or frappée sous la dynastie des Almoravides, appelés en arabe مرابطين *morābitīn* (du même mot qui a donné *marabout*). *Maravedi* est une altération de l'adjectif *morabiṭī*, comme qui dirait *almoravidien*. Le portugais a *maravedim* et *marabitino*. La forme provençale *maraboti* vient directement de l'arabe et confirme la communauté d'origine de *marabout* et *maravédis*.

Marcassite. Pyrite de fer. Esp. *marquesita*, autrefois *marcaxita*, portug. *marquezita*, ital. *marcassita*, bas lat. *marchasita*. De l'arabe مرقشيتا *marqachīthā*, que Bocthor écrit مرقشيطا *marqachīṭā*, en persan, مرقشيشه *marqachīcha* (Richardson). La première orthographe est celle de Razi (man. déjà cité, fol. 5o recto) et celle du traité d'alchimie de Djabir (Géber), man. n° 1080 du suppl. arabe de la Bibl. nat. folio 5 recto et *passim*, et en général la seule que j'aie rencontrée dans les manuscrits. Aussi je soupçonne fort le مرقشيشه *marqachīcha* ci-dessus d'être une fausse lecture, causée par la facile confusion du ت *th* avec le ش *ch*.

Marfil ou **Morfil.** Ivoire. Esp. *marfil*, portug. *marfim*. On trouve aussi les formes *olmafi*, *almafil* (x° siècle). Les Arabes appellent l'ivoire ناب الغيل *nāb al-fil*, dent de l'éléphant, et c'est de là qu'on a voulu tirer *marfil*, étymologie acceptée des uns (Diez, Defrémery), repoussée par les autres (Engelmann, Dozy[1]). L'origine reste donc in-

---

[1] M. Dozy dit que, dans l'expression *nab al-fil*, le génie de la langue ne permet pas de supprimer l'article et de dire *nab fil* : cependant Bocthor tra-

certaine. La syllabe finale semble bien être l'arabe فيل *fil*, éléphant; mais peut-être la première partie est-elle un mot asiatique ou africain, étranger à l'arabe et ayant le même sens que *nāb*, dent.

Il y a, en vieux français, un terme qui n'est pas sans offrir quelque analogie avec la première syllabe de *martil*. C'est le mot *mire*, défense de sanglier (d'où sanglier *miré*, sanglier de cinq ans, déjà muni de ses défenses), correspondant, comme sens, à l'italien *sanna*, *zanna* (qui est l'arabe سن *sinn*, dent). L'origine de *mire* est inconnue.

MARKAB. Étoile α de la constellation de Pégase. De l'arabe مركب *markab*, monture.

MASCARADE. Esp. et portug. *mascara*, masque; ital. *maschera*, même sens. Il a été surabondamment démontré par divers étymologistes, contrairement à l'opinion de Diez, et notamment par MM. Mahn et Dozy, que *mascara* et *maschera* ne sont rien autre que l'arabe مسخرة *maskhara* signifiant *bouffon, farceur, histrion; plaisanterie, drôlerie, moquerie*. Je crois inutile de reproduire les arguments exposés en détail dans le *Glossaire* de MM. Engelmann et Dozy. (Voy. p. 304 et suiv.)

Il y a longtemps que Chardin écrivait, dans son *Voyage en Perse* : «Ils (les Persans) appellent ces sortes de divertissements *mascaré*, c'est-à-dire jeu, plaisanterie, raillerie, représentation, d'où est venu notre mot de mascarade.» (Édit. Smith, p. 242.)

MASSORE. Travail critique fait par les docteurs juifs

duit le mot dont il est ici question par سن فيل *sinn fil*, expression tout à fait pareille à la forme contestée. Et, en outre, il existe un certain nombre de mots composés, tels que ماورد *mā-ouard*, بنزهر *benzeher* (loupe, littér. *fils du poison*), etc. où l'article manque. Il n'y a donc aucune impossibilité à ce qu'on ait dit *nab-fil*

connus sous le nom de massorètes, pour fixer le texte de la Bible. De l'hébreu מַסוֹרָה *masōrah*, tradition, lecture traditionnelle.

Mat. Terme du jeu des *échecs*. (Voy. **Échec**.)

Mat, adjectif, au sens de *terne*, vient du *mat* des échecs. «Dans les anciens auteurs, dit M. Littré, *mat* signifie *las, humilié;* c'est de ce sens qu'on est allé au sens de *terne*, qui paraît très-récent.» L'espagnol a *mate*, couche de blanc avant de dorer, qui est assurément le même mot. Il est remarquable qu'en hindoustani le terme مات *māt*, importé du persan, a aussi les deux sens : *check-mate; astonished, confounded.* (Shakespear, *Dict. Hindust. and Engl.*)

Matamore. Silo pour le grain. «Les Maures et les Arabes, dit Raynal[1], serrent leurs grains dans des *matamores* ou magasins souterrains. . . . . La forme des matamores ne diffère que peu de celle de nos puits.» C'est l'arabe مطمورة *matmōra*, fosse souterraine, silo.

De ce mot vient l'espagnol *mazmorra*, cachot, fosse, prison. On peut voir, dans la *Relation du sieur Mouette*[2], qui fut captif au Maroc de 1670 à 1681, la description de la *mazmorra* où on le renfermait la nuit avec les autres esclaves : «C'étaient de vrais silos creusés sous terre . . . on faisait descendre les esclaves dans ce trou par une échelle de corde.»

Matassins. Esp. *matachin*, portug. *muchachim*, ital. *mattacino*. M. Dozy dérive ingénieusement ces mots de l'arabe وجه *ouadjh*, visage, employé dans le sens de *masque*, d'où un verbe توجّه *tawadjdjah*, se masquer, et enfin le parti-

---

[1] *Hist. philos. des États barbaresques*, édit. Peuchet, t. Ier, p. 47.
[2] Dans *le Tour du monde*, t. Ier, p. 210.

cipe متنوجّه *moutawadjdjih*, au pluriel متنوجهين *moutawadj-djihîn*, personnes masquées, matassins[1]. (Voy. *Gloss.* p. 309. 310.)

MATELAS. Esp. et portug. *almadraque*, prov. *almatrac*, ital. *matarazzo*, *materasso*, bas lat. *almatracum*, *materacium*, *mataricium*, *almatricium*, vieux fr. *materas*, *mathelas*. *matterat*, *matelat*. De l'arabe مطرح *matrah*, lit. matelas, dans Boethor. Ce mot vient de la racine طرح *tarah*, jeter, qui a donné un autre mot de sens analogue, طراحة *tarâha*, coussin.

Pour comprendre comment le lieu où l'on jette, ou bien la chose jetée (*matrah*, *motrah*) a pu s'entendre d'un lit, d'un matelas, il suffit de se rappeler que les Orientaux n'ont ou n'avaient pas de lits proprement dits, à la façon des nôtres, avec un châlit, mais qu'une simple couverture, un matelas jeté à terre en tenait lieu. On peut comparer les expressions latines *stratum*, *stragulum*, rattachées à *sternere*.

MATRACA. Roue garnie de marteaux de bois. (Bescherelle.) Ce mot est espagnol, et dans cette langue il désigne aussi la crécelle de bois qui remplace les cloches à certains jours de la semaine sainte. C'est l'arabe مطرقة *mitraqa*, marteau. instrument pour frapper, de la racine طرق *taraq*. frapper. On connaît, bien que les dictionnaires français ne le donnent pas. le mot *matraque*. employé en Algérie dans le sens de bâton. trique; c'est la prononcia-

---

[1] Citons pour mémoire l'explication suivante : «Il y eut vers 1384, en Provence, une sorte de Jacquerie dont les trop nombreux associés étaient connus sous le nom de *tuchins* ou coquins; et dans quelques parties du Midi. sur le territoire de Bormes, par exemple, on appelle encore *matouchins* (*mali tuchini*) les brigands et les filous.» (*Magasin pittoresque*, numéro de février 1876, p. 55. d'après M. Ph. Giraud. *Notes chronolog.* pour servir à l'histoire de Bormes. 1859.)

tion algérienne du même terme arabe مطرق (Voy. Cherbonneau, *Dict. fr.-ar.* au mot *trique*[1].)

MATRAS. Vase employé dans les opérations chimiques.
Ambroise Paré écrit *matelas*; on trouve au XIVe siècle *ma-
theras* par un *th*. Tournefort parle de «bouteilles en cuir
faites en pyramide», en usage dans l'île de Samos et appelées *mataras*[2]. Ce dernier mot est assurément identique
à l'arabe مطرة *matara*, outre de cuir. En est-il de même
de notre *matras* et de l'espagnol *matraz?* Silv. de Sacy,
trouvant le mot امطار, vases, dans la traduction arabe de
l'évangile de saint Jean (ch. II. vers. 6), pense que c'est
un terme d'origine grecque[3].

MEDJIDIEH. Décoration ottomane instituée en 1851 par
le sultan Abd-ul-Medjid. Le nom عبد المجيد *abdou 'l-me-
djīd*, signifie en arabe *serviteur du Glorieux*, c'est-à-dire de
Dieu. *Medjidieh* est un adjectif féminin مجيدية formé sur
medjīd, en tant que nom du sultan; il peut s'interpréter *la
medjidienne* ou *la glorieuse*.

MEDREÇA ou **MÉDRESSEH**. Établissement d'éducation.
Transcription de l'arabe مدرسة *medresa*, qui vient de درس
daras, enseigner, apprendre.

MÉÏDAN ou **MAÏDAN**. Place dans les villes de l'Orient.
Transcription de l'arabe ميدان *meïdīn*, place, hippodrome.

---

[1] L'origine de ce dernier terme, *trique*, n'est pas bien établie. Il ne serait
pas impossible qu'elle se rattachât au même verbe arabe *taraq*, frapper. Le
languedocien a *truca*, cogner, frapper; mais la forme *trinca*, casser en frappant, porte à rapprocher ces deux mots du latin *truncare*. *Troquer*, échan-
ger, pourrait se rattacher à un mot signifiant *frapper*, si l'usage de se frapper
réciproquement dans la main pour conclure un marché est ancien.

[2] *Voyage du Levant*, t. II, p. 131.

[3] *Abdallatif*, p. 284.

Il paraît qu'on trouve en vieil espagnol *almidana*, avec ce dernier sens, *hippodrome* [1].

MELCHITE. « Le nom de melchites, qui veut dire *roya-listes*, est celui que les eutychiens donnèrent aux ortho-doxes, à cause que les empereurs, qui étoient catholiques, autorisoient la saine doctrine par leurs édits et au con-traire proscrivoient les eutychiens. » (Bossuet.) De l'hé-breu מֶלֶךְ *melek*, roi.

MÉLOCHIE. Genre de plantes de la famille des malvacées. Lat. botan. *melochia*. De l'arabe ملوخية *melōkhīa*, ou, comme écrit Richardson, ملوخيا *mouloūkhīā*, espèce de mauve. Le mot arabe paraît être une altération du grec μαλάχη, mauve. C'est donc à tort que le manuscrit de Razi [2] écrit ملوكية *meloūkīa* par un ك *k*, comme si le mot se rat-tachait à ملك *melik*, roi, et signifiait *royale*: الملوكية قريبة من القطف « la melokia est voisine de l'arroche », ce qu'il faut entendre non point sous le rapport botanique, mais au point de vue de l'usage médical, l'arroche ou bonne-dame passant, comme la mauve, pour émolliente, rafraî-chissante, laxative.

MÉRINOS. « Les traces du mérinos se rencontrent dans maintes tribus (de l'Algérie), et il n'est pas improbable que ce soit des environs de Tlemcen, où existe encore la tribu des *Béni-Mérin*, que soit partie la fameuse race des mérinos. » (Tisserand, cité par M. Littré dans les *Additions au Dictionnaire*.) M. Sanson, professeur de zootechnie à l'école de Grignon, n'est pas éloigné de croire à cette ori-gine du mouton mérinos.

---

[1] Gayangos, trad. de Maccari, II, 485; dans Dozy, *Gloss.* p. 164.
[2] N° 1005 du sup. ar. de la Bibl. nat. fol. 42 recto.

Mesquin. Esp. *mezquino,* portug. *mesquinho,* ital. *meschino.* C'est l'arabe مسكين *meskīn,* pauvre, qui ne possède rien.

Metel, Methel ou Pomme mételle. Vulgairement nommée *pomme épineuse, herbe au diable, herbe aux sorciers,* en botanique *Datura stramonium.* «La stramoine métel, dit Bosc, croît en Asie et en Afrique. Elle est narcotique, et les charlatans de l'Inde en font usage pour guérir les maux de dents et occasionner des visions qu'ils expliquent ensuite conformément à leur intérêt[1].» C'est l'arabe ماثل *māthil,* même sens, mot qui manque dans Meninski, Freytag, Richardson, mais que donne Bocthor[2], et que j'ai relevé aussi dans l'*Almansouri* de Razi[3].

Une variété de stramoine porte le nom de *tatule,* qui est l'arabe طاطلة *tātila* (dans Bocthor). Peut-être est-ce le même mot que *datura,* lequel serait, d'après d'Orbigny, une corruption d'un terme arabe. (Cf. les formes arabes-persanes تاتورة, تاتولة *tatoūra, tatoūla,* qui montrent la correspondance de *r* et *l.*)

Mézéréon, Mézérion ou Almézérion. Esp. *mezereon* (mot qui manque dans le *Gloss.* de M. Dozy). C'est primitivement la camélée; le nom s'est appliqué plus tard, chez Gesner et les botanistes allemands, à l'espèce de laurier dit *bois-gentil* ou *garou,* dont le port et les qualités caustiques sont assez semblables. De l'arabe-persan ماذريون ou مازريون *māzriyoūn,* donné par Castell, que Freytag n'a pas

---

[1] *Dict. d'hist. nat.* t. XXXII, p. 210.

[2] Aux mots *stramoine, noix métel, pomme épineuse.*

[3] Man. ar. déjà cité (Traité III, ch. xxviii, fol. 47 verso et 48) جوز ماثل بخدر وربّما قتل «la noix méthel provoque la stupeur et quelquefois tue.» Le mot est aussi dans l'Avicenne imprimé de Rome, p. iv. Avicenne compare la noix méthel à la noix vomique.

noté, mais qu'on lit dans l'*Almansouri* de Razi (fol. 50
verso du manuscrit déjà cité). Bocthor écrit معزرون (au
mot *camélée*).

MILS. « Nom que les Persans modernes donnent aux
exercices de gymnastique faits avec des espèces de mas-
sues. Les mils ont été introduits par M. Harriot en Europe et dans nos gymnases. » (Littré.) Je suppose que
mils est un pluriel et que le singulier *mil* (sans doute prononcé *maïl*) représente le persan ميل *mail*, marteau, massue. Le mot ne se trouve pas en ce sens dans les dictionnaires persans; mais il est dans le *Gazophyl. ling. Pers.* qui
traduit *martello di porta* par ميل در, et *martello di campana*
(battant de cloche) par ميل جرس et ميل ناقوس [1]. C'est sans
doute étymologiquement le même mot que notre *mail*,
maillet, qu'on tire du latin *malleus*, marteau.

MINARET. Esp. *minarete*. De l'arabe منارة *menāra* (prononcé à la turque), signifiant *lieu où il y a une lampe* (de
la racine نار *nār*, briller), puis *lampe, fanal, phare*, et enfin
minaret. *Minarete* n'est pas dans le *Glossaire* de M. Dozy,
mais on y trouve *almenara*, candélabre, fanal, et *almenar*, « pied de fer sur lequel on mettait des torches de résine ou de bois résineux pour s'éclairer. »

MIRAMOLIN. Esp. *miramolin*. Corruption de l'arabe امير
المؤمنين *amīr al-mouminīn*, chef des croyants. C'est la même
expression, non moins altérée, qu'on trouve dans la relation de Willibald : « *Mirmumnus*, roi des Sarrazins. »
(*Voyag. anc. et mod.* t. II, p. 79.)

MIRZA. Prince. Transcription du persan ميرزا *mīrzā*,

---

[1] M. Defrémery me signale ميل avec le sens de massue des *pehlevān* ou
lutteurs

pour ﺯﺍﺩﻩ ﺍﻣﻴﺮ *emīr-zādeh*, fils d'émir. *Emīr* est arabe, *zādeh*
est persan[1]. De ce dernier mot et de ﺷﺎﻩ *chāh*, roi, est
formé le titre de *chahzadeh*, fils de roi, donné à l'héritier
présomptif du trône, chez les Turcs.

Mischna. Recueil de traditions rabbiniques. Transcription de l'hébreu מִשְׁנָה *michnah*, répétition (seconde loi),
du verbe *chanah*, être changé, modifié. (Voy. Munk, *Pa-
lestine*, p. 607.)

Mistique ou Mistic. Catal. *mestech*, esp. *mistico*. Sorte
de barque. De l'arabe ﻣﺴﻄﺢ *mistah*, plateau à porter le
pain, grande poêle à griller le blé, etc. dans Golius, ou
mosattah, barque armée. (Voy. Dozy, *Gloss.* p. 314, 315.)
Je présume que les deux mots ont dû se confondre dans
l'usage, sans quoi *mosattah* eût difficilement donné *mistic*
ou *mestech*.

Mobed. Ministre de la religion de Zoroastre. En persan
ﻣﻮﺑﺪ *moūbed*.

Moharrem. Premier mois de l'année musulmane; *maharram* dans les *Lettr. pers.* de Montesquieu. En arabe
ﻣﺤﺮّﻡ *mouharram*, qui signifie *sacré, interdit* (de la même
racine qui a donné *harem*), parce que, avant Mahomet, il
était interdit de faire la guerre durant ce mois.

Mohatra. Sorte de contrat usuraire. Esp. *mohatra*,
portug. *mofatra*. C'est l'arabe ﻣﺨﺎﻃﺮﺓ *mokhātara*, hasard,
chance, risque, pari, ainsi que l'indique le *Dictionnaire*
d'Ellious Bocthor, qui traduit *mohatra* par ﺑﻴﻊ ﻣﺨﺎﻃﺮﺓ *bi'*

---

[1] L'auteur de l'Index qui termine l'édit. des *Lettr. pers.* de Montesquieu
par André Lefèvre, rapproche *mirza* de *mard* ﻣﺮﺩ, homme. C'est une erreur à corriger.

mokhaṭara, littéralement *vente hasardeuse*. Cette étymologie est appuyée par MM. Defrémery [1], Dozy [2], etc.

MOIRE. Ce mot a signifié primitivement une étoffe en poil de chèvre ou d'autres animaux. Quelques étymologistes ont voulu le tirer de l'anglais *mohair*; mais les meilleurs lexicographes anglais tirent au contraire leur *mohair* du français *moire* [3]. Bocthor traduit *moire* par خَيّر *mokhayyar*, et ce terme arabe paraît être la véritable étymologie. Il correspond à l'italien *mocajardo* ou *mucajardo*, « una sorta di tela di pelo. » خَيّر *mokhayyar*, comme bien d'autres expressions, manque dans Freytag; mais il est dans Richardson : « A kind of coarse camelot or hair-cloth », et dans Meninski : « Cilicii panni telæve vilioris species, capripilium. »

MOISE. Terme de charpente : pièces de bois plates assemblées *deux à deux*, *parallèlement*, par des boulons, et servant à maintenir la charpente. Je suis porté à croire que *moise*, *moisine* (comme on disait au xvᵉ siècle), représentent l'arabe مُوَازى *mowāzī*, parallèle. M. Gaston Paris a fait remarquer que *moise* peut correspondre au latin *mensa*, table, comme *toise* à *tensa*. Cela est vrai; mais pourquoi ces deux pièces parallèles constituant la moise (il n'y a pas de moise sans les deux) auraient-elles été appelées *mensa*? De plus, il y a en espagnol un vieux terme de charpenterie, *musa*, apparemment identique à *moise*, qui ne peut venir de *mensa*, et que M. Dozy regarde aussi comme une altération de مُوَازى *mowāzī*. Mon hypo-

---

[1] *Journ. asiat.* janvier 1862, p. 91.

[2] *Gloss.* p. 316.

[3] Voy. par exemple le *Dictionn.* de Samuel Johnson qui définit le mot : « Thread or stuff made of camel's or other hair », et donne pour étymologie le français *moüaire*. Voy. cependant l'article *moüre* dans le *Dict.* de M. Littré.

thèse reste donc assez vraisemblable. J'ajouterai qu'on trouve *amoise* comme synonyme de *moise;* l'*a* initial représenterait l'article arabe *al.*

Moka. Espèce de café, tire son nom de la ville du Yémen nommée en arabe مخا *Mokhā.*

Mollah[1]. De l'arabe مولى *maulā,* maître, seigneur, magistrat, écrit souvent مولّا et prononcé vulgairement en Turquie *mollā.* C'est de ce même mot, suivi du pronom ى *ī* de la première personne, مولاى *maulā-ī,* mon seigneur, que nous avons fait *muley,* titre précédant le nom des empereurs du Maroc et souvent pris à tort pour un nom propre.

Moloch. Dieu des Ammonites, dans la Bible. En hébreu, מֹלֶךְ *molek,* mot phénicien qui a ses congénères dans toutes les langues sémitiques, avec la signification de *possesseur, maître, roi;* la dernière voyelle est changée en *o* dans la traduction des Septante, Μολόχ, et dans celle de saint Jérôme, *Moloch,* d'où nous l'avons pris.

Momie. Esp. *momia,* portug. *momia, mumia,* ital. *mummia.* De l'arabe مومية ou موميا *moumīa,* qu'on tire de l'arabe-persan موم *moum,* cire. «*Mumie* est persan, dit Chardin, venant de *moum* qui signifie *cire, gomme, onguent*[2].»

«La médecine.... fit jadis usage de la momie (ou *mumie*) dans plusieurs maladies, soit qu'elle espérât en tirer quelque avantage physique, soit plutôt qu'elle voulût agir sur l'imagination des hommes, souvent plus difficile à guérir que le corps. Mais les momies du commerce ne sont point d'anciennes momies égyptiennes; ce sont des

---

[1] Montesquieu (*Lettr. pers.*) écrit souvent *mollak.*
[2] *Voy. en Perse,* édit. Smith, p. 199.

cadavres préparés par quelques Juifs et Arméniens qui
cherchent à tirer parti de tout... On emploie aujourd'hui
cette momie en appât pour attirer les poissons. » (Virey[1].)

La *mumie* ou *momie* des alchimistes (amalgame de
plomb) est le même mot.

Moringe. Arbre d'Asie. Le *Moringa oleifera* est le même
que le *ben*. C'est l'arabe مرنج prononcé *mirnedj* par Golius,
qui le donne pour une espèce d'agalloche. Agalloche ou
bois d'aloès est une expression vague par laquelle on a
désigné un assez grand nombre de bois de senteur ou de
végétaux d'origine orientale servant à la parfumerie. Dans
Richardson, *mirnedj* devient مرنح *mirnah*, et, dans Freytag,
il se transforme en *morannah*. Le mot vient de l'Inde;
Leman écrit *moringha*, *morunga*, *morungu*.

Mortaise. Esp. *mortaja*. Je pense que ce mot, comme
quelques autres termes de l'art du charpentier, nous vient
de la langue arabe. Le verbe رزّ *razz* signifie *planter, in-
sérer*; il se dit, par exemple, de la sauterelle qui plante
son oviducte dans la terre pour y pondre ses œufs. رزّة
razza est dans Meninski « foramen ferreum quo pessulus
excipitur vel sera », ce qui est tout à fait l'un des sens particuliers de mortaise, « ouverture pratiquée dans une gâche
pour recevoir un pêne »; c'est la gâche elle-même dans
Boethor et dans Cherbonneau, et M. Dozy tire de là l'espagnol *alguaza* qui est certainement notre mot *gâche*[2]. Mortaise serait un participe de la huitième forme du verbe.
On trouve en effet مرتزّ *mourtazz* avec le sens de *planté*,

<hr>

[1] *Dict. d'hist. nat.* t. XXI, p. 311.
[2] Pour expliquer le changement de ر *r* en *g*, on peut conjecturer que cet
r a été accidentellement grasseyé, et par suite confondu avec le غ *gh*, que
les Arabes occidentaux prononcent *r*, mais que l'espagnol transcrit par *g*.
(Cf. *razzia = gazia*.)

fixé, inséré, ce qui conviendrait mieux à *tenon* qu'à *mortaise;* mais il est à remarquer qu'on disait autrefois *trou de mor-taise*, comme dans ce vers de Villon, cité par M. Littré :

> Les vy tous deux par un trou de mortaise.

Ajoutons que la forme espagnole *mortaja* représente très-exactement le féminin arabe مرتزّة *mourtazza;* car le ز *z* arabe devient un *j* en espagnol devant la voyelle *a* [1].

Mortaja n'est pas dans le *Glossaire* de MM. Engelmann et Dozy.

Mosquée. Esp. *mezquita*, portug. *mesquita*, ital. *meschita*, *mosca*. De l'arabe مسجد *mesdjid*, lieu de prière, où on se prosterne, du verbe سجد *sadjad*, se prosterner.

Moucre. Muletier, loueur de mules. Esp. *almocreve*, portug. *almoqueire*. De l'arabe مكاري *mokârî*, conducteur ou loueur de chameaux.

Mousselim. Officier turc d'un rang secondaire, est le lieutenant d'un pacha (Bouillet, *Scienc.*). C'est l'arabe مسلّم *mousellim*, qui sauve (de la même racine que *musulman*), pris chez les Turcs pour désigner le lieutenant d'un nou-veau pacha, chargé d'aller en avant prendre possession du pachalik. (Voy. Meninski.) La forme régulière est مستلم.

Mousseline. Esp. *muselina*, portug. *musselina, murselina*, ital. *mussolina*. De l'arabe موصلي *mauseli*, adjectif formé sur le nom de la ville de Mossoul, Mosul ou Mosel, الموصل *al-mausel* (D'Herbelot écrit *moussal*). « Tous les draps de soie et d'or qu'on appelle *mosulin* se font en ce lieu (Mosul), dit Marco Polo [2]. Les plus forts marchands qu'on nomme

---

[1] Voy. l'*Introduct.* du *Gloss.* de Dozy, p. 19.
[2] *Voyag. anc et mod.* publiés par M. Charton, t. II, p. 272.

mosulin, qui apportent de grandes quantités d'épices pré-
cieuses, sont de ce royaume. » L'éditeur, en note, dit que
le second *mosulin* est probablement une corruption de
muslimin, musulmans. Je croirais tout aussi bien qu'il est
identique au premier et signifie *gens de Mosul*.

Mousson. On a dit aussi *monson*. Esp. *monzon*, portug.
monção, ital. *mussone*. De l'arabe موسم *mausim*, époque fixe,
fête, foire, et aussi « saison favorable pour le voyage des
Indes [1]. » Les habitants de l'archipel Indien prononcent
moûsim et emploient le mot dans le sens de saison, comme
dans cet exemple que je prends dans le *Makota radja*, un
des ouvrages les plus estimés de la littérature malaise :
تناق للوله موسم هوجن ايت دان دانغ موسم كارو دغى فانس يغ
ساغت « Mais passe la saison des pluies (*moûsim hoûdjan*)
et arrive la saison de la sécheresse (*moûsim kamârou*) avec
une chaleur extrême [2]. »

Mozarabe. Esp. *mozarabe*, *mustarabe*, portug. *mozarabe*,
musarabe. « Par ce nom on désignait les chrétiens qui vi-
vaient au milieu des Maures, et en particulier ceux de To-
lède, qui avaient dans cette ville six églises pour y exercer
leur culte. Il dérive de مستعرب *mosta'rib*, arabisé, nom
que les Arabes donnaient aux tribus étrangères qui vi-
vaient au milieu d'eux. » (Engelmann, *Gloss.* p. 321.)

Muezzin. Esp. *almuedano*. De l'arabe مودّن *mouedhdhin*
ou *mouezzin*, celui qui appelle à la prière, dont la racine
est اذن *oudhn*, oreille.

Mufti ou Muphti. Esp. et portug. *mufti*. De l'arabe مفتى

[1] Voy. Dozy, *Gloss.* p. 317 et suiv.
[2] Éd. de Roorda van Isijnga, p. 34.

moufti, jurisconsulte, celui qui donne un فتوى *fetwa*, interprétation de la loi.

Mulâtre. « On appelle مولّد *mouallad*, celui qui est né d'un père arabe et d'une mère étrangère, ou d'un père esclave et d'une mère libre. C'est, je pense, de là et non de *mulus* que vient en espagnol et en portugais *mulato*, en italien *mulatto*, et en français *mulâtre*. » Ainsi s'exprimait Silvestre de Sacy dans sa *Chrestomathie arabe* (t. II, p. 155). M. Defrémery [1] et M. Engelmann avaient adopté cette dérivation. Elle a été combattue par M. Dozy, dont on peut voir les raisons. p. 384 du *Glossaire*.

Musacées. Famille de plantes dont le bananier est le type. Les botanistes, prenant le nom arabe de la banane موز *mauz*, موزة *mauza*, l'ont latinisé sous la forme *musa*; de là le nom de musacées. La feuille du bananier était connue chez nous avant le fruit, parce qu'on s'en servait en Orient pour envelopper les pains de sucre expédiés en Europe : « *Musa* vulgo dicta inter palmas videtur recenseri posse », écrit Jean Bauhin au commencement du XVIIe siècle; « oritur in Ægypto et Cypro; cujus folia in Italia visuntur sacchari panes convestientia [2]. »

Il est à peine besoin de dire que l'opinion mentionnée par M. Littré [3], d'après laquelle ce mot serait une allusion au nom de Musa, l'ami de Virgile et d'Horace, médecin de l'empereur Auguste, n'a aucun fondement. *Musa*, qu'on trouve aussi sous la forme *amusa*, ne remonte guère, comme nom du bananier. au delà du XVIe siècle ou de la

---

[1] *Mém. d'hist. orient.* p. 334.

[2] *Histor. plantarum universalis*, t. Ier, p. 150. Cet ouvrage n'a été publié (1650) que trente-sept ans après la mort de l'auteur.

[3] *Dictionn.* au mot *musacées*.

fin du xv°. «*Mauz* seu *muza* dicta Ægyptiis», dit Prosper Alpin.

Muse, nom donné à quelques figues d'Égypte plus douces que les autres (Littré), est évidemment le même mot *mauz*.

Musc. L'espagnol *almisque, almizcle* et le portugais *al-miscar* viennent assurément de l'arabe المسك *al-misk*, même signification; mais notre *musc* et l'italien *musco, muschio*, sont le latin *muscum* (qui est dans saint Jérôme). Celui-ci et le grec μόσχος viennent d'ailleurs de l'Orient. L'arabe مسك *misk* est d'origine persane.

Musulman. Esp. *musulman*, portug. *musulmano*. De l'arabe مسلم *mouslim*, pluriel مسلمين *mouslimīn*, qui fait profession de l'*islam*. (Voy. ce mot.) L'espagnol *moslemita*, par contraction *mollita*, renégat, a la même origine, d'après M. Dozy[1]; mais M. Defrémery aime mieux rattacher ce mot à *moslimy*, plur. *mesalima*, qui, d'après Ét. Quatremère (*Sult. Mamel.* t. II, 2° partie, p. 66), désignait, en Égypte, les chrétiens ou les juifs convertis à l'islam[2].

N

Nabab. Esp. *nabab*, portug. *nababo*. C'est l'arabe نواب *nowab*, pluriel de نائب *nāïb*, lieutenant, vice-roi. Le mot nous vient de l'Inde. Le pluriel a été employé pour le singulier, ainsi que cela arrive souvent en hindoustani, pour les mots d'origine arabe. (Voy. Defrémery, *Revue critique*, décembre 1868, p. 410.)

---

[1] *Gloss.* p. 320. M. Dozy cite encore (p. 323), comme dérivé de *mouslim*, un mot *muzlemo* donné par Berganza avec le sens de *barbaro, rustico*.
[2] *Rev. crit.* décembre 1868, p. 410.

Nabathéen. Adjectif formé de نبط *nabaṭ,* plur. انباط *an-bāṭ,* nom que les Arabes donnaient aux Nabathéens.

Nabca. Fruit d'une espèce de jujubier. Chez nos botanistes, le mot s'écrit aussi *nebca, nabqah, nabach, napeca, nabeca, nebbek.* C'est l'arabe نبقة *nabiqa, nibqa,* Rhamnus nabeca, dans Freytag.

Nacaire. Ancien instrument de musique militaire, sorte de tambour ou de timbale. Ital. *gnaccare* (qui est le *gnacare* de Molière, dans la *Pastorale comique*); bas latin, *nacara;* bas grec, ἀνάκαρα. Ce n'est point, comme on l'a dit, l'arabe نقير *naqīr* ou ناقور *nāqōr,* qui signifient *trompette, clairon,* mais le persan نقاره, en arabe نقارة *naqāra,* timbale [1]. Arabe ou persan, le mot a pénétré, en conservant sa signification, non-seulement en Europe, mais aussi dans une partie de l'Afrique, notamment en Abyssinie et chez les Latoukas des bords du Nil Blanc, au sud de Gondokoro, comme on peut le voir par les passages suivants : «Cependant la grande tymbale ou *nagareet,* qu'on appelle le Lion, fut portée devant le palais. » (Bruce, *Voyage en Nubie,* édit. Panckouke, t. III, p. 419). — «Un jour, les *nogaras,* battent, les trompettes sonnent.» (Sam. White Baker, *Voyage à l'Albert Nianza,* dans *le Tour du Monde,* 1er sem. 1867. p. 15.)

Le nacaire faisait aussi partie de la musique royale des princes malais de Malacca : جك سورت درقاسى اتو در هارو «Si دجهقت دغى سلغكقى الت كرجاءن كندع سروى نغيرى نكار la lettre venait de Pasey ou de Harau, elle était reçue avec tout l'appareil royal, tambour, flûte, trompette, *na-*

---

[1] Bocthor, aux mots *tambour* et *timbale,* écrit نقّاره par un double ق *q, naqqāra.* Pauthier, dans son édition de Marco Polo (t. Ier, p. 245) compare *naqāra* au sanscrit *anakah.*

gāra. » (*Chedjarat Malayou*, p. ١٥٨ du texte malais publié par M. Dulaurier.)

Nadir. Esp. portug. ital. *nadir.* C'est l'arabe نظير *na-dhīr*, opposé à, en face de. Dans le langage astronomique, *nadhīr* se dit d'un point diamétralement opposé à un autre, ou, si l'on veut, séparé du premier par un arc de 180 de-grés : اول السرطان ونظيره « la première étoile de l'Écrevisse et son *nadir.* » Sur la sphère terrestre, *nadhīr* serait syno-nyme d'antipode. On voit que notre *nadir* est une abré-viation de نظير السمت *nadhir es-semt,* opposé au zénith.

Naffe (Eau de). Eau distillée de fleurs d'oranger. Esp. *nafa, nefa.* « Flores decerpti etiam per maria in longinquas regiones perferuntur, et aqua quoque quam *naffam* vo-cant, fragrantissimo odore, ex iis parata arte distillatoria. » (Jean Bauhin [1].) De l'arabe نفحة *nafha,* odeur [2]. Le persan نافه *nafeh,* qui est peut-être le même mot, signifie *vési-cule du musc; de là vient *nafé,* fruit de la ketmie. (Voy. Abelmosc.)

Narghileh ou Narguilé. Pipe orientale. D'après Ét. Qua-tremère, du persan ناركيل *nārghīl.* cocotier, noix de coco. « Il a pris ce nom parce que la capsule qui renferme le tabac est formée d'une noix de coco ou, du moins, en a la figure [3]. » Dans la pipe syrienne appelée *chuchet,* d'après M. Spoll [4], le flacon de cristal du narguilé est, en effet, remplacé par une noix de coco.

Natron. Esp. *anatron.* De l'arabe نطرون *natroūn,* avec

<hr>

[1] *Hist. plant. univers.* t. Ier, p. 99.
[2] Defrémery, *Journ. asiat.* janvier 1862, p. 93.
[3] *Journ. des Sav.* janvier 1848, p. 43.
[4] *Voyage au Liban,* dans *le Tour du Monde,* 1er sem. 1861, p. 3. note.

l'article *an* pour *al*, *an-natroūn*, soude carbonatée native,
dont l'Égypte fournit une grande quantité. Les alchimistes
écrivent aussi *anaton*, *nataron*.

NÉBULASIT. Étoile β de la queue du Lion. C'est une
forte altération du nom arabe ذنب الاسد *dheneb el-asad*
(ou *dhenebou'l-asad*), la queue du Lion. On trouve encore
les formes moins altérées *deneb alecit, deneb aleced*.

NEMS. Nom donné par Buffon à l'ichneumon ou man-
gouste d'Égypte. C'est l'arabe نمس *nims*, même sens.

NÉNUFAR. Esp. et ital. *nenufar*. De l'arabe-persan نيلوفر
nīloūfar ou نينوفر *nīnoūfar,* même sens. Freytag indique la
prononciation *nei* ou lieu de *ni* pour la première syllabe.
Étymologiquement, celle-ci est la meilleure, si, comme
je le suppose, نيلوفر *nīloūfar* est un composé de نيل *nīl*,
indigo, et نوفر *noūfar*, autre nom persan du nénufar, lequel, du reste, est aussi passé dans la langue de nos botanistes, *nuphar jaune, nuphar luteum* [1]. Dans cette hypothèse, le *niloufar* (pour *nil-noufar*) aurait été, à l'origine,
le *nuphar bleu*, sorte de nénuphar qu'on trouve en Égypte,
en Perse et dans l'Inde, dont la racine est comestible, et
dont les fleurs, d'un bleu tendre, servaient autrefois à
faire des couronnes [2].

C'est probablement au botaniste et médecin Otto Brun-
fels, mort en 1534, qu'on doit l'introduction du mot *nenuphar* dans notre terminologie botanique; ses contempo-

---

[1] M. Littré cite même un vers de Ronsard où ce terme est employé :

Le blanc *neufart* à la longue racine.

[2] Voy. Bosc, *Dictionn. d'hist. nat.* t. XXII, p. 497. — *Nil*, avec le sens
de *bleu*, entre dans la composition de plusieurs autres mots orientaux
qu'on trouve dans les dictionnaires. Tel est *nīl-gaut* ou *nyl-ghaut* (voy. plus
loin).

rains ont conservé longtemps l'ancienne désignation latine
nymphæa [1] : «Nenuphar pro nymphæa capitur Arabiæ»,
dit un commentateur de Dioscoride [2].

Neskhi. Transcription de l'arabe نسخى *neskhī*, nom de
l'écriture ordinaire des Arabes.

Nichan. Décoration turque. Du persan نشان *nichān*,
marque, signe, insigne.

Nil-gaut ou Nyl-ghaut. Quadrupède du genre antilope,
dont la robe est d'un bleu d'ardoise. C'est le persan نيل
گاو *nīl-gāo*, formé de نيل *nīl*, indigo, bleu (voy. Anil., Nénuphar), et de گاو *gāo*, bœuf, vache.

Nipa. Arbre des îles de la Sonde, type de la famille
des *nipacées*. Du malais نيپة *nīpah*, sorte de palmier à fruit
comestible.

Nizam. Titre du roi du Décan, dans l'Hindoustan. De
l'arabe نظام *nidhām*, que les Persans et les Turcs prononcent *nizām*. Ce mot signifie proprement *ordre, arrangement*;
chez les Persans, on qualifiait le grand vizir de نظام الملك
nizām al-moulk, ordre du royaume.

Dans l'empire ottoman, on appelle *nizam* les soldats
qui composent la première levée, par opposition aux *ré-
difs* qui forment une espèce de landwehr. (Bouillet, *Scienc.*)
Rédif est l'arabe رديف *redīf*, qui vient après, qui vient à
la suite.

Nizeré. Essence de roses. «Quoique l'essence qui se fa-

[1] Leman, *Dict. d'hist. nat.* t. XXIII, p. 140.
[2] Marcell. Vergilio, *Dioscoridæ pharmacorum libri VIII*, Strasbourg, 1529,
fol. 16 verso.

brique au Levant soit aussi d'un grand usage, celle dite
niceré ou de roses blanches de Tunis, jouit d'une réputation supérieure. » (Peuchet[1].) C'est l'arabe-persan نسرين
nisrīn, qui désigne la *rose musquée*[2]. « Cette espèce croît
spontanément dans le Levant... A Tunis, c'est avec sa
fleur qu'on fait l'essence de roses; elle en contient une
plus grande quantité que toutes les autres... On l'emploie aussi à fabriquer une excellente liqueur de table, le
rossolis blanc. » (Du Tour[3].)

NORIA. Esp. *noria, anoria, añoria*; portug. *nora*[4]: dans
l'ancien espagnol, *naora, alnagora*. On n'a pas de peine à
reconnaître l'arabe ناعورة *nā'ōra* (avec l'article *an-nā'ōra*),
qui désigne la même machine élévatoire. Le verbe نعر
na'ar signifie *laisser jaillir le sang par saccades*, en parlant
d'une veine; ce qui s'applique assez bien aux norias, for-
mées d'une série de seaux en chapelet qui se remplissent
au fond du réservoir et viennent se vider l'un après l'autre
à l'extérieur.

NUQUE. Esp. portug. ital. *nuca*; bas latin, *nucha*. C'est
l'arabe نخاع *noukhā'*, proposé par Bochart et rappelé par
M. Defrémery. (*Journ. asiat.* août 1867, p. 182.) *Noukhā'*.
ridiculement défini par Freytag[5], désigne la *moelle épi-*

[1] *Hist. philos. des établiss. et du commerce des Européens dans l'Afrique septentr.* t. II, p. 22.

[2] Voy. Bocthor et le *Gazoph. ling. Pers.* au mot *rose*. La traduction latine d'Avicenne (Bâle, 1556) donne aussi en note marginale, sur le mot نسرين, *rosa muschata* (p. 276).

[3] *Dict. d'hist. nat.* t. XXIX, p. 470.

[4] Cette forme a été oubliée dans le *Glossaire* de M. Dozy.

[5] « *Filum album, quod decurrit a collo animalis, exit a cerebro et inde per totum corpus deducitur in plures ramos*, » dit l'auteur du *Lexicon arabico-latinum*. Il était si simple de dire *medulla spinalis*, qu'on se demande si Freytag a bien compris le sens de نخاع. Voici un exemple du mot, pris dans Razi, qui ne lui aurait laissé aucun doute : جعل الباری فی اسفال النخاع « le créateur a placé au bas du

nière. Et c'est là précisément l'ancienne signification de *nuque*, ainsi que le montrent les passages suivants pris dans le *Dict.* de M. Littré : « Spondille (vertèbre) est ung os percé au milieu, par lequel pertuis la *nuque* passe » (Lanfranc). « La nuque vient de la cervelle, ainsi comme le ruisseau de la fontaine [1] » (*Ibid.*). « La nucque ou medulle spinale » (Ambroise Paré). On peut joindre à ces exemples le tercet bien connu de Dante :

> E come 'l pan per fame se manduca,
> Cosi 'l sovran li denti all'altro pose
> La 've 'l cervel s'aggiunge con la *nuca*.
>
> (*Inferno*, cant. xxxii, terc. 43.)

O

Ocque ou Oque. Poids usité en Turquie, en Égypte, etc. (1 kilog. 250). Du turc اوقة *oqa*, qui est l'arabe وقية *ouqïa*, et ce dernier paraît identique, étymologiquement, avec le grec οὐγκία, en latin *uncia*, bien que la valeur actuelle de l'oque soit très-différente de celle de l'οὐγκία des Siciliens et de l'*uncia* des Romains.

Odalisque. Femme attachée au service des dames du harem impérial. Boiste, Nodier et quelques autres lexicographes écrivent *odalique*, ce qui est plus conforme à l'étymologie : du turc اودﻩلق *odaliq*, venant de اودﻩ *oda*, chambre, logis [2].

---

crâne une ouverture par laquelle il a fait sortir une portion de cervelle, qui est la nuque. » (Man. déjà cité, fol. 7 recto). Le médecin persan Al-Hoceïni appelle la nuque *la queue de la cervelle* : نخاع دنبال دماغست (Man. n° 339 du supp. persan de la Bibl. nat. fol. 6 verso).

[1] Cette phrase n'est que la traduction de ce passage de Razi : ان الدماغ بمنزلة عين ... والنخاع بمنزلة نهر عظيم يجرى منه « La cervelle est comme une fontaine...., et la nuque est comme un grand fleuve qui en coule. » (*Ibid. q. supr.* fol. 7 verso.)

[2] Dans l'Asie Mineure, on appelle *oda* une construction grossière destinée

Oliban [1]. Encens. Esp. et portug. *olibano;* bas latin (xie siècle), *olibanum.* On a proposé comme étymologie le grec ὁ λίϐανος, et le latin *oleum libani,* où *oleum* désignerait une gomme, une résine solide, fait sans exemple dans la terminologie pharmaceutique. Il est sans exemple aussi que l'article grec ὁ se soit accolé à son substantif pour passer dans une langue étrangère. Si ce fait est extrêmement fréquent pour l'arabe, c'est que l'article arabe est invariable et fait pour ainsi dire corps avec son substantif, tandis que l'article grec prend des formes très-différentes suivant les cas, ce qui ne permet pas à l'oreille d'un étranger de le considérer comme partie intégrante du nom.

Il me semble plus raisonnable de regarder *oliban* comme représentant l'arabe اللبن *al-louban,* l'encens, dont l'article *al* ou *el* serait devenu *ol.* On a des exemples de changements pareils dans *olifant* pour *éléphant, olmafi* à côté de *almafil* (voy. Marfil), *olinde* pour *alinde,* et *orcanète* pour *alkanète,* si du moins ces deux dernières assimilations que je propose plus loin sont exactes.

Du reste, *louban* est identique à λίϐανος, ainsi que nous l'avons dit au mot Benjoin.

Olinde. Sorte de lame d'épée, que les uns font venir d'Olinda (Brésil), les autres de Solingen (Allemagne). A mon sens, *olinde* n'est autre que l'espagnol *alinde, alhinde, alfinde,* qui signifiait autrefois *acier, miroir métallique,* et qui vient de l'arabe الهند *al-hind,* les Hindous. On peut voir, dans le *Glossaire* de M. Dozy (p. 142), comment le nom des habitants de l'Inde est devenu synonyme d'acier.

à servir d'abri aux voyageurs. (Voyage de M. Dauzats dans l'Anatolie, *Tour du Monde,* 1er sem. 1861, p. 155.)

[1] On trouve aussi *olibane :* « Prendre poix grecque, soulphre et olibane. » (*L'Agriculture et Maison rustique,* de M. Charles Estienne et Jean Liebault, docteurs en médecine, 1601, p. 73.)

سيف الهند *seif al-hind*, sabre indien, est une expression fréquente dans les *Aventures d'Antar*, pour marquer une arme de qualité supérieure; مهند *mohannad*, indianisé, signifie *fabriqué avec du fer de l'Inde*. Quant au changement de *al* en *ol*, voy. au mot OLIBAN.

ORANGE. Esp. *naranja*, portug. *laranja*, ital. *arancia*, *arancio* (dialecte milanais, *naranz*, vénit. *naranza*), bas grec νεράντζιον. Les formes qui ont perdu le *n* initial l'ont sans doute laissé tomber par suite d'une fausse assimilation au *n* de une, *una*; une narange, *una narancia*, n'ont pas eu de peine à devenir une orange, *una arancia*. Tous ces mots viennent de l'arabe نارج *narandj*, persan نارنك *nareng*, même signification.

Orange, autrefois *orenge*, a dû subir l'influence de *or*, à cause de la couleur. (Voy. Littré.) On sait que le *malum aureum* de Virgile est le coing et non l'orange.

ORANG-OUTAN. C'est l'expression اورغ هوتن *ōrang-hoūtan*, par laquelle les Malais désignent cette espèce de singe; de *ōrang*, homme, et *hoūtan*, bois, homme des bois. C'est à tort que quelques personnes écrivent *outang*.

ORCANÈTE. Plante tinctoriale originaire de l'Orient. J. Bauhin écrit *orchanet*[1]; on trouve aussi *alkanet* et *alkana*[2]. Enfin Bocthor traduit orcanète par حنّا الغول *hinna al-ghoul*, ce que nous rendrions par *le henné du diable*. De tout cela résulte pour moi la conviction que *orcanète* est le même mot arabe que *henné*. (Voy. ce terme.) Ajoutons que Chabré établit la synonymie des deux expressions *alkanna*, *el-hanne*[3].

---

[1] *Hist. plantar. univers.* t. III, p. 584

[2] *Dict. d'hist. nat.* de Déterville

[3] *Sciagraphia icones*, p. 43.

Pour le changement de *al* en *or*, on remarquera que l'article *al* devient souvent *ar* dans les langues romanes, et quant au passage de *ar* à *or*, on peut comparer *arcanson* = *orcanson* (voy. Littré), *armoire* et *ormoire*, dans le langage du peuple, etc.

Оттомане. Sorte de siége. De *ottoman*, nom de peuple, venant de عثمان *'othmān*, nom arabe du fondateur de la dynastie des Turcs ottomans.

P

Pagode. Du persan بتكده *boutkedè* ou *poutkoudè*, temple d'idoles, formé de بت *bout* ou *pout*, idole, et de كده *kedè* ou *koudè*, maison.

Pandanus. Arbre des Indes; type de la famille des pandanées. Du malais فندن *pandan*. Les Malais aiment à mettre dans leurs cheveux les fleurs odorantes du فندن واڠ قودق *pandan ouāngi poūdaq*, aussi nommé رمڤى *rampei*.

Pangolin. Mammifère des Indes et de l'Afrique. C'est le malais ڤڠكولڠ *penggoūling*; et ce nom, qui signifie *rouleau* (de كولڠ *goūling*, rouler, enrouler), lui vient de l'habitude qu'il a, lorsqu'il est attaqué, de se rouler en boule, à la façon du hérisson. «Son corps se met en peloton, mais sa grosse et longue queue reste en dehors et entoure le corps roulé[1].»

Pantoun. Genre de poésie chez les Malais. On écrit quelquefois *pantoum* par un *m*, mais à tort, car le mot malais est ڤنتن *pantoun*.

---

[1] *Dict. d'hist. nat.* de Déterville, t. XXIV, p. 458.

Papegai ou Papegaut. Perroquet. Esp. *papagayo*, portug. *papagaio*, ital. *papagallo*, *pappagallo*. On a donné de ce mot les étymologies les plus bizarres. Le célèbre naturaliste italien Aldrovande voyait dans *papagallo* une expression de la dignité et de l'excellence de cet oiseau que ses talents et sa beauté faisaient regarder comme le *pape des oiseaux*. Génin, dans ses trop spirituelles *Récréations philologiques* (t. Iᵉʳ. p. 438), supposait que *papegaut*, orthographié *papegault* dans Amb. Paré, était formé d'un verbe *paper*, mâchonner, prendre avec la bouche, et de *gault*, bois, par allusion à l'habitude qu'a le perroquet de saisir les branches avec le bec pour monter ou descendre. M. Defrémery, écartant toutes ces imaginations singulières, a fait remarquer que *papegai* et ses congénères sont tout simplement l'arabe ببغا *babaghā* ou *babbaghā*, perroquet[1]. Meninski, dès le xviiᵉ siècle, avait déjà suggéré indirectement cette étymologie, quand il traduisait l'arabe *babbaghā* par *papagallo* en italien, *papegai* en français, *papagey* en allemand, *papugá* en polonais. Du reste, ببغا *babaghā* semble être une onomatopée faite sur le cri de l'oiseau, comme *ara* et *cacatoès*.

Au lieu de ببغا *babaghā*, Boethor (aux mots *papegai*, *perroquet*) donne ببغان *babaghīn*, que je n'ai pas vu ailleurs.

Vieillot, dans l'article *perroquet* du *Dict. d'hist. nat.* de Déterville, dit qu'autrefois *papegaut* était le nom des perroquets, tandis que *perroquet* se disait seulement des perruches; cela tend à confirmer la conjecture qui dérive perroquet de *perruque*. Par une singulière anomalie, depuis Buffon, la famille de perroquets qui porte le nom scientifique de *papegai* ne contient plus que des espèces américaines.

---

[1] *Journ. asiat.* janvier 1862, p. 93.

Papou. Espèce de manchot (*Aptenodytes papua*). Cet oiseau tire son nom du pays des Papous, d'où il est originaire. Papou est un mot malais قَپوه *papoŭah*, contraction de قوهڒ *pouah-poŭah*, qui signifie *frisé, crépu*, et qui a été appliqué aux habitants de la Papouasie, اورغ قَپوه *ōrang papoŭah*, hommes crépus[1].

Pâque. Le latin *pascha* est la transcription de l'hébreu פֶּסַח *pesha*, dont le sens primitif est *passage*, la Pâque juive se célébrant en mémoire de la sortie d'Égypte.

Para. Petite monnaie turque valant environ 4 centimes. En turc, پاره *pārah*, qui est un mot persan signifiant *pièce, morceau*.

Parsis. Adorateurs du feu. En persan, پارسی *pārsī*, persan, dont le pluriel پارسیان *parsiyān* s'emploie dans le même sens que notre *parsis*. *Pārsī* est l'adjectif de پارس *pārs*, la Perse. Aujourd'hui on écrit plus ordinairement فارس *fārs*, par un *f*.

Pastèque. Esp. *albudeca*, portug. *albudieca, pateca*. Les termes *albudeca, albudieca* représentent assurément l'arabe البطيخة *al-biṭṭikha*[2], qui a le même sens, ou son diminutif *al-bouteikha*. (Voy. Engelmann, *Gloss.* p. 74.) Mais il y a quelque difficulté à tirer notre *pastèque* du même mot, à moins qu'on ne veuille voir dans *st* la représentation du double ط *ṭ* emphatique qui est dans l'arabe. (Compar.

---

[1] «En malais *poua-poua* signifie *cheveux bouclés ou frisés*. Les Malais nomment pour cette raison la Nouvelle-Guinée *Tanna-Papoua*, c'est-à-dire Terre des hommes aux cheveux frisés.» (A. Maury, *La terre et l'homme*, p. 347.) Au lieu de *tanna*, lisez *tana* par un seul *n*; en malais, تانه *tānah*, terre, contrée.

[2] Richardson ne double pas le *t*. Aux formes hispaniques susnommées on peut joindre *badcha, badea* qui désignent également un melon d'eau.

estragon *al-tarkhoūn*.) Remarquez cependant plus loin
pastar — patard.

PATACHE. Esp. *patache*, portug. *pataxo*, *patacho*, ital. *patagio*, *patacchia*, *patachio*, *patascia*, *patassa*. Il y a apparemment identité entre ces mots et l'arabe بطسة *batsa* ou
بطشة *batcha*, « navis bellica »; et l'espagnol *albatoza* (portug. *albetoça*), sorte de navire, ne laisse guère de doute
sur cette identification. Mais le mot est-il venu d'Asie en
Europe, ou a-t-il été porté d'Europe en Asie? Il n'existe pas
dans l'arabe ancien, et sans doute M. Dozy a raison d'en
chercher l'origine dans le *bastasia* des Dalmates, cité par
Du Cange. (Voy. *Gloss.* p. 70.)

PATARD. Ancienne monnaie dont on trouve aussi le nom
écrit *patart*, *pastar*; bas latin *patarus*, *patardus*. À côté de
ces formes, on trouve les suivantes où le *r* est remplacé
par *c*, *q* : fr. *patac*, *pataque*, esp. *pataca*, *patacon* (d'où
notre *patagon* au sens de monnaie), portug. *pataca*, *patacão*, ital. *patacco*, *patacca*, bas lat. *patacus*. Les formes en
c sont celles qui conviennent le mieux à l'étymologie proposée par Müller, et d'après laquelle *pataca* est l'arabe
باطاقة *bā-ṭāqa* pour *aboū-ṭāqa*, littéralement *le père de la
fenêtre*. C'est ainsi en effet que les Arabes ont appelé les
piastres espagnoles sur lesquelles étaient figurées les colonnes d'Hercule, ces colonnes représentant pour eux une
fenêtre, *ṭāqa*. Dans Boethor, ريال ابو طاقة *rīāl aboū-ṭāqa* est
la « piastre (réal) avec une couronne de fleurs. »

Nous avons un exemple de dénomination analogue
dans *abouquel* (mot qui n'est pas dans les dictionnaires) :
« En 1700, dit Tournefort[1], les huiles après la récolte ne
valaient que 36 ou 40 parats la mesure, ou tout au plus

[1] *Voy. du Levant*, t. I, p.

un *abouquel*, qui vaut 44 parats à la Canée, et 42 seulement à Retimo. » L'auteur ajoute en note : *Abouquel*, écu de Hollande qui répond à celui de France. L'abouquel s'appelle aussi *aslani* à cause de la figure du lion que les Turcs appellent *aslan*. L'étymologie d'abouquel a été donnée, voilà deux cents ans, par Chardin : « Les écus et les demi-écus sont la plupart au coin de Hollande. Les Turcs les appellent *asani* (lisez *arslani* ou *aslani*, أرسلاني), comme qui diroit des lions, à cause que de chaque côté il y a un lion marqué dessus. Les Arabes, par sottise ou autrement[1], ont pris ce lion pour un chien et ont nommé ces pièces *abou-kelb*, comme qui diroit des chiens[2]. » *Aboū-kelb* ابو كلب signifie littéralement *père du chien*.

On sait que le thaler autrichien, à l'effigie de Marie-Thérèse, sert encore aux transactions commerciales dans une partie de l'Afrique. D'après une communication récente de M. Richard André à la Société de géographie de Vienne, cette pièce de monnaie porte, au Bornou, le nom de *butter*[3]. C'est là un autre exemple du même système d'appellation. Car *butter*, c'est-à-dire بو طير *boū-ṭaïr* signifie *le père de l'oiseau*, à cause de l'aigle à deux têtes qui figure sur le thaler.

Péri. Bon génie, chez les Orientaux, correspondant à nos bonnes fées. Du persan پری *peri*. Nous avons fait le mot du féminin. En persan, où il n'y a pas de genres, le *péri* est indifféremment mâle ou femelle. Richardson fait remarquer l'analogie de ce mot avec l'anglais *fairy*, fée, « which, from the ressemblance of the name and many

---

[1] « Perhaps to show their contempt for christian, or on account of its base alloys », dit Richardson. Je crois que ni le mépris pour les chrétiens ni le bas aloi des pièces n'a rien à voir dans l'appellation.

[2] *Voy. en Perse*, éd. Smith, p. 7.

[3] Voy. *la Presse* du 5 juin 18—.

other circumstances, was in all probability of eastern extraction. » En tout cas, notre mot *féerie* a une tout autre origine, comme on peut le voir dans le *Dictionnaire* de Littré. پری *péri* est, suivant toute probabilité, un dérivé de پر *per*, aile, et peut s'interpréter *ailé, qui vole*.

PILAU. Mets au riz, chez les Turcs. Du persan پلاو *pilaou*, même sens. On dit aussi *pilaf*, d'après la pron. turque.

POTIRON. C'était autrefois un synonyme de *champignon*. C'est encore, dans quelques provinces, le cèpe ou agaric comestible; diverses espèces de bolet, autre champignon, s'appellent *potiron blanc, potiron gris, potiron roux, etc.*[1]. Probablement de l'arabe فطر *foutr* ou *foutour*, champignon. Le mot فطر est dans Razi[2], qui ne fait point l'éloge de ce comestible et le juge plus détestable que la truffe (كمأة *kamā*): cependant il ressort de ses paroles que Freytag a eu tort de n'attribuer à فطر *foutour* d'autre sens que celui de « fungus terræ *multum venenosus* »; le mot s'applique à tous les champignons, comestibles ou vénéneux.

PRAO ou PRO. Terme général, dans l'archipel Indien, pour désigner toute espèce d'embarcations. Du malais قرهو *praho* ou قراو *prāo*, que les Européens appliquent plus spécialement au كونتغ *koūnting*, bâtiment à voile latine.

PUNCH. C'est l'orthographe anglaise du persan پنج *pandj*, cinq (mot congénère de πέντε, *quinque*, cinq): et la boisson ainsi appelée doit cette dénomination aux cinq ingrédients qui la composent: thé, sucre, eau-de-vie, cannelle et citron.

PURIM. Fête juive, instituée en mémoire des sorts jetés

---

[1] Paulet, *Traité des champignons*, 1775.
[2] Man. ar. déjà cité, fol. 42 recto.

par Aman pour perdre les Israélites. (*Esther,* ch. ix, 24, 26.) C'est la transcription de l'hébreu פורים *poūrīm,* plur. de *poūr,* sort.

Q

Quintal. Esp. et portug. *quintal,* ital. *quintale,* bas lat. *quintale, quintallus, quintile.* De l'arabe قنطار *qinṭār,* qui s'est dit de divers poids et en particulier de 100 *raṭl* ou livres.

R

Rabbin. Docteur juif. De l'hébreu רַבִּי *rabbī,* formé de *rab,* maître, et de *i,* pronom affixe de la 1ʳᵉ personne : *mon maître, monseigneur.*

Raca. « Qui autem dixerit fratri suo, *raca,* reus erit concilio. » (Évangile de saint Mathieu, chap. v, 22.) C'est un mot chaldéen, terme d'injure de signification douteuse. Il pourrait se rattacher à רַק *raq,* cracher, et marquer un homme sur qui l'on crache, ou bien à רִיקָא *rīqā,* vide, sans valeur (en arabe, ريق *rīq,* cracher : *raïq,* vain, futile).

Racahout des Arabes. Fécule nourrissante à laquelle on attribue des propriétés analeptiques. (Littré.) Dans le *Livre des facéties* كتاب هزليات de Sadi, on lit : واكل البريان لا يتم « le manger du rôti اّلّا بالراقوت وبطن جاعين لا يشبعه اّلّا قوت ne s'achève qu'avec le *raqaut,* et le ventre des affamés ne se rassasie qu'avec la nourriture. » Ce راقوت *rīqaut, rī-qoūt* ou *rīqaout,* qui manque dans les dictionnaires, est-il notre *racahout?* Car nous savons que les Orientaux faisaient usage d'une matière féculente ainsi nommée dans laquelle entraient du salep, de la vanille, etc. (Voy. l'*Officine* de Dorvault, au mot *racahout*.) Ce راقوت pourrait d'ailleurs n'être que notre mot *ragoût* importé en Orient à l'époque des croisades.

RAIA. Transcription de l'arabe رعيّة *ra'iya*, au pluriel رعايا *ra'āyā*, peuple, paysans, sujets, troupeau, venant de رعى *ra'a*, faire paître [1]. *Ryott*, paysans de l'Inde (Littré), est le même mot رعية prononcé à la manière indo-persane et orthographié à l'anglaise. Dans l'empire ottoman, « on appelle *rayas* tous les sujets non musulmans du Grand-Seigneur. » (Tancoigne [2].)

RAMADAN ou RAMAZAN. Esp. *ramadan*, portug. *ramadan*, *remedão*. C'est l'arabe رمضان *ramaḍān*, nom du neuvième mois de l'année musulmane. *Ramazan* est la prononciation turque et persane. On dérive le mot de la racine رمض *ramed*, « torruit, ferbuit ardore solis », en disant qu'à l'époque où ce nom fut adopté, le mois de ramadan tombait au moment des fortes chaleurs de l'été. Mais actuellement, l'année musulmane étant une année lunaire, sans intercalations, le mois passe successivement par toutes les saisons.

RAMBOUTAN. Plante et fruit de l'archipel Indien (*Nephelium echinatum* ou *euphoria*). Quelques botanistes écrivent à tort *rampostan*. Loureiro avait appelé ce végétal *Dimocarpus crinita*, à cause de ses baies entourées de poils. Le nom malais رمبوتن *ramboûtan*, traduit la même idée; car il dérive de رمبت *rambout*, poil, chevelure.

---

[1] « *Raaya* veut dire troupeaux : les peuples sont des moutons que les pachas tondent et écorchent. » (B⁰ⁿ de Krafft, *Promenade dans la Tripolitaine*. — *Tour du monde*, 1ᵉʳ sem. 1861, p. 70.)

[2] *Voyage de Constantinople à Smyrne et dans l'île de Candie*, dans la collect. Smith, t. VI, p. 390, note 9.

Rame. Vieux français *rayme*, esp. et portug. *rezma*, ital. *risma*. De l'arabe رزمة *rizma*, qui a signifié *paquet de hardes, ballot*[1], puis *rame de papier* (dans Bocthor).

Cette étymologie, proposée par Sousa, combattue par Diez qui préfère la dérivation ἀριθμός, nombre, de Muratori, a été appuyée et mise hors de doute par M. Dozy. (*Gloss.* p. 333 et suiv.) J'ajouterai que *rame* s'est dit, même en français, dans un sens qui correspond à ballot. Ce sens n'est pas indiqué dans le *Dictionnaire* de Littré; mais en voici deux exemples pris dans Tournefort: «Le coton en coque, c'est-à-dire enveloppé de son fruit, vaut un sequin le quintal, et jusqu'à 10 ou 12 francs lorsqu'il est en *rame*, c'est-à-dire épluché et sans coque[2]. » « Nos marchands tirent de Smyrne le coton filé ou caragach, le coton en *rame*, les laines fines, etc.[3] » Je ne sais trop comment Muratori et Diez accommoderaient leur ἀριθμός à ce coton épluché.

Rizma est devenu par la chute du *z* (comme dans rayme, rame) le portugais *rima*, amas, tas, monceau; il ne faudrait point vouloir tirer de là notre verbe *arrimer* qui a une tout autre origine.

Raquette. Esp. et portug. *raqueta*, ital. *rachetta*. Avant d'être l'instrument dont on se sert pour jouer à la paume ou au volant, la raquette était la paume de la main elle-même; et de ce dernier sens, le mot n'a pas eu de peine à passer au premier : «Lorsque les tripots furent introduits par la France, dit Pasquier[4], on ne savoit que c'estoit que de raquette. et y jouoit on seulement avec le plat de la main. »

---

[1] رزمة من ثياب وهي ما شُدّ منها في ثوب واحد. passage de Zamakhchari, cité par M. Dozy.

[2] *Voy. du Levant*, t. I, p. 189.

[3] *Voy. du Levant*, t. III, p. 373.

[4] *Recherches*, IV ... dans le *Dict.* de Littré.

Rachette, rasquette, dans l'ancienne anatomie, désigne le carpe ou le tarse, et le portugais a encore *rasqueta*, carpe, jointure de la paume de la main et du bras. En chiromancie, on appelle *rascette* ou *rassette* l'endroit où plusieurs lignes transversales sont tracées à la jointure intérieure de la main et du bras. Tous ces mots, d'après M. Littré, sont des diminutifs du bas latin *racha* qui vient de l'arabe. En effet *racha* correspond parfaitement à l'arabe راحة *râha*, paume de la main. Mais *rascette, rasquette*, et le portugais *rasqueta*, ont subi, je pense, l'influence d'un autre mot arabe رسغ *rousgh* (*rasgh*?) qui est le vrai nom anatomique du carpe et du tarse : والزندان طولهما من المرفق [1] الى الرسغ ... والرسغ مركب من ثمانية اعظم «les deux fociles s'étendent du coude au *rousgh*.... le *rousgh* comprend huit os»: رسغ الرجل وهو مولف من ثلثة اعظم «le *rousgh* du pied, lequel est composé de trois os [2].» Ces deux passages de Razi correspondent à deux citations de M. Littré : «Les os de la *rachette* de la main qui sont huit» (H. de Mondeville); «la rasquette du pied est composée de quatre os lyés ensemble avenanment» (Lanfranc). Gérard de Crémone, du reste, explique ce رسغ *rousgh* par *rasceta* ou *rascete*.

M. Dozy, soit qu'il n'ait pas aperçu, soit qu'il n'accepte pas les rapprochements étymologiques que je viens de présenter, ne donne dans son *Glossaire* ni *raqueta* ni *rasqueta*.

Raze (Huile de). «Les Provençaux distillent en grand le galipot. Ils en tirent une huile qu'ils nomment *huile de raze*.» (Bosc [3].) C'est l'arabe ارز *arz*, nom qui s'applique au pin et à divers autres arbres résineux. Le même natura-

---

[1] Razi, *Almansouri*, man. déjà cité.
[2] Razi, *ibid.*
[3] *Dict. d'hist. nat.* t. XII, p. 388.

liste dit que le suc résineux du pin, séché sur l'arbre en masses jaunâtres, se nomme *barras* : n'y a-t-il pas là le même mot *arz = raze* ?

En espagnol, *alerce*, venant aussi de الارز *al-arz*, est le mélèze ou le cèdre.

RAZZIA ou mieux **RAZIA**. Portug. *gazia, gaziva*. C'est un mot que nous avons emprunté depuis peu d'années à l'arabe algérien غازية *ghāzīa* (prononcé en Algérie *razia*), incursion militaire. Ce mot, donné par M. Cherbonneau[1], manque dans Freytag et Richardson, aussi bien que غزوة *ghazwa*, son congénère, qui a fait le portugais *gazua*. (Voy. Dozy, *Gloss.* p. 275.)

RÉALGAR. Vieux franç. *réagal, riagal*, esp. *rejalgar*, ital. *risigallo*. De l'arabe رهج الغار *rehdj al-ghār*, littéralement *poudre de caverne*, nom que portait l'arsenic chez les Arabes du Maghreb[2].

REBEC. Instrument de musique de la famille du violon. Vieux franç. *rebebe*, esp. *rabel*, portug. *rabel, rabil, arrabil, rabeca, rebeca*, ital. *ribeca, ribeba*. De l'arabe رباب *rabāb*, ربابة *rabāba*, même signification[3]. Il ne faut pas oublier que la dernière consonne arabe mal entendue par l'oreille est souvent altérée en passant dans les langues européennes. Quant au changement de *ā* long en *i*, c'est une exagération de ce qu'on nomme l'*imalé* (adoucissement de *a* en *e*), laquelle est fréquente dans la péninsule Hispanique.

---

[1] *Dict. fr.-arabe*, au mot *incursion*, car *razzia* ne s'y trouve pas comme mot français.

[2] Voy. Dozy, *Gloss.* p. 352.

[3] « Un a'nezé récite-t-il des vers, il s'accompagne d'une espèce de guitare appelée *rébaba*, seul instrument de musique possédé dans le désert. » (*Voy. en Arabie*, dans la collect. Smith, t. XI, p. 324.)

RÉBI. Nom de deux mois, le troisième et le quatrième, du calendrier musulman: en arabe ربيع *rebi'*, mot qui signifie aussi *printemps:* mais *rebi premier* et *rebi second* (c'est ainsi qu'on nomme ces deux mois) tombent successivement dans toutes les saisons, comme tous les mois de l'année lunaire arabe. Dans les *Lettr. pers.* de Montesquieu, le mot est généralement écrit *rebiab,* probablement mis pour *rebiah.*

RÉCAMER. Broder en relief. Esp. et portug. *recamar,* ital. *ricamare* (esp. et portug. *recamo,* ital. *ricamo,* broderie en relief). Ces mots viennent du verbe رقم *raqam,* qui a la même signification et qui a donné aussi à l'ancien espagnol le verbe *margomar.* (Voy. Dozy, *Gloss.* p. 319, 320 et 329.) L'origine arabe de récamer avait été indiquée par M. Defrémery dans le *Journal asiatique* de 1867.

RÉCIF. Qu'on trouve aussi écrit *rescif* et *ressif.* Esp. *arracife, arrecife,* portug. *arrecife.* De l'arabe رصيف *raṣîf,* chaussée dans l'eau ou sur un chemin [1]. L'identité de *arrecife,* écueil, et *arrecife,* chaussée, a été reconnue par Diez.

REDJEB. Septième mois de l'année musulmane, en arabe رجب *redjeb.* Nos écrivains du XVIIe et du XVIIIe siècle disent *regeb, regheb.*

RÉIS. Capitaine de navire. Esp. *arraez,* portug. *arraes, arrais.* De l'arabe رئيس *raïs,* chef, dérivé de راس *ras,* tête. (Mot resté dans l'espagnol *res,* tête de bétail.) On écrit aussi *raïs.* «Le raïs maure, à la barre, crie aux rameurs.» (*Tour du monde,* 1er vol. p. 215.)

[1] Dozy, *Journ. asiat.* 1847, t. II, p. 413 et Engelmann, *Gloss.* p. 19.

Ribes. Nom botanique d'un arbrisseau voisin des groseilliers. Chez les anciens botanistes, *ribes*, *ribasium*, *ribesium*. C'est l'arabe ريباس *rībās*, ainsi expliqué par Golius : « Lapathi acetosi species, cujus rubicundus acidusque succus ad tertias coctus *rob de ribes* [1] vulgo dicitur. » On trouve aussi ريباز *ribāz*, ريواس *rūvās*, en persan ريباج *ribādj*. Le mot est dans Razi : الريباس عاقل للبطن « le ribes resserre le ventre » (p. 43 verso).

Rigel. Étoile de première grandeur dans le pied occidental d'Orion. De l'arabe رجل *ridjl*, pied. « La trente-cinquième (d'Orion), dit le traité d'astronomie d'Abd er-Rahman es-Soufi [2], est la grande brillante qui se trouve sur le pied gauche; elle est de première grandeur et on la nomme *ridjl al-djauzā*, pied d'Orion : هو الخامس والثلثون النير العظيم الذى على الرجل اليسرى من القدر الاول . . . ويسمى رجل الجوزاء . » C'est une des quinze étoiles de première grandeur citées par Alfergani (éd. Golius, p. 76).

Ripopée. En parcourant l'article du *Dictionnaire* de Littré sur ce mot, on voit que *ripopé* ou *rippopé* (ce sont les anciennes formes et le mot était masculin) signifiait une médecine à prendre en boisson. Je copie deux des exemples cités : « Une très-bonne médecine, boire devez du ripopé » (dans Fr. Michel, *Dict. d'argot*); « J'en porterai quatre prises avec moi (d'antimoine), que je veux faire prendre à Mme la duchesse d'Aiguillon, car il n'y a point de *ripopé* qui fasse de si bons effets » (Voltaire, *Lettr.*). Remarquez aussi qu'on a dit *ripopé* en parlant du marc de café sur lequel on a versé de l'eau. Il me semble que, dans ces sens, *ri-*

---

[1] Et non *ribus*, comme dit Freytag.
[2] Man. n° 964 du suppl. ar. de la Bibl. nat. fol. 139 verso.

popé se rattache suffisamment à *rob* (voy. ce mot) pour qu'il soit possible d'y voir le pluriel ربوب *rouboub* ou رباب *ribab*, qui avaient passé dans les traductions latines et par là avaient pu s'introduire dans le langage pharmaceutique. On sait que les pharmacopoles ont toujours affecté de prendre des mots étrangers, inconnus au vulgaire, pour désigner leurs drogues, et on peut en voir plusieurs exemples dans le présent travail. Le changement de *b* en *p* se montre également dans l'espagnol *arrope* (qui est peut-être la vraie origine de notre *ripopé*).

Risque. Peut-être est-ce abuser du droit de faire des conjectures que de hasarder un rapprochement entre *risque* et l'arabe رزق *rizq*. C'est pourtant ce que je veux tenter, non sans espoir d'amener le lecteur à incliner vers mon sentiment.

Risque est en espagnol *riesgo*, portug. *risco*, ital. *rischio*, *risico*, bas lat. *risicus*, *risigus*, *etc.* Comme forme, il n'y a aucune difficulté; tous ces mots s'accordent très-bien extérieurement avec l'arabe *rizq*. Le difficile est de faire concorder les sens. Voyons cependant. *Rizq* est, d'après les dictionnaires, «une portion, toute chose qui vous est donnée (par Dieu) et dont vous tirez profit; tout ce qui est nécessaire pour vivre»; plus tard, «la solde des soldats, les attributions en nature aux officiers[1]», ce que nous nommons aujourd'hui *rations.* الرزق الحسن *ar-rizq al-ḥaṣan*, le bon risq, ce sont les biens inattendus, qui arrivent hors de toute prévision et de tout effort[2]; nous dirions *les bonnes chances*, comme dans ce passage des *Merveilles de l'Inde*[3] : Dans un poisson qu'on vient d'acheter, on trouve

---

[1] Voy. Sacy, *Chrest. arabe*, I, 237.

[2] «Res quas invenimus neque expectatas nec in computo relatas neque data opera acquisitas.» (Freytag.)

[3] عجايب الهند, man. de la coll. de M. Schefer, p. 75.

une grosse perle, sur quoi un des assistants s'écrie : هذا
رزق ساقه الله الى سعيد « c'est un *risq*, un don fortuit, que
Dieu envoie à Saïd! » ce qui se traduirait fort bien par
« c'est une bonne chance pour Saïd. » Le qualificatif مرزوق
marzoûq, pourrait presque se rendre par notre expression populaire *chançard*.

Voyons maintenant le sens de notre *risque*. *Risque* n'est
pas absolument synonyme de *péril, danger*. Un exemple
de M. Littré, pris dans d'Aubigné, nous le montre dans
le sens de *coup de main, tentative hasardeuse;* presque partout, il signifie *hasard, chance,* il est vrai d'ordinaire en
mauvaise part; cependant on dit fort bien : « Qui risque
de gagner risque de perdre »; courir le risque, tenter le
risque (dans Brantôme). Le portugais *risco,* l'espagnol
riesgo signifient de même *hasard; a todo risco, a todo riesgo,*
à tout hasard.

Bref, le mot arabe et le mot de nos langues convergent
vers une même idée de *chance* bonne ou mauvaise.

Si maintenant nous pouvions découvrir quelque forme
européenne munie de l'article arabe, l'assimilation que je
propose ne laisserait pas d'acquérir une certaine probabilité. Or cette forme, elle existe dans l'espagnol *arrisco,*
dont le sens est identique à celui de *risco* et de *riesgo,* et
qui semble la copie exacte de l'arabe الرزق *ar-rizq.* Un autre
mot espagnol, *arriscador,* semble dériver de *ar-rizq* pris
dans son sens ordinaire; un *arriscador* est « celui qui ra-
masse les olives qui tombent », c'est-à-dire, à ce que je
pense, un homme pauvre qui recueille le fruit tombé
comme un *risq*, un don fortuit de la providence (?).

RISTE. Ancien nom d'une espèce de fil de chanvre, dans
le midi de la France. (Littré.) Ce terme de commerce paraît être le persan رشته *richteh*. fil (de رشتن *richten*. filer).

mot d'un usage général, au XVIIe siècle, dans tout l'empire ottoman.

Rob. Esp. *rob, arrope,* portug. *robe, arrobe,* ital. *rob, robe.* De l'arabe رب *robb,* sirop ou gelée de fruits. Ce terme paraît être d'origine persane, *rob* par un seul *b;* les Arabes auraient doublé cette lettre pour donner au mot la forme trilitère ordinaire aux mots de leur langue.

Rock. En arabe رخ *rokh,* oiseau gigantesque dont il est question dans les *Mille et une Nuits,* dans les anciennes relations de voyages aux pays orientaux, dans Marco Polo, qui l'appelle *ruc,* et jusque dans la relation du voyage de Magellan par Pigafetta. D'après M. de Saulcy, *rokh* serait la dernière syllabe d'un mot assyrien *nesrokh,* aigle tout-puissant, divinité primordiale de la théogonie assyrienne [1].

M. Defrémery pense que du nom de l'oiseau *rokh* vient celui du *roc,* pièce du jeu des échecs que nous appelons la *tour.* (Voy. Roquer.)

Romaine. Instrument de pesage. Esp. et portug. *romana.* On disait autrefois un *romman,* et les Italiens ont aussi le masculin *romano.* Dans le Quercy, on dit encore indifféremment *roumano* (fém.) et *roumō* (masc.). C'est l'arabe رمّانة *rommāna,* qui a le même sens. (Voy. Bocthor.) Primitivement, *rommāna* ne désignait pas la balance romaine même, mais seulement le poids mobile qui sert à faire les pesées, *pondus statera quo librantur alia,* dit Freytag. C'est encore le sens de l'italien *romano,* dans le *Dic-*

---

[1] *Revue des deux Mondes,* t. XX, p. 457, cité par M. Littré. En malais روڠ روڠ *roug-roñg* (que le *Dict.* de l'abbé Favre prononce *rouwaq-rouwaq*) désigne un oiseau de proie. On ne peut douter que ce ne soit le même mot. — M. Giuseppe Bianconi, de Bologne, dans ses études sur l'épiornis, a recueilli toutes les traditions relatives au rock.

tionnaire d'Antonini, qui le définit ainsi : *Quel contrapeso che è infilato nello stilo della stadera.*

Ce *romano* et le vieux français *romman* semblent indiquer qu'on a dit aussi en arabe رمّان *rommān*, sans le ة a final. Cette lettre n'est ici en effet que le ة d'unité; car *rommana*, poids, n'est autre chose que رمّان *rommān*, la grenade, et l'assimilation est si naturelle que je suis fort surpris d'être le premier à la proposer. On ne saurait jeter les yeux sur une de ces vieilles romaines si employées naguère dans les campagnes, sans être frappé de la ressemblance de forme qui existait encore entre le poids mobile et le fruit du grenadier.

RoQUER. Ce terme du jeu des échecs vient de *roc*, ancien nom de la pièce appelée aujourd'hui *tour*, esp. et portug. *roque* (d'où *enrocar, roquer*); ital. *rocco*; et tous ces mots viennent de رخ *rokh*, qui désigne la même pièce chez les Arabes et les Persans. Quant à رخ *rokh*, c'est, dit d'Herbelot, un mot de la langue des anciens Persans, lequel signifie « un vaillant homme qui cherche des aventures de guerre, un preux, un chevalier errant [1]. » On a proposé plusieurs autres étymologies qu'on trouvera indiquées dans la préface de l'excellent *Traité du jeu des échecs* de M. de Basterot. Cet auteur explique ainsi le changement de nom qu'a subi chez nous le roc des échecs: « Dans les jeux fabriqués dans l'Inde, cette pièce était ordinairement représentée sous la forme d'un éléphant portant une tour; peu à peu on supprima l'éléphant, et la tour seule est restée pour représenter cette pièce: ces changements successifs expliquent l'anomalie de faire représenter par une tour une des pièces les plus actives du jeu [2]. » Il

---

[1] *Biblioth. orient.* au mot *rokh.*
[2] P. 18 et 19.

est possible aussi que ce nom soit dû seulement à la position des tours qui, au début de la partie, occupent les quatre coins de l'échiquier.

Rotin ou Rotang. Arbrisseau des Indes orientales dont on fait les cannes appelées joncs ou rotins, les siéges des chaises dites de canne, etc. Du malais روتن *rōtan*. La lettre finale étant un *n* et non un ڭ *ng*, c'est à tort qu'on écrit *rotang*. « Les fruits du *rotang zalacca* (روتن سالق *rōtan sālaq*) de Java, sont alimentaires. » (Bouillet, *Dict. des sciences.*)

Roupie. Monnaie d'or ou d'argent. Du persan روپيه *roūpiya*, mot d'origine hindoue.

Rusma. Préparation dépilatoire chez les Orientaux. Je ne cite ce terme que pour corriger l'erreur des dictionnaires qui donnent pour étymologie un mot arabe, *rusma*, trace. Sans m'arrêter à rechercher quel est ce mot *rusma*, je me contenterai de faire observer que notre *rusma*, pâté dépilatoire, est une corruption du turc خرزمه *khorozma*, qui n'est lui-même que la transcription du grec χρῖσμα, onguent, fard, lat. ecclés. *chrisma*, dont nous avons fait *chrême*, le saint chrême. Dans le commentaire d'Herm. Barbaro sur Dioscoride (liv. Ier, chap. LI), on trouve quelques mots sur l'espèce d'onguent appelé *chrima* ou *chrisma*[1].

S

Sabaoth. Transcription, dans les traductions latines, de l'hébreu צְבָאוֹת *tsebaōth*, pluriel de צָבָא *tsabā*, armée : *Deus sabaoth*, Dieu des armées.

Sabbat. C'est l'hébreu שַׁבָּת *chabbath*, de la racine *chabath*,

[1] *Dioscoride pharm. lib. VIII. Strasb. 1529, fol. 21 verso.*

se reposer. Mais il nous est venu par le latin *sabbatum*, qu'on trouve déjà chez les classiques (Ovide. Justin, etc.).

SACRE. Espèce de faucon. Esp. et portug. *sacre*. De l'arabe صقر *saqr*, même sens. « M. Diez, dit Engelmann, donne à ce mot une origine latine: il le considère comme la traduction du grec ἱέραξ, tandis que les Arabes auraient emprunté leur *saqr* aux langues romanes; mais comme il est de fait que *saqr*, loin d'être un mot moderne et particulier au dialecte vulgaire, était déjà en usage parmi les anciens Arabes du désert (cf. *Le divan des Hodzaïlites*, p. 208), cette opinion est tout à fait erronée. » (*Gloss.* p. 338.)

SADDER. Livre religieux des Parsis ou Guèbres. Du persan صد در *sad-der*, les cent portes, de *sad*, cent, et *der*, porte, chapitre du Zendavesta.

SAFAR. Deuxième mois de l'année musulmane: *saphar*, dans les ouvrages du siècle dernier. En arabe صفر *safar*.

SAFRAN. Esp. *azafrano*, portug. *açafrão*, ital. *zafferano*. On trouve, en vieux français, *safleur*, *saflor*. De l'arabe-persan زعفران *za'ferān* (avec l'article *az-za'ferān*), même sens. Le mot est dans Razi (man. déjà cité, p. 45 recto).

SAFRE ou SAFFRE. C'est aujourd'hui un oxyde de cobalt. En espagnol, *zafre* est un oxyde de bismuth. Ces substances, employées l'une et l'autre dans la poterie ou la cristallerie, ont pu être aisément confondues. L'oxyde de cobalt, qui lui-même est d'un gris noirâtre, sert à faire un verre bleu très-foncé, le smalt, lequel, réduit en poudre très-fine, forme une substance colorante employée dans les arts sous le nom d'*azur*. C'est pourquoi plusieurs étymologistes tirent le mot *safre* de *saphir*[1]. Cela s'appliquerait difficilement au *zafre* espagnol qui donne une coloration non pas bleue, mais jaune; et M. Dozy propose de rapprocher *zafre* de l'arabe صفر *sofr*, cuivre jaune (*sofra*, couleur jaune), qui a donné l'espagnol *azofar*, laiton. Peut-être *saffre*, *zafre* et l'italien *zaffera* sont-ils simplement le mot زعفران *za'ferān*, safran, privé de sa finale[2], comme dans le pluriel زعافر *za'āfir*. Les alchimistes appelaient *safran de mars* l'ocre rouge de fer; et le *safran des métaux* était une préparation pharmaceutique où entraient du soufre et de l'oxyde d'antimoine.

S_AGOU_. Fécule extraite de la moelle du palmier *sagus* (sagouier ou sagoutier). C'est le nom malais de cet arbre, ساكو *sagou*, qui pousse spontanément dans l'archipel Indien.

S_AÏQUE_. Sorte de barque ou de navire. Du turc شايقه *chaïqa*.

S_ALAMALEC_. C'est la salutation musulmane سلام عليك *salām 'aleik*, salut sur toi (*salām*, salut: *'ala*, sur: *ka*, toi); سلام عليكم *salām 'aleikoum*, salut sur vous, en s'adressant à plusieurs personnes.

S_ALEP_. Substance alimentaire préparée avec les bulbes d'orchis. Esp. *salep*, portug. *salepo*. Bocthor traduit *salep* par ثعلب *sahlab*, et *orchis* par نبات الثعلب *nebāt as-sahlab*; et Richardson donne ثعلب *sahlab* comme la plante orchis elle-même. Ce mot arabe n'est pas dans Meninski ni dans

<hr>

[1] « Le saphyr est, comme dessus, une eau bien pure, mais parce qu'elle a passé par quelque minière de *saphre*, elle tient un peu de la couleur et teinture dudit saphre.» Bernard Palissy, *Recepte veritable*, p. 52 de l'édit. Cap (1844).

[2] Comme chute de la finale comparez *sebeste* venant de سپستان *sebestān*.

Freytag, et quelques philologues le regardent comme une corruption de تعلب *tha'leb* (prononcé *saleb* par les Persans et les Turcs), qui signifie *renard*. En effet, l'orchis porte entre autres noms celui de خصى النعلب *khoṣa ath-tha'leb*, testicules de renard[1]. C'est de là, suivant l'opinion de M. Dozy, que vient notre *salep*. (V. *Gloss.* p. 338.) Cette expression pour désigner l'orchis est, du reste, assez ancienne chez nous, car on la trouve dans un antidotaire en vers latins, compris dans le man. n° 7058, ancien fonds latin de la Bibl. nat. (p. 65). lequel est du xiii° siècle :

> Vulpis testiculus sopita cupidinis arma
> Aptat et affectum Veneri... dat.

Il est même singulier que la locution ait été prise au sens propre par des médecins du xvi° et du xvii° siècle, qui recommandent *vulpis testes* avec ceux d'autres *animalia salacia* comme aphrodisiaque[2].

Sambac. Arbrisseau nommé aussi *jasmin d'Arabie*. « Dans le climat de Paris, dit Bosc, où l'on en voit beaucoup, on est obligé de le tenir dans l'orangerie pendant l'hiver... On répand les fleurs du mogori sambac dans les appartements, sur les lits; on les mêle parmi le linge pour l'imprégner de son odeur qui passe pour être amie des nerfs et du cerveau... On en prépare une huile fort odorante qu'on a anciennement débitée sous le nom d'huile de jasmin[3]. » Les naturalistes écrivent aussi *sambach* et *zambach*. C'est l'arabe زنبق *zanbaq*, « oleum jasmini, jasminum album, lilium iris sambac » (dans Freytag).

---

[1] Boethor, à *satyrion*, donne aussi خصى الكلب *khoṣa al-kelb*, testicules de chien, ce qui est la traduction littérale du κυνοσόρχις de Dioscoride. Dorvault (*Officine.* p. 406) dit qu'autrefois on tirait exclusivement le salep de la Perse.

[2] Voy. par exemple, Gasparo de los Reyes *Elysius campus*, p. 530.

[3] *Dict. d'hist. nat.* t. XXI, p. 238.

SANDAL ou **SANTAL**. Esp. portug. ital. *sandalo*. Malgré le grec σανταλον, il paraît probable que *sandal* et *sandalo* qui ont un *d* et non un *t* sont venus par l'arabe صندل *sandal*, ou du moins ont subi son influence. Le mot est d'origine indienne.

SANGIAC. Division territoriale administrative, dans l'empire ottoman. Du turc سنجاق *sandjāq*, étendard, particulièrement celui qu'on porte à la suite des gouverneurs de province, d'où la province elle-même.

SANSAL. « Ancien nom d'agents de banque ou de change; dans le Midi, intermédiaire entre le vigneron et le marchand. » (Littré.) M. Littré, en donnant ces définitions, aurait pu faire remarquer que *sansal* est une simple variante orthographique de *censal*, courtier. (Voy. ce mot.)

SAPAN ou **SAPPAN**. Arbre de teinture, plus connu sous le nom de *bois de Brésil* (*Cæsalpinia sappan*, de Linné). C'est le malais سڤڠ *sapang*, même sens.

SAPHÈNE. Nom de deux veines de la jambe. Esp. *safina*, portug. *safena* (mots qui n'ont pas été relevés par M. Dozy). C'est l'arabe سفين *safin* ou سافين *sāfin*, même sens, lequel pourrait bien être, comme l'indique Ambroise Paré, le grec σαφήνης, visible, apparent, à cause de la situation de ces veines.

SARAGOUSTI ou **SARANGOUSTI**. Terme de marine. Mastic pour recouvrir les coutures des bordages. Ce doit être le persan سرانگشتی *sarangouchtī*, qui désigne un plat préparé avec des morceaux de pâte *pétris du bout des doigts*[1] (de سر *sar*, tête, extrémité, et انگشت *angoucht*, doigt).

---

[1] Voy. Castell ou Meninski.

Sarbacane. « La forme correcte est *sarbatane*, qui se trouve dans Balzac (xvii⁰ siècle). Le changement de sarbatane à sarbacane est dû sans doute à l'influence de *canne* qu'on croyait y retrouver. » (Littré.) Esp. *cebratana, cerbatana, zarbatana*; portug. *sarabatana, saravatana*; ital. *cerbottana*, grec moderne ζαραϐοτάνα. De l'arabe زبطانة *zabaṭāna*, mot d'origine persane qui a le même sens[1].

On peut supposer que le son emphatique du ط *ṭ* a amené l'intercalation d'un *l* devenu ensuite *r* et puis déplacé, donnant ainsi les formes successives *zabaltana, zabartana, cebratana, cerbatana, sarabatana*. Au commencement du xvi⁰ siècle, Pedro de Alcala écrit le mot arabe par un *r*, *zarbaṭāna*, comme M. Dozy en a fait la remarque[2]; cette lettre s'était donc glissée dans le mot du dialecte parlé en Espagne.

Satan. Mot hébreu, שָׂטָן *saṭan*, qui signifie *ennemi, adversaire*, d'où *le chef des anges rebelles* (en arabe, شيطان *chéïṭān*). Ce mot n'est entré dans le latin que par la littérature chrétienne.

Satin. Portug. *setim*. Il est assez remarquable que l'équivalent de ce mot ne se trouve pas en espagnol. Mais y manque-t-il réellement? Et ne serait-ce pas le terme *setuni, aceituni*, que M. Dozy a relevé dans Clavijo comme désignant une étoffe de fabrication chinoise? Le mot est tombé en désuétude, peut-être par la nécessité d'éviter une confusion avec *aceitune, aceytuni*, olivâtre, venant de زيتون *zeitoūn*, olive. *Aceituni*, étoffe, vient d'un adjectif identique de forme. الزيتونى *az-zeitoūnī*, mais dérivant ici

---

[1] On peut se demander si *zabaṭāna* a quelque rapport avec le malais سومڤيتن *soumpītan*, qui a le même sens et qui paraît venir de سومڤيت *soumpit*, étroit, d'où مڠنومڤيت *megnoumpit*, souffler dans une sarbacane.

[2] *Gloss.* p. 251.

du nom de la ville de *Zeitoun*, qui est la ville chinoise de *Tseu-Thoung*, où se fabriquaient, dit M. Dozy, « des étoffes damassées de velours et de satin qui avaient une très-grande réputation et qui portaient le nom de *zeitouni*. »

Bien que M. Dozy n'en suggère point la pensée, il ne serait pas impossible que ce *zeitoūni*, *setuni*, fût l'origine du portugais *setim* et de notre *satin* (qu'on a essayé de tirer du latin *seta*, soie de porc, par l'intermédiaire d'un adjectif fictif, *setinus*). Le changement de *ou* en *i* est assez fréquent pour ne faire ici aucune difficulté.

SCHEAT ou **SEAD**. Étoile de deuxième grandeur, β de Pégase. De l'arabe ساعد *sā'id*, qui signifie proprement *avant-bras*. Voltaire écrit *sheat* : « Dès que la brillante étoile *sheat* sera sur l'horizon. » (*Zadig*, ch. XIII [1].)

SCHEVA. Terme de grammaire hébraïque, sorte d'*e* muet. Transcription de l'hébreu שוא *chevā*, qu'on rattache à une racine dont le sens est *vain, nul*.

SCHIBBOLETH. Transcription de l'hébreu שִׁבֹּלֶת *chibboleth*, qui signifie proprement *épi* (correspondant à l'arabe سنبلة *sounboula*). Le Livre des Juges, ch. XII, raconte que les gens de Galaad, poursuivant les fuyards de la tribu d'Éphraïm, reconnaissaient les hommes de cette tribu à cela qu'ils ne pouvaient prononcer le *ch* de *chibboleth*, qu'ils rendaient par un *s* : « Interrogabant eum : Dic ergo scibboleth... Qui respondebat sibboleth... Statimque apprehensum jugulabant. » C'est ainsi que, durant le massacre des Vêpres siciliennes, les Français trahissaient leur nationalité par la difficulté de prononcer correctement le mot *ciceri*. Par allusion à l'aventure des Éphraïmites, le mot

---

[1] Volt. *Œuvr. compl.* édit. Lahure (1860), t. XV, p. 45.

schibboleth a pris le sens de *difficulté insurmontable, épreuve concluante.*

Schiite. Sectateur d'Ali. De l'arabe شيعي *chiya'ï*, adjectif formé de شيعة *chiya'a*, secte, en général, et plus particulièrement secte des Schiites.

Sébeste. Fruit du sébestier, arbre d'Égypte et de l'Inde. Il était naguère d'un grand usage en pharmacie. Les Grecs le connaissaient sous le nom de μύξον : « *Sebesten vulgo officinis,* Arabicam appellationem magis quam Græcam (*myxa,* τὰ μύξα) retinere malentibus », dit J. Bauhin[1]. C'est en effet l'arabe سبستان *sebestān.*

Sébile. On a proposé l'arabe-persan زبيل *zebbïl* ou زنبيل *zenbïl,* qui signifie une corbeille de feuilles de palmier, une bourse de cuir, un panier d'osier, de sparte, une boîte à mettre les aiguilles, etc. (en mal. سمبول *soumboul,* corbillon).

Secacul ou Seccachul. Sorte de panais : « Ses racines et ses graines, qui diffèrent peu de celles du panais cultivé, sont réputées, chez les Arabes, comme propres à augmenter leurs facultés prolifiques[2]. » C'est l'arabe شقاقل *chaqāqoul,* que Sprengel appelle *Tordylium secacul,* et Bosc *Pastinaca dissecta.*

Séide. Nom commun, vient de *Séide,* nom propre, personnage de la tragédie de *Mahomet* de Voltaire, lequel a été pris pour type d'un serviteur dont le dévouement va jusqu'au fanatisme et au crime. Séide, suivant la remarque de M. Defrémery[3], ne vient pas de سيّد *seyid,* seigneur,

---

[1] *Histor. plant. univers.* t. 1ᵉʳ, p. 198.
[2] *Dict. d'hist. nat.* de Déterville, t. XXIV, p. 447.
[3] *Journ. asiat.* août 1867, p. 187.

qui a donné *cid*, mais de زيد *zeïd*, nom d'un affranchi de Mahomet.

Sélan ou Sélam. Bouquet de fleurs dont l'arrangement forme un langage muet. De l'arabe سلام *salām*, salut, mot qui commence la formule de salutation musulmane. (Voy. Salamalec.)

Séné. Arbuste d'Égypte, d'Arabie, de Syrie. Esp. *sen, sena, senes*, portug. *sene, senne*, ital. *sena*. De l'arabe سنا *senā*. Dans le commerce, on distinguait plusieurs sortes de séné, telles que le saïdi صعيدى (du Saïd), le gébéli جبلى (de montagne), le bélédi بلدى (du pays égyptien), aussi nommé *bahrouyi* بحروى (du Nil), le *hedjazi* حجازى (du Hedjaz), aussi nommé *séné de la Mecque*, etc.

Séphiroth. Terme de la cabale, désignant certaines perfections de l'essence divine. Transcription de l'hébreu שפרות *chefiroth*, pluriel de *chefer*, beauté, splendeur, de la racine שָׁפֵר *chafar*, briller, plaire (en arabe سفر *safar*).

Sequin. Esp. *cequi*, portug. *sequim*, ital. *zecchino*. C'est de l'italien que sont venues les autres formes romanes, et *zecchino* vient de *zecca*, atelier monétaire, en espagnol *seca*, mot pris de l'arabe سكّة *sikka*, coin à frapper la monnaie. La *Fabrica ling. arab.* traduit même l'italien *zecca* par سكّة *sikka*. Le sequin lui-même ne porte pas ce nom au Levant; mais *sikka* se dit de la monnaie en général. (Voy. Bocthor à *monnaie*.)

Sérail. Esp. *serrallo*, portug. *serralho*, ital. *sarraglio*. On disait aussi chez nous autrefois *serrail* ou *sarrail*, comme pour rapporter le mot au verbe *serrer*, mettre en *sûreté.* C'est le persan سرای *seraï*, palais, demeure royale, la cour.

Séraphin. Le latin ecclésiastique *seraphim*, d'où nous avons pris ce mot, est la transcription de l'hébreu שְׂרָפִים *serafim*, plur. de שָׂרָף *saraf*, anges du feu, de la racine *saraf*, brûler, être en feu.

Sérasquier ou **Séraskier.** Chef militaire en Turquie. Le mot سرعسكر *ser'asker*, est formé du persan سر *ser*, tête, chef, et de l'arabe عسكر *'asker*, armée. Les Turcs font toujours sentir un *i* très-bref après la consonne ك *k*.

Serdar. Chef militaire chez les Turcs et les Persans. Du persan سردار *serdār*, qui est formé de سر *ser*, tête, et دار *dār*, qui possède (du verbe داشتن *dāchten*, avoir), celui qui tient la tête, qui est à la tête.

Sesban ou **Sesbane.** Genre de légumineuse dont le nom a été pris d'une espèce égyptienne, en arabe سيسبان *seisebān*, mot d'origine persane. Dans Richardson, *sisabān* est, à tort probablement, la quintefeuille ou potentille, plante de la famille des rosacées.

Siamang. Singe anthropomorphe, connu dans les forêts de Sumatra. Du malais سيامغ *siāmang*.

Simoun ou **Semoun.** De l'arabe سموم *semoūm*, vent brûlant de l'Afrique, ainsi nommé de la racine سمّ *samm*, empoisonner. « C'est un coup de *simoun* qui nous arrive. Confortablement pelotonnés sur nos banquettes, nous sommes à l'abri des dangers du fameux *vent-poison* si redouté des caravanes. » (Guill. Lejean[1].)

---

[1] *D'Alexandrie à Souakin. (Tour du monde*, 2ᵉ sem. 1860, p. 98.)

Siroc ou Sirocco. Vent du sud-est. Provençal *siroc, eys-siroc, issalot,* catal. *xaloc,* esp. *siroco, jaloque, xaloque, xirque,* portug. *xaroco,* ital. *scirocco, scilocco.* Dans l'édition de Marco Polo publiée par la Société de géographie, on trouve *yseloc :* « Et ala six jornée por yseloc por montagnes e por valés » (p. 176); dans celle de Pauthier, *sieloc* et *seloc.*

Tous ces mots viennent de l'arabe شرق *charq,* orient; et cette dérivation n'est pas aussi difficile à comprendre qu'elle le paraît au premier abord. Remarquons en effet que les mots arabes de forme analogue à *charq* éprouvent d'ordinaire, lorsqu'ils passent dans les langues romanes, un changement qui consiste dans l'introduction d'une voyelle entre les deux consonnes finales, et l'accent tonique se trouve fréquemment transporté sur cette voyelle adventice[1]. Ainsi سمت *semt* devient *zénith,* انف *anf* devient *énif,* هجرة *hedjra* se transforme en *hégire,* تبر *tibr* en *tiber, tibar,* طبل *tabl* en *atabal, timbale,* القطب *al-qouṭb* en *alchitot,* الحبس *al-ḥabs* en *alhabos, etc.* De la même manière, شرق *charq* deviendra *charac, cherac,* avec l'accent sur la finale; et comme la consonne ق *q* tend toujours à assourdir la voyelle qui la précède, nous aurons naturellement *charoc, cheroc,* d'où *xaroco, siroc, siroco, scirocco,* et par le changement si commun de *r* en *l, xaloc, jaloque, scilocco.*

Parmi les formes précédemment citées, trois ont gardé la marque de l'article : *eyssiroc, issalot, yseloc* = الشرق *ech-charq.* La forme espagnole *xirque* paraît venir de l'adjectif شرقي *charqî,* oriental, employé par les Arabes dans le sens de *sirocco,* et auquel Engelmann, sans autre explication, rattache tous les termes ci-dessus notés.

À côté de شرقي *charqî,* l'arabe moderne présente شلوك

----

[1] Dans les langues hispaniques, souvent l'adjonction de la voyelle ne déplace pas l'accent: ainsi القصر *al-qaṣr,* château fort, devient *alcázar,* تمر *tamr,* datte, devient *támaras, etc.*

chelouk[1] ou شلوق *chelouq*[2]. M. Dozy[3] pense que ce n'est là rien autre que le mot européen repris par les Arabes qui n'avaient garde d'y reconnaître leur *charqī*. Peut-être aussi l'ont-ils confondu avec leur شروق *chouroūq*, lever du soleil, car en arabe comme dans nos langues, *r* et *l* permutent volontiers[4].

Sirop. Vieux français *essyrot* (xiii' siècle), *ysserop* (xv' siècle), provenç. *cissarop*, *issarop*, *yssarop*, esp. *xarabe*, *axarabe*, *axarave*, *axarope*, *jarab*, *jarope*, portug. *xarope* (*surrapa*, *zurappa*, vin qui a perdu sa force[5]), ital. *siroppo*, *sciroppo*, *sciloppo*, bas lat. *syrupus*, *siruppus*, *sciruppus*. De l'arabe شراب *charāb*, boisson, vin, café, venant du verbe شرب *charib*, boire. On voit qu'un grand nombre des formes citées ont conservé l'article (*ach-charāb*); plusieurs ont pu être faites sur الشروب *ach-charoūb*, boisson.

Le mot arabe *charāb* a aussi signifié *sirop*, comme on peut le voir par les dérivés شرابى *charābī*, « syruporum venditor », شرابانى *charābātī*[6], « qui syrupos conficit aut vendit. » (Freytag.) Voy. aussi Dozy, *Gloss.* p. 218.

Smala ou Zmala. Ce mot nous est venu d'Algérie; c'est l'arabe ازملة *azmala* ou زملة *zamala* (prononcé *zmala* par les Algériens), qui signifie *la famille d'un chef et son mobilier*, venant de la racine زمل *zamal*, porter. De cette même racine est venu الزاملة *az-zāmila*, qui a donné l'espagnol *acemila*, bête de somme, en portugais *azemela*, *azimela*, *azemela*, *azemala*.

---

[1] Dans Boethor.
[2] Dans la *Fabrica ling. arab.* qui donne شرقية *vento orientale, eurus*, et شلوق *scirocco, euronotus*.
[3] *Gloss.* p. 356.
[4] Compar. قلف = قرن , قلد = قرد , فلج = فرج , فلق = فرق , etc.
[5] *Surappa*, *zurappa* manquent dans le *Gloss.* de M. Dozy.
[6] *Pharmacien*, dans Boethor, au mot *spatule*.

Soda. Ancien terme de médecine, violent mal de tête. De l'arabe صداع *sodâ'*, même sens, qui se rattache à صدع *sada'*, fendre en deux.

Sofa ou **Sopha.** Portug. *sofa.* De l'arabe صفّة *soffa*, même sens, dans Boethor et dans Cherbonneau, *scamnum discubitorium* dans Freytag, et aussi *le siége de la selle.*

Solive. Ce terme de charpenterie, dont l'origine ne paraît se rattacher ni au latin ni aux langues du même groupe, offre une grande analogie de son et de sens avec l'arabe سلب *salab, salib*, arbre d'une longueur notable. et سليب *salîb*, arbre dépouillé de branches. Est-ce une pure coïncidence? Rappelons que l'art du charpentier a emprunté un certain nombre de mots à la langue arabe.

Sophi. «Le nom de *sophi* donné aux souverains de la Perse, pendant les XVIe et XVIIe siècles, dit M. Defrémery[1]. doit son origine à صفوى *sefewî*. adjectif relatif ou patronymique, dérivé du nom du cheikh Séfi, sixième ancêtre du chah Ismaïl. fondateur de la dynastie des *Séfis* ou mieux *Séfévis.*» On a dit *sophi* sans doute par confusion avec le terme *soufi*. ci-après.

Soufi. Transcription de l'arabe صوفى *soufî*, sage. religieux, qu'on veut tirer de صوف *souf*, laine, les soufis étant tenus de porter des vêtements de laine et non de soie; d'autres disent du grec σοφός, sage.

Sourate. Verset du Coran. De l'arabe سورة *soûra*, prononcé *sourat* lorsque le mot est en connexion avec celui qui suit.

---

[1] *Journ. asiat.* août 1867, p. 185

SPAHI. Du persan سپاهی *sipāhī*, cavalier, soldat. C'est le même mot que *cipaye*.

SUCRE. Le sucre vient originairement de l'Inde, du Bengale, suivant l'opinion du géographe Karl Ritter; son nom est en sanscrit *çarkarā*, primitivement *grains de sable*, de la racine *çri*, briser. De là le mot est passé dans toutes les langues. Les Grecs en ont fait σάκχαρον, que les Latins ont transcrit *saccharum*. Les Arabes ont changé le premier *a* en *ou*, et ont dit سكّر *soukkar*. Ce changement se montre également dans les langues modernes de l'Europe : ital. *zucchero*, anglais *sugar*, allemand *zukker*, holland. *suiker*, danois *zukker*, hongrois *tzukur*, polonais *sukier*, etc. L'espagnol *azucar* et le portugais *açucar*, *assucar*, viennent directement de l'arabe, comme le montre la syllabe initiale qui représente l'article *as* pour *al*. Quant aux autres formes européennes, y compris notre mot *sucre*, je pencherais à croire qu'elles viennent de l'italien, et celui-ci a dû subir l'influence de l'arabe. N'oublions pas que le sucre n'a été vraiment connu en Europe que vers l'époque des croisades, et cela par l'intermédiaire des Arabes. Au XIIᵉ siècle, Gérard de Crémone, traduisant l'*Almansouri* de Razi, ne se sert point du terme latin *saccharum*; il traduit سكّر *soukkar* par *zuccarum*, et جلنجبين *djoulendjoubīn*, miel de roses, par *zuccarum rosatum*. *Zucchero* paraît être une combinaison du mot latin et du mot arabe.

M. Littré rattache à *sucre* le terme *sucrion* ou *soucrillon*, espèce d'orge, oubliant qu'au mot *escourgeon* (autre variété d'orge) il a donné, comme formes congénères, le normand *sugregeon* et les formes wallonnes *soucrion*, *soucorion*, *socouran*, *socoran*, en même temps que le bas latin *scario*. Évidemment, tout cela n'a aucun rapport avec *sucre*. J'ignore quelle est la vraie étymologie et s'il y a quelque rapport plus ou moins éloigné entre ces mots et l'arabe شعير *cha'ir*, orge [en hébreu, שְׂעֹרָה, שְׂעֹרִים *se'orah*, *se'orīm*, venant de *sa'ar*, poil (barbe des épis)][1].

Sultan. Esp. *soldan*, portug. *soldão*, ital. *soldano*, *sultano*, vieux franç. *soudan*. C'est l'arabe سلطان *soulṭān*. Quant à *Soudan*, nom d'une région de l'Afrique, il vient de سودان *soūdān*, les nègres africains (de اسود *asouad*, plur. *soūd*, noir.)

Sumac. Esp. *zumaque*, portug. *summagre*, ital. *sommaco*; en français, on trouve aussi *sumach* et *sommac* et même *sommail* dans un document de 1669[2]. C'est l'arabe سمّاق *soummāq*, même sens. Le *sumac*, cultivé particulièrement en Espagne pour les usages de la corroirie, produit des baies qu'on employait autrefois à l'assaisonnement des viandes. Cet usage existe encore en Égypte, car, dans un almanach du Caire pour l'année 1250 (1835-1836 de J. C.), je lis cette prescription des médecins, qu'il ne faut pas au printemps assaisonner les mets au vinaigre, au verjus ni au *sumac*, ما طبخ بالخل والحصرم والسماق, ce qui suppose que cet assaisonnement convient aux autres saisons de l'année. Razi dit: سماق عاقل للبطن دابغ للمعدة « le sumac resserre le ventre, prépare l'estomac[3]. »

Sumbul. « Plante ombellifère de la Perse, d'espèce in-

---

[1] On peut citer, à titre de curiosité, l'explication donnée par Jean Liebault, dans la *Maison rustique*, écrite au xvie siècle: « Secourgeon est une espèce de blé d'un grain fort maigre, ridé et chétif, semblable aucunement à l'orge, qu'on n'a accoustumé de semer en France, sinon en temps de famine, encores ès pays et contrées stériles et bien maigres, pour assoupir la faim des povres gens, plustost que pour les nourrir, aussi est-il dit des Français secourgeon, quasi des mots latins *succursus gentium*, secours des gens. » (Liv. V, ch. xvii, p. 643.)

[2] Dans Littré, *Dict.*

[3] Man. déjà cité, fol. 50 verso.

connue, dont on extrait une résine médicinale. » (Littré.)
L'arabe-persan سنبل *sounboul* désigne une espèce de la-
vande (*spica Nardus*) qu'on trouve dans l'Inde et qui fournit
le *nard indien* des pharmaciens. Razi donne le *sounboul*
comme excellent pour l'estomac et le foie[1].

Sumpit. Poisson du genre centrisque, qui habite la mer
des Indes. Du malais سمڤيت *soumpit,* étroit. Ces poissons
en effet sont caractérisés par un museau très-allongé et un
corps très-déprimé. Le *Dictionnaire malais* de l'abbé Favre
ne donne pas *soumpit* comme nom d'un poisson, mais seulement *sumpit-sumpit,* espèce de coquillage.

Sunnite. Musulman sectateur de la tradition. En arabe,
سنّى *sounnī,* adjectif formé sur سنّة *sounna,* règle, loi, recueil des paroles et actes de Mahomet, formant pour les
Sunnites un supplément au Coran.

<h1 style="text-align:center">T</h1>

Tabaschir ou **Tabaxir.** Concrétions siliceuses qui se forment aux nœuds d'une espèce de bambou, et qui étaient
autrefois employées en médecine. C'est l'arabe طباشير *ta-
bāchīr,* même sens. Ce mot signifie aussi *craie, chaux,
plâtre,* et il s'est appliqué autrefois spécialement à l'ivoire
calciné; nos alchimistes le prenaient en ce sens : « *Tabaisir* arabice est spodium », dit Martin Ruland[2].

Tabis. Sorte d'étoffe de soie. Esp. portug. et ital. *tabi.*
De l'arabe عتابى *'attābī.* dont la première syllabe, prise sans
doute pour l'article (*at,* au lieu de *al,* devant *t*), est tom-
bée dans toutes les langues romanes, mais se retrouve

---

[1] Man. déjà cité, fol. 5o recto.
[2] *Lexicon alchemiæ*, p. 461.

dans le bas latin *attabi*. Quant à l'arabe *'attābī*, c'était le nom d'un quartier de Bagdad où se fabriquait cette étoffe[1]. et ce nom venait du prince Attab. arrière petit-fils d'Omey-ya[2].

TAFFETAS. C'est sans doute le persan تفته *taftah* ou *tef-teh*, même signification, comme l'indiquait, il y a près de deux cents ans, le P. Ange de Saint-Joseph[3]: à moins que ce ne soit une simple onomatopée, reproduisant le bruit produit par le taffetas quand on l'agite (*taf taf*)[4].

TALC. Esp. *talco, talque*, portug. *talco*. En arabe, طلق *talq*. Je ne sais qui avait proposé l'étymologie allemande *talg*, suif, qu'on trouve mentionnée par Leman (*Dict. d'hist. nat.* t. XXXII, p. 378). Le mot طلق se rencontre dans l'alchimie de Géber, notamment au chapitre VII du IIe livre. « Talcum, vox esse Arabica creditur, significans stellulas micantes », dit Martin Ruland[5]. J'ignore à quelle expression arabe cette explication peut faire allusion.

TALISMAN. C'est l'arabe طلسم *telesm* ou *telsam*, qui représente le grec τέλεσμα. initiation. mystère.

TALMUD. Grand ouvrage qui contient un recueil des lois. traditions, coutumes des Juifs. En hébreu. תַּלְמוּד *talmoud*, instruction. du verbe לָמַד *lamad*, apprendre. forme *pih.* לִמַּד *limmad*, enseigner.

TAMARIN. Esp. et portug. *tamarindo*. ital. *tamarindi*; Ma-

---

[1] Defrémery, *Journ. asiat.* janvier 1862, p. 94.
[2] Dozy, *Gloss.* p. 343.
[3] *Clavis Gazophyl.* p. 6.
[4] Voy. Francisque Michel. *apud* Defrémery. *Mémoires d'hist. orientale.* p. 213.
[5] *Lexic. alchemiæ*. p. 462.

thiole et les anciens botanistes l'appellent *tamar indi*. Dans
un passage de Marco Polo cité par M. Littré, on lit *tamarandi* : «Si donnent aux marcheans à faire et à boire une
chose qui a nom *tamarandi*, qui leur fait aller hors ce
qu'ils ont au ventre.» En effet. le tamarin ou fruit du tamarinier a été souvent employé pour faire avec la casse
un liquide laxatif[1]. C'est l'arbre تمر هندى *tamr hindī*, datte
indienne. Le tamarinier n'est pas un dattier et n'offre aucune ressemblance avec un arbre de cette espèce: mais
son fruit est une gousse qu'on a pu comparer à la datte.
Le mot *tamr*, datte, se retrouve dans l'espagnol *tamaras*,
trochet de dattes.

TAMBOUR. Esp. *tambor*, *atambor*. portug. *tambor*, ital.
tamburo. On disait autrefois *tabour* ou *tabur* (comme aussi
tabourin au lieu de *tambourin*)[2]. M. Dozy repousse l'étymologie arabe طنبور *tonboūr*, proposée par Engelmann:
ce mot, au moyen âge, désignait. dit-il. une espèce de
lyre; et si les Barbaresques ont aujourd'hui un grand tambour appelé par eux *atambor*, c'est qu'ils l'ont emprunté
aux Espagnols[3]. Niebuhr dit en effet que, chez les Arabes,
tambura est le nom générique commun à tous les instruments à cordes. Mais il convient de remarquer que ces instruments à cordes ne sont pas sans analogie avec les tam-
bours et les timbales, car ils sont d'ordinaire formés d'un
corps creux sur lequel est tendue une peau. Niebuhr en
décrit quatre ou cinq de ce genre[4].

Sans combattre l'opinion de M. Dozy, on peut faire
observer que le persan a un autre mot تبير *tabīr*. dont le

---

[1] تمر هندى يسهل البطن *le tamarin relâche le ventre*, dit Razi. (Man. déjà
cité, fol. 51 verso.)

[2] Les formes *tabour*. *tabourin* existent encore en anglais, où l'on trouve
aussi *tabret* et *tabouret*.

[3] *Gloss.* p. 374, 375.

[4] *Voy. en Arabie*. éd. Smith. p. 219.

sens est bien *tambour, timbale*[1], et qui est assurément identique à notre *tabur, tabour* (on sait avec quelle facilité *i* et *u* (*ou*) se remplacent). Est-ce le persan qui est passé au français ou le français qui a pénétré en Orient? *Tabur* est bien ancien dans notre langue, puisqu'on le trouve déjà dans la chanson de Roland, qui est du xie siècle; mais il est bien ancien aussi en persan, puisqu'il se lit dans le *Chah-nameh,* dont l'auteur Firdouci est mort en l'an 1020 : تبيره زنان‌پيش بردند پيل (*Chrest. Schanam.* de Vullers, p. 58, vers 421).

Les formes *tambour,* طنبور *tonbour,* sont certainement des altérations de *tabour,* تبير *tabir.* Le persan a la voyelle *ou* dans تبوراك *taboūrāk,* tambourin, lequel est, suivant toute vraisemblance, un diminutif de تبور *taboūr,* dans lequel s'est glissé fautivement un ا *ā.* (Compar. ليلاك et ليلك : voy. au mot LILAS.)

TANDOUR. Sorte d'instrument de chauffage formé d'un réchaud qui est caché sous une table recouverte d'un tapis. C'est la prononciation turque du mot arabe-persan تنّور *tannoūr,* fourneau portatif, four. (Voy. ATHANOR.) Le réchaud ou *brasero* du tandour s'appelle aujourd'hui, à Constantinople, le *mangal,* ce qui représente le منقالجق *manqāldjiq* de Meninski.

TANZIMAT. «On nomme ainsi l'ensemble des réformes qui découlent du hatti-chérif donné en 1839 par le sultan Abdul-Medjid pour réorganiser l'administration.» (Bouillet, *Scienc.*) De l'arabe تنظيم *tandhīm,* mettre en ordre, dont les Turcs ont fait تنظيمت *tanzîmat.*

TARAXACUM ou TARAXACON. Nom attribué par les anciens

---

botanistes au pissenlit ou à la chicorée sauvage, d'où la famille des *taraxacées*. On lui a cherché une étymologie grecque : τάραξις, trouble, ἀκέομαι, guérir, c'est-à-dire plante calmante, ce qui n'a aucune raison d'être; d'autres disent de τάραξις et de ἀκή, pointe, à cause de l'inégalité des laciniures des feuilles. (Léman[1].) Ce qu'il y a de sûr, c'est que le mot (qui du reste ne figure ni dans les dictionnaires grecs ni dans les dictionnaires latins) se rencontre chez les écrivains orientaux. Freytag ne l'a point relevé, mais il est dans Richardson, طرخشقون, que ce lexicographe transcrit *tarkhashkūn* et traduit « wild endive ». J'ai vainement cherché ce طرخشقون dans la longue liste de drogues et de médicaments qui termine le grand ouvrage médical d'Al-Hoceini (man. sup. pers. n° 339); mais dans Razi on lit : الطرشقوق مثل الهندبا الا انة ابلغ « Le *tarachaqoūq* est semblable à la chicorée, mais plus efficace[2]. » Évidemment il faut lire طرشقون *tarachaqoūn*, et traduire *pissenlit* ou bien *chicorée sauvage*. Dans la *Synonymie arabolatine* de Gérard de Crémone on lit aussi « *Tarasacon*, species cicorei[3]. » Il ne faut pas oublier que Razi écrivait au xe siècle. Le *taraxacon* fait l'objet d'un chapitre dans l'Avicenne latin de Bâle (édit. de 1563, p. 312). mais cet article et une douzaine d'autres en tête de la lettre T, manquent dans l'édition arabe de Rome.

TARBOUCH. Sorte de bonnet rouge de fabrique tunisienne. Transcription de l'arabe طربوش *tarboūch*, qui est peut-être une altération du persan سرپوش *serpoūch*, couvre chef, de سر *ser*, tête, et de پوشیدن *poūchūden*, couvrir.

---

[1] *Dict. d'hist. nat.* t. XXXII, p. 464.

[2] Man. déjà cité, fol. 41 verso.

[3] La leçon طرخشقون, qui est assurément la meilleure, se lit dans le glossaire d'Ibn al-Hachcha sur l'ouvrage de Razi. (Voy. Dozy, *Gloss.* p. 166, au mot *almiron*.)

Tare. Esp. portug. ital. et provenç. *tara*; on trouve aussi dans l'ancien espagnol *atara*. C'est l'arabe طرحة *tarha*, venant du verbe طرح *tarah*, rejeter. La tare est « la partie des marchandises que l'on rejette, c'est-à-dire les barils, pots, etc.; le poids de ces barils, etc. que l'on déduit quand on pèse les marchandises. » (Dozy, *Gloss.* p. 313.) Un autre mot espagnol *merma*, qui a la même signification, *diminution*, *déchet*, vient du verbe رمى *rama*, jeter, étymologie, dit M. Dozy, qui confirme celle de *tare*. L'espagnol *mermar*, éprouver un déchet, a passé dans certains dialectes de nos provinces méridionales; dans le Quercy, *merma* ou *berma* signifie *diminuer*, *décroître*.

Targe. Il est admis que la forme espagnole et portugaise *adarga*, *adaraca* vient directement de l'arabe الدرقة *ad-daraca*, bouclier[1]; mais on attribue à *targe* et à l'italien *targa* une origine germanique.

Tartre. Esp. portug. ital. *tartaro*, lat. des alchim. *tartarum*; de l'arabe-persan درد, دردى *dourd*, *dourdi*, sédiment, dépôt, lie de l'huile, lie du vin, tartre. L'arabe درد *darad* se dit aussi du tartre ou de la carie des dents: l'adjectif ادرد *adrad* s'applique à celui qui a les dents cariées. Le mot nous est venu par les alchimistes, ce qui explique son altération. On peut en voir de bien plus extraordinaires au mot Alchimie. M. Littré cite un passage du *Glossaire* de Simon de Gênes où il est dit: « Tartar, arabice tartarum. » طرطير *tartir*, qui est dans Bocthor, et figure aussi dans la *Fabr. ling. arab.* manque dans Freytag et Richardson. Le *Gazophyl. ling. Pers.* écrit ترتير *tartir*. M. Dozy n'a pas noté *tartaro* dans son *Glossaire*.

Tarif. Esp. et portug. *tarifa*, ital. *tariffa*. Le mot est traduit dans Bocthor par تعريف *ta'rif*, qui est le nom d'action du verbe عرّف *'arraf*, faire connaître, publier. C'est là l'étymologie, indiquée déjà par le P. Ange de Saint-Joseph (1684)[1].

TASSE. Esp. *taza*, portug. *taça*, ital. *tazza*. De l'arabe طسّ *tass*, طسّة *tassa*, qu'on rapporte au persan تست *tast*, coupe.

TÉRÉNIABIN ou TRINGIBIN. Manne liquide de Perse. Dorvault (*Officine*) écrit *terniabin*: on trouve aussi *trunjibin*, *térenjubin*, *thérenjabin*, et même *trangebris*[2]. C'est l'arabe ترنجبين *terendjoubīn*, qui est le persan ترنكبين *terengoubīn*. Celui-ci est formé de انكبين *engoubīn*, miel, et de تر *ter*, dont le sens reste douteux pour moi; ce pourrait être l'adjectif qui signifie *humide, juteux*.

Une autre manne de Perse porte le nom de گزانکبين *gezengoubīn*, miel du گز *gez*, le gez (prononcez *guez*), espèce de tamarix, étant l'arbre qui la produit[3]. Par analogie on pourrait croire que تر *ter* est le nom de l'arbre qui donne le tringïbin. Mais les dictionnaires n'ont rien de pareil, et il ne saurait être ici question du تار *târ*, sorte de palmier qui produit la liqueur enivrante nommée *tari* تاری (le *toddy* des Anglais)[4]; car cet arbre ne produit pas de manne, et Garcias dit que le *trunjibin* qu'il a vu

---

[1] *Clavis Gazophyl.* p. 7.

[2] *Dictionn.* de Déterville, au mot *agul*. On peut voir encore sur le terendjabin une note de M. Defrémery. (*Mémoires d'hist. orientale*, p. 385-386.)

[3] Cet arbre porte en arabe le nom de طرفاء *tourfā*, dont les Espagnols ont fait *atarfa*. Razi dit que de ses racines se tire le *sikendjoubīn*, وان عمل من اصله السكنجبين (fol. 49 recto). Ce n'est pas là une manne, mais une liqueur (oxymel), de سك *sik*, vinaigre.

[4] On tirait autrefois du *tari* une espèce de sucre nommé *jagre*, mot qui paraît une altération du persan شكر *cheker*, sucre.

apporter à Bassora vient sur de petits buissons épineux assez semblables à nos genêts.

Thuban. Étoile de troisième grandeur dans la constellation du Dragon. C'est l'arabe نعبان *thou'bān*, dragon.

Tiber. Poudre d'or, dans le commerce africain. Les voyageurs écrivent aussi *tibbar, atibar*, « le *tibbar* ou l'or pur du Sennaar », écrit Bruce[1]. C'est l'arabe تبر *tibr*, même sens. La région africaine que nous nommons *Côte d'Or* est appelée par les Arabes بلاد التبر *belād at-tibr*, pays de la poudre d'or.

Timbale. Esp. *timbal, atambal, atabal*, portug. *timbale, atabale*, ital. *timballo, taballo*. De l'arabe طبل *ṭabl*, avec l'article *aṭ-ṭabl*, sorte de tambour. Il s'est glissé un *m* avant le *b*, comme dans *tabour* devenu *tambour*. Il est vraisemblable du reste que les formes *timbale, timbal, timballo*, ont subi l'influence du latin *tympanum* (τύμπανον). *Ṭabl* est d'origine persane. On trouve un pluriel grec ταϐαλα, « tambour, timbale dont les Parthes se servaient à la guerre[2]. »

Tincal ou **Tinkal.** Borax brut. Esp. *atincar*, portug. *atincal, tincal*. C'est l'arabe-persan تنكال *tinkāl*, ou تنكار *tinkār*[3] (en persan تنكار *tengār*). Le tincal nous vient principalement de l'Asie (Perse, Thibet, Inde). Il semble qu'une sorte de confusion se soit établie entre le *tinkār* et une autre substance appelée en arabe زنجار *zindjār*, en persan

---

[1] *Voy. en Nubie*, p. 99.
[2] Alexandre, *Dictionnaire grec-français*. L'auteur n'indique pas la source où le mot a été recueilli.
[3] تنكار *tinkār* est l'orthographe qu'on trouve dans l'alchimie de Géber, man. n° 1080 du suppl. arabe de la Bibl. nat. fol. 5 verso et *passim*.

زنگار *zengār* ou زنكار *jengār*. Celle-ci est le vert-de-gris ou
le vitriol vert. (Voy. *azagor*, au mot ALCHIMIE.) On traduit
volontiers ces deux termes par *chrysocolle*, mot qui désignait chez les anciens une substance verte assez mal définie, employée par les orfévres pour la soudure des matières d'or[1]. A l'article *ærugo aurifabrorum* de son *Lexicon
alchemiæ*, Martin Ruland dit : « Quidam hanc vocant *tinckar*
vel *boracem* arabice », et à la page suivante : « Arabes omnes
tales ærugines vocant generali nomine *zinckar*[2]. »

On ne comprendrait pas que le borax pût être confondu
avec le vert-de-gris, si l'on ne savait que le borax brut,
tel qu'on le tire de certains lacs de l'Asie, est coloré en
vert par des substances étrangères.

TOUG ou TOUC. Étendard turc fait d'une queue de cheval portée au bout d'une pique ou d'une perche. En turc
توغ *toūgh*.

TOMBAC. Alliage de cuivre et de zinc. Esp. *tumbaga*,
portug. *tumbaca*, ital. *tombacco*, arabe moderne تنباك *tanbāk*
(dans Bocthor). C'est le malais تمباك *tembāga*, cuivre, qui
est d'origine hindoue.

TOMAN. Monnaie de compte chez les Persans. « *Toman*
est un mot de la langue des Yusbecs (يوزبك *youzbeg*), qui
signifie dix mille. Les Tartares comptent leurs troupes par
dix mille comme nous faisons par régiments... ils dé-
notent la grandeur d'un prince par le nombre de *tomanes*
qu'il a sous sa puissance. » (Chardin[3].) Le mot tartare est

---

[1] « Aussi se treuve en plusieurs endroits d'icelle du verd ressemblant au
chrysocolla des anciens que nous appelons aujourd'huy *borras*. » (Bernard Palissy, *des Pierres*, édit. Cap, p. 286.)

[2] *Lexicon alchemiæ, sire dictionarium alchemisticum*, Francfort, 1612,
p. 14 et 15.

[3] *Voy. en Perse*, éd. Smith, p. 310. L'auteur ajoute que le toman, monnaie de compte, valait 10,000 deniers.

passé en arabe et en persan sous la forme تومان *toûmân*, avec le sens de dix mille. Marco Polo écrit *tomman*.

Toutenague. Alliage de zinc, de cuivre et de nickel. Portug. *tutenaga*. Silvestre de Sacy dit : « Le mot *toutenague* vient assurément de *toutîâ*, et peut-être est-ce un mot purement persan توتیاناك *toutîâ-nâk*, substance d'une nature analogue à la tutie[1]. » (Voy. plus loin Tutie.) Thévenot appelle la toutenague *tutunac*. (Voy. aux Indes orient. p. 140[2].) On trouve aussi *tintenague*.

Trépang ou Tripan. Holothurie comestible des mers de l'Inde, très-appréciée des Chinois. En malais تريڤغ *tripang*.

Turbith. Plante autrefois très-employée en médecine comme purgatif. Esp. *turbit*, lat. des botan. *turpethum*. C'est l'arabe-persan تربد *tourbed*, *tirbid*.

> Flemmata diffugiunt, si des medicamine *turbich*,

dit un poëme médical du moyen âge[3] ; ce qu'on peut regarder comme la traduction de cette phrase de Razi : تربد یسهل البلغم[4].

Le turbith minéral est un composé mercuriel sans doute ainsi nommé à cause de l'analogie de ses qualités purgatives avec celles de la plante.

Turc. En persan ترك *tourk*, nom appliqué aux peuples à peau blanche, à l'œil noir, qu'on a appelés aussi Tatars ou Tartares, en persan تتار *tatâr*. Chez les Persans, ترك

1 *Chrest. arab.* t. III, p. 464.
2 *Ibid.* t. III, p. 463.
3 Man. du xiiie siècle, ancien fonds latin n° 7058 de la Bibl. nat. fol. 70 verso.
4 Man. déjà cité, fol. 44 verso.

tourk s'est dit d'une *jeune beauté* (au masculin ou au féminin. Voy. l'explication de Meninski). *Turcoman* est le
persan توكمان *tourkoumān*. Sur la valeur des mots *turc* et
tatar comme noms de peuples, chez les écrivains arabes
et persans, voy. la *Biblioth. orient.* de d'Herbelot.

Tutie. Oxyde de zinc, substance dont les anciens médecins faisaient grand usage dans les maladies des yeux.
Esp. et portug. *tutia, atutia.* C'est l'arabe توتيا *toūtīā.*

On peut voir sur la tutie un long article de Silvestre
de Sacy, dans sa *Chrestomathie arabe,* t. III, p. 453 et
suiv. Razi n'a garde d'oublier ce médicament, excellent.
dit-il, pour renforcer l'œil, جيد لتقوية العين (man. déjà
cité, fol. 44 verso).

U

Uléma ou Ouléma. Docteur de la loi chez les musulmans.
Esp. *ulema.* C'est l'arabe علماء *'oulemā.* pluriel de عالم *'ālim*,
savant, qui sait.

Upas. Liane de l'archipel Indien, qui produit un suc
extrêmement vénéneux. Du malais اوڤس *oūpas* (javanais
ꦲꦸꦥꦱ꧀), poison extrait des végétaux. L'arbre que nos
livres d'histoire naturelle nomment *boun-upas* ou *bubon-
upas* est en malais ڤوهن اوڤس *pōhn* ou *pōhon-oūpas*, de *pōhn*,
arbre.

Urdu ou plutôt Ourdou. Dialecte moderne de la langue
des Hindous. Du turc اوردو *ordou*, camp. L'urdu a été ainsi
nommé (langage des camps), à la suite de l'invasion des
Mongols, qui modifia profondément le vocabulaire de la
langue du peuple conquis, en y introduisant un grand
nombre de mots arabes. persans et turcs. *Urdu* est identique avec notre *horde*.

Usnée. Genre de plante de la famille des lichens. Lat. des botan. *usnea.* Autrefois la médecine attribuait des vertus extraordinaires à l'*usnée humaine,* c'est-à-dire aux lichens qui poussaient sur les crânes des morts exposés à l'air, et spécialement des pendus. « Aujourd'hui, dit Bosc, on plaint l'ignorance et la barbarie de nos pères qui conservoient les cadavres exposés à l'air le plus grand nombre d'années possible, souvent uniquement pour avoir de l'*usnée*[1]. » « On ne paye plus 1,000 francs une once d'*usnée* ou prétendue *usnée humaine,* lorsqu'on peut avoir pour rien celle qui pousse sur les arbres de son parc[2]. »

Usnée est l'arabe-persan اشنة *ouchna,* mousse, lichen. Il en est parlé dans l'Almansouri de Razi, fol. 47 recto du manuscrit déjà cité.

V

Validé. Sultane *validé,* c'est-à-dire *sultane mère.* De l'arabe والدة *ouâlida,* fém. de *ouâlid,* qui a mis au monde. *Validé* est la prononciation turque.

Valise. Esp. *balija,* ital. *valigia,* bas lat. (xiii° siècle) *valisia.* On ne connaît aucune étymologie acceptable de ce mot (Diez repoussant l'allemand *felleisen*). Une valise est proprement un long sac de cuir. Le mot paraît avoir été employé, dans la langue commerciale, avec le sens de *ballot,* et le P. Germain de Silésie (1639) a fait de *valigia* un synonyme de *fardello.* C'est vraisemblablement le même mot que l'arabe وليخة *ouâliha,* « saccus frumentarius, cophinus magnus », et le persan وليچه *walitché,* grand sac. Mais ne connaissant ces mots que par Golius et Castell, j'ignore s'ils sont vraiment d'origine orientale ou s'ils n'ont pas été importés du Levant par le commerce italien.

[1] *Dict. d'hist. nat.* t. XXXV, p. 157.
[2] *Ibid.* t. XVII, p. 561.

VARAN. Sorte de lézard africain. Il est décrit et figuré dans le grand ouvrage de la commission de l'Institut d'Égypte, sous le nom de *ouaran*[1]. C'est une altération de l'arabe ورل *ouaral*. En Algérie on prononce *ouran*[2].

VÉRIN. Appareil à soulever les fardeaux, composé de deux vis placées dans le prolongement l'une de l'autre et engagées dans un même écrou qu'on peut faire tourner. On écrit aussi *verrain*. C'est assurément le même mot que l'italien *verrina*, l'espagnol *barrena*, le portugais *verruma*, tous mots signifiant *vrille*, *tarière*, et le bas latin *verinus*, vis. L'arabe a بريمة *barīma*, même sens[3]. Et ce dernier mot se rattache assez naturellement au verbe برم *baram*, tordre, d'autant mieux que *barīm* se dit d'un cordon obtenu en contournant ensemble en spirale deux brins de couleurs différentes. Cependant M. Dozy attribue à *barīma* une origine persane, et à nos formes romanes une origine indo-européenne[4].

Dans le dialecte quercynois, on dit *biroũ* et *birouno*, dans le sens de *vrille*, *tarière*, forme qui montre encore une fois la facilité du changement de *i* en *ou*.

VILAYET. Grande division territoriale en Turquie. C'est la prononciation turque de l'arabe ولاية *ouilāya*, pays, préfecture, province. (Voy. WALI.)

VISIR ou VIZIR. C'est l'arabe وزير *ouazīr*. (Voyez ALGUAZIL.)

---

[1] *Hist. nat.* t. Ier, 1re partie, p. 122.
[2] Voy. Cherbonneau, *Dict. fr.-ar.* au mot *lézard*.
[3] *Barīma* est remplacé en Algérie par برنينة *bernīna*. Voy. Cherbonneau, *Dict. fr.-ar.* à *vrille*.
[4] *Gloss.* p. 375. Le persan a بيرم *beiram*, *bīroum*, vrille.

W

WAHABITE. La secte musulmane des Wahabites tire son nom de son chef وهّاب *ouahhāb* (Mohammed ben Abd el-Ouahhab).

WALI ou VALI. Transcription de l'arabe والى *ouāli*, préfet, gouverneur, mot proche parent de ولاية *ouilāya*. (Voy. ci-dessus VILAYET.) Ces mots se rattachent au verbe ولى *ouala*, être préposé à, administrer.

WÉGA. Étoile de première grandeur, α de la Lyre. De l'arabe واقع *ouāqi*, tombant. (Voir au mot ALTAÏR.) C'est une plaisanterie que de chercher l'origine du nom d'une *étoile de première grandeur* dans celui d'un prétendu astronome autrichien[1]. Ce nom existait longtemps avant que l'Autriche produisît des astronomes.

Y

YATAGHAN ou ATAGHAN. Sorte de sabre turc, de forme concave. Du turc ياطاغان *yātāghān*, sorte de coutelas. (Voy. Pavet de Courteille. *Dict. du turk oriental.*)

YED. Nom d'une étoile de la constellation de Pégase. De l'arabe يد *yed*, main, bras, ainsi nommée à cause de sa position.

Z

ZAGAIE. Esp. *azagaya*, *azahaya*, portug. *azagaia*. Nos

---

[1] Comme on lit dans Bouillet, *Science.*

anciens écrivains disent *azagaye, archegaye, lance gaie*. C'est un mot berbère زغاية *zaḡāya*, adopté par les Arabes qui s'en servent encore dans le sens de *baïonnette*. Voy. les intéressants articles de M. Defrémery (*Journ. asiat.* janv. 1862, p. 89) et de M. Dozy (*Gloss.* p. 223).

Le mot paraît être descendu jusque dans le sud de l'Afrique : « Un grand nombre de Damaras et de Namaquas, armés d'*assagaïs* et de fusils, dit Anderson, étaient tout autour rangés en bataille. » (*Voy. dans l'Afrique australe* [1].)

Zaïm. Soldat turc dont le bénéfice militaire est un peu au-dessus de celui du *timariot*. (Littré.) De l'arabe زعيم *za'īm*, qui se dit de l'homme qui tient à vie un *ziamet*; le *ziamet*, زعامة est un bénéfice militaire dont le revenu minimum est de 2,000 aspres, mais peut s'élever beaucoup au-dessus, tandis que le *tīmār*, تيمار, ne peut dépasser 9,000 aspres. (Voy. Meninski, à زعامة et à تيمار.)

Zain. Esp. portug. ital. *zaino*, cheval d'une nuance uniforme, sans trace de blanc. En italien, *zaino* signifie encore une gibecière de berger faite d'une peau conservant son poil, et Antonini ajoute : « Zaino, forse detto da Daino, cambiando il *d* in *z*, quasi che del daino si facesse cotesto arnese. » Je ne cite cette hypothèse étymologique qu'à cause de l'origine très-incertaine du mot; car le changement de *d* initial en *z* est sans exemple en italien. M. Dozy (*Gloss.* p. 362) conjecture l'arabe أصمّ *aṣamm*, mot par lequel Bocthor traduit *zain*.

Zaouia. Établissement religieux où les docteurs de l'islamisme enseignent particulièrement la doctrine, la juris-

---

[1] Dans *le Tour du monde*, t. I⁽ᵉʳ⁾, p. 242.

prudence et la grammaire. (Cherbonneau, *Dict. fr.-ar.*) Transcription de l'arabe زاوية *zâwiya*, dont le sens propre est *angle, coin, cellule.*

ZÉDARON. Étoile α de Cassiopée, placée sur la poitrine. On la nomme aussi *schédir, schédar*. C'est l'arabe صدر *ṣadr*, poitrine (avec la nunnation *ṣadroun*), صدر ذات الكرسى *ṣadr dhat al-koursi*, la poitrine de la Femme assise. La Femme assise est le nom que les Arabes donnent à la constellation de Cassiopée, vulgairement nommée chez nous la Chaise.

ZÉDOAIRE. Esp. *cedoaria, zedoaria*, portug. *zeduaria*, ital. *zettovario*. Ce nom, que Bosc, j'ignore pourquoi, a transformé en *zédoaire*, s'applique à des plantes de l'Inde dont les racines, d'un goût âcre, d'une odeur agréable, rappelant celle du camphre mêlée à celle du laurier, étaient naguère fort employées en pharmacie comme un puissant sudorifique. C'est l'arabe-persan زدوار *zedwâr*, جدوار *djedwar*, ژدوار *jedwar*, que nos traducteurs d'ouvrages orientaux ont rendu par *zedwar, giedvar, guiduar, jedwar, jidwar, geiduar*, etc.

ZÉEN. Chêne zéen, espèce de chêne de l'Algérie, dit aussi chêne *zang*, dont le bois est remarquable par sa densité. (Littré.) De l'arabe زان *zân*, qui manque dans Freytag, mais qui est dans Richardson : «A tree whence bows and arrows are made», et que donne aussi M. Cherbonneau [1].

ZEKKAT. Impôt sur le revenu dans les pays musulmans et en particulier en Algérie. (Littré.) C'est, en arabe, زكاة

---

[1] *Dict. fr.-ar.* au mot *chêne.*

ou زكوة *zakā*, « Pars opum quam expendit aliquis ad reliquas purificandas » (Freytag), *aumône, impôt.*

ZÉNITH. Esp. et portug. *zenith*, ital. *zenit*. Corruption de l'arabe سمت *semt*, proprement *voie, chemin*, et chez les astronomes, *zénith*, par abréviation de سمت الرأس *semt erras*, la voie (au-dessus) de la tête[1]. Le point directement opposé de la sphère céleste, le nadir, est de même appelé سمت الرجل *semt er-ridjl*, la voie du pied. Le mot *zénith* paraît avoir été employé par les médecins dans un sens bien différent, comme on peut le voir dans ce passage de Gaspare de los Reyes, médecin du XVIIe siècle, connu pour sa grande érudition : « De sanguine menstruo illo potissimum primo qui a virginibus exit, quem appellant *zenith*[2]. »

ZÉRO. Étymologiquement, c'est le même mot que *chiffre*. (Voy. ce dernier.)

ZÉRUMBET. Esp. *zerumbet*. C'est une des plantes ou drogues comprises sous le nom de *zédoaire*. De l'arabe-persan زرنباد *zourounbād*. Razi dit qu'elle est utile contre la piqûre des reptiles et insectes, زرنباد ينفع من نهش الهوامّ [3], sans doute en sa qualité de puissant sudorifique. Bocthor écrit زرنبة (à *zédoaire*).

ZIL. Instrument de musique militaire, chez les Turcs, analogue aux cymbales. En turc. زل *zill*.

---

[1] A vrai dire, je ne crois pas que سمت *semt* ait jamais été employé seul dans le sens de zénith; cela eût fait confusion avec السمت *as-semt*, azimuth. Les astronomes arabes disent toujours *semt er-ras* ou, en employant le pluriel de *ras*, سمت الرؤوس *semt er-rouous*.

[2] *Elysius jucundarum quæstionum campus*, p. 669.

[3] Man. déjà cité, fol. 48 verso.

ZILCADÉ. ZILHAGÉ. Onzième et douzième mois de l'année musulmane, d'après l'orthographe adoptée par Montesquieu et les écrivains de son siècle pour transcrire l'arabe ذو القعدة *dhoū 'l-qa'da* et ذو الحجة *dhoū 'l-ḥidjdja*. Le premier de ces noms est formé de *dhoū*, possesseur, et de *al-qa'da*, le repos, l'espace occupé par une personne assise, parce que les Arabes s'abstenaient de guerroyer pendant ce mois. Le second est composé du même mot *dhoū* et de *al-ḥidjdja*, le pèlerinage; c'est en ce mois qu'on se rendait à la Mecque.

ZINZOLIN. « Couleur d'un violet rougeâtre. Esp. *cinzolino*, portug. *giangelina*; de l'arabe *djoldjolān*, semence du sésame dont on fait cette couleur. » (Littré.) S'il est vrai que le zinzolin s'obtienne du sésame, l'étymologie est toute naturelle: car l'arabe جلجلان *djoldjolān* a donné en français *gengéli* et *jugeoline*. (Voy. GENGÉLI.)

ZOUAVE. Ce nom a été pris de celui d'une confédération de tribus kabyles.

ZOUIDJA. Terme d'administration, en Algérie : étendue de terre que deux bœufs peuvent labourer dans la saison. (Cherbonneau, *Dict. fr.-ar.*) Transcription de l'arabe algérien زويجة *zouīdja*, qui se rattache à زوج *zawwadj*, former une paire.

ZUFAGAR. « Ton esprit est plus perçant que *Zufagar*, cette épée d'Ali, qui avait deux pointes. » (Montesquieu, *Lettres persanes* [1].) Altération de l'arabe ذو الفقار *dhoū 'l-fagār*. Voy. sur cette épée, donnée à Ali par Mahomet, D'Herbelot, *Bibl. orient.*

[1] Tome Ier, p. 55, de l'édit. André Lefèvre.

Zurna. « Instrument de musique des Turcs, qui, par sa forme et la qualité de ses sons, ressemble à notre hautbois. » (Bouillet, *Scienc.*) C'est le persan زرنا *zourna* ou سرنا *sournā*, aussi orthographié سرنى, où la dernière syllabe rappelle le mot نى *ney* ou ناى *nāy*, roseau, tuyau, flûte. Les Malais ont le même instrument sous le nom de سروني *saroûney*.

ADDITIONS.

Ballote. Chêne à glands comestibles des côtes d'Afrique, connu aussi sur la côte d'Espagne. En arabe, بلّوط *balloûṭ* (dans Avicenne). En persan, شاهبلّوط *châh-balloûṭ*, chêne du roi, se dit du châtaignier.

La germandrée officinale, vulgairement nommée *petit chêne*, à cause de la ressemblance de ses feuilles avec celles du chêne, porte en arabe le nom de بلّوط الارض *balloûṭ al-arḍh*, chêne terrestre. Chez nos botanistes, ballote, *ballota*, se dit ordinairement du marrube noir, qui est une labiée comme la germandrée. Ballote, بلّوط *balloûṭ*, représentent le grec βαλλωτή, qui ne se disait pas du chêne, mais seulement du marrube ou d'une plante de la même famille. Si *ballote*, labiée, a été pris du grec (par l'intermédiaire du latin *ballote*), il est certain que *ballote*, chêne, nous est venu des Arabes.

Dans la péninsule Hispanique, le mot arabe a donné l'espagnol *bellota* et le portugais *belota*, *bolota*, *boleta*, gland. *Bellote*, gros clou à tête, paraît aussi se rattacher à ces termes, par suite d'une certaine ressemblance avec un gland muni de sa cupule.

Béhémoth. Animal extraordinaire décrit dans le Livre de Job (ch. xl, 10 et seq.). C'est l'hébreu בְּהֵמוֹת *behemôth*, qu'on regarde comme le pluriel de בְּהֵמָה *behemath*, bête. « On doit entendre par ce nom-là, selon la Vulgate, un éléphant, lequel, à cause de la grandeur de son corps, en vaut plusieurs. » (Simon, *Dict. de la Bible*.)

Belzébuth. Divinité des Philistins. C'est, dans la Vulgate, *Beelzebub* (Reg. IV, 2 et seq.), qui est la transcription de l'hébreu זְבוּב בַּעַל *ba'al zeboūb*. *Zeboub*, en hébreu, signifie *mouche*, et on interprète le nom de cette divinité par *le prince des mouches*. Dans l'Évangile de saint Matthieu (cap. XII, v. 24), Belzébuth est qualifié de prince des démons; ici, quelques scholiastes lisent βεελζεϐούλ et interprètent *le prince de l'ordure*, d'un mot זְבוּל *zeboūl*, correspondant à l'arabe زبيل *zebīl*, fumier, ordure. (Voy. Brettschneider, *Lexicon Novi Testamenti*, Leipsig, 1840.)

Mescal. Instrument de musique en usage chez les Turcs, n'est autre chose qu'une espèce de flûte de Pan qui ne compte pas moins de vingt-trois tuyaux. (Bouillet, *Scienc.*) Transcription de l'arabe مثقال *mithqāl*, que les Turcs prononcent *mesqāl*. Le mot مثقال désigne le plus ordinairement un poids bien connu, le *miscal* ou *methcal* (valant 24 carats), en esp. *mitical*, portug. *matical, metical*, de la racine ثقل *thaqal*, peser. Mais c'est aussi, bien que Freytag n'en dise rien, le nom d'une espèce de flûte de Pan : «Aliquot fistulæ simul junctæ, quæ flatu oris inflantur», dit Meninski.

Pirogue. Ce mot océanien doit être rapproché du malais فراهو *prāho*, en javanais ꧋ꦥ� *prahou*, bateau. (Voy. **Prao.**)

Talapoin. «Les bonzes ou prêtres bouddhistes, à Siam, s'appellent *phra*, grands. Les Européens les ont appelés *talapoins*, probablement du nom de l'éventail qu'ils tiennent à la main, lequel s'appelle *talapat*, qui signifie *feuille de palmier*.» (Msgr Pallegoix. *Descript. du roy. Thai ou Siam*, 1854, t. II, p. 23.) Ce *talapat* est évidemment le même mot que le malais كلڤ *kelāpa*, en javanais ꦏꦭꦥ *ka-lapa*, noix de coco, cocotier. (Voy. CALAPITE.)

UBION. Genre de plantes voisin de l'igname. Lat. bot. *ubium*. Du malais اوبى *oūbi*, qui se dit de toute espèce de tubercules comestibles. Ce mot, généralement transcrit *ubi* ou *obi* dans les ouvrages français, est répandu dans tout l'archipel Indien et dans une grande partie de l'Océanie. Les Malais appellent la pomme de terre اوبى بڠݢال *oūbi benggāla*, obi du Bengale.

INDEX

DES MOTS EUROPÉENS.

Aduar, *esp.* voy. Douar.

Affion.

Afrite.

Aga.

Agabor, voy. Alchimie, 5.

Aguzzino, *ital.* voy. Argousin.

Aigrefin.

Ajonjoli, *esp.* voy. Gengéli.

Akharnar, voy. Achernar.

Alabari, voy. Alchimie, 17.

Alabega, *esp.* voy. Fabrègue.

Alabri, voy. Alchimie, 17.

Alacap, voy. Alchimie, 6.

Alahabar, voy. Alchimie, 17.

Alamac, voy. Astronomie, 3.

Alambar, *esp.* voy. Ambre.

Alambic.

Alambique, *esp.* voy. Alambic.

Alambre, *pg.* voy. Ambre.

Alancabuth.

Alastrob, voy. Alchimie, 7.

Alaude, *pg.* voy. Luth.

Alazan, *esp.* voy. Alezan.

Alazão, *pg.* voy. Alezan.

Alaurat, voy. Alchimie, 8.

Albafor, *pg.* voy. Alboucor.

Albahaca, *esp.* voy. Fabrègue.

Albara.

Albarazo, *esp.* voy. Albara.

Albarcoque, *esp.* voy. Abricot.

Albarda, *hisp.* voy. Barde.

Albardi, *valenc.* voy. Alvarde.

Albardin, *esp.* voy. Alvarde.

Albaricoque, *esp.* voy. Abricot.

Albarrada, *esp.* voy. Alcarraza.

Albarran, *esp.* voy. Bran.

Albatoza, *esp.* voy. Patache.

Albatros.

Albayalde, *esp.* voy. Abit.

Alberchigo, *esp.* voy. Abricot.

Albercocca, *ital.* voy. Abricot.

Albercocoli, *ital.* voy. Abricot.

Alberengena, *esp.* voy. Aubergine.

Albergaine, voy. Aubergine.

Albergame, voy. Aubergine.

Alberge, voy. Abricot.

Albergese, *ital.* voy. Abricot.

Albergine, voy. Aubergine.

Albernos, *pg.* voy. Burnous.

Albetoça, *pg.* voy. Patache.

Albicocca, *ital.* voy. Abricot.

Albondiga, *esp.* voy. Abricot.

Albor, voy. Alchimie, 9.

Albora, voy. Albara.

Albornia, *esp.* voy. Alchimie, 34.

Albornoz, *esp.* voy. Burnous.

Albotin.

Alboucor.

Albudeca, *esp.* voy. Pastèque.

Albudieca, *pg.* voy. Pastèque.

Alcabala, *esp.* voy. Gabelle.

Alcachofa, *esp.* voy. Artichaut.

Alcachofra, *pg.* voy. Artichaut.

Alcaçova, *pg.* voy. Casauba.

Alcade.

Alcaduz, *esp.* voy. Albatros.

Alcaide, *esp.* voy. Caïd.

Alcali.

Alcamor, voy. Alchimie, 10.

Alcamphor, *pg.* voy. Camphre.

Alcanfor, *esp.* voy. Camphre.

Alcanna, *ital.* voy. Henné.

Alcara, voy. Alchimie, 11.

Alcaravia, *esp.* voy. Carvi.

Alcarchofa, *esp.* voy. Artichaut.

Alcarraza.

Alcatrão, *pg.* voy. Goudron.

Alcatraz, *hisp.* voy. Albatros.

Alcatruz, *pg.* voy. Albatros.

Alcavala, *hisp.* voy. Gabelle.

Alcazaba, *esp.* voy. Casauba.

Alchabar, voy. Astronomie, 8.

Alchabor, voy. Astronomie, 8.

Alchabric, voy. Alchimie, 45.

Alchanna, *b. lat.* voy. Henné.

Alcheiri, voy. Cheiranthe.

Alchenna, *ital.* voy. Henné.

Alchimia, *pg. ital.* voy. Alchimie.

Alchimie.

Alchitot, voy. Astronomie, 31.

Alchocoden, voy. Alezan.

Alcimod, voy. Alchimie, 12.

Alcob, voy. Alchimie, 6.

Alcoba, *esp.* voy. Alcôve.

Alhabor, voy. Astronomie, 8.
Alhabos, voy. Astronomie, 32.
Alhadida, *esp.* voy. Alidade.
ALHAGÉES.
Alhagi, voy. Alhagées.
Alhaili, *esp.* voy. Cheiranthe.
ALHAIOT.
ALHANDAL.
Alhandega, *pg.* voy. Fonde.
Alhargama, *esp.* voy. Harmale.
Alharma, *esp.* voy. Harmale.
Alheli, *esp.* voy. Cheiranthe.
Alhenot, voy. Alchimie, 15.
Alheña, *esp.* voy. Henné.
Alhidada, *esp.* voy. Alidade.
Alhinde, *esp.* voy. Olinde.
Alhondiga, *esp.* voy. Fonde.
Alhonoch, voy. Alchimie, 15.
ALIBORON.
Aliborum, voy. Aliboron.
ALICATE.
Alidada, *esp.* voy. Alidade.
ALIDADE.
Aliémini, voy. Astronomie, 9.
Alilies, voy. Hallali.
Alinde, *esp.* voy. Olinde.
Alinzadir, voy. Alchimie, 20.
Aliocab, voy. Alchimie, 6.
ALIZARI.
Aljonjoli, *esp.* voy. Gengéli.
Aljuba, *hisp.* voy. Jupe.
Alkalap, voy. Alchimie, 16.
Alkana, voy. Orcanète.
Alkanet, voy. Orcanète.
Alkatranc. voy. Goudron.
ALKEKENGE.
Alkekengi, *pg.* voy. Alkekenge.
ALKERMÈS.
Alkibert, voy. Alchimie, 45.
Alkibic, voy. Alchimie, 45.
Alkibric, voy. Alchimie, 45.
Alkitran, voy. Goudron.
Alkohol, voy. Alcool.
Alkol, voy. Alcool.
Allabor, voy. Alchimie, 17.
ALLAH.
ALLÉLUIA.

Allenec, voy. Alchimie, 15.
Allocaph, voy. Alchimie, 6.
Allonoc, voy. Alchimie, 15.
Alludel, *esp.* voy. Aludel.
Allutel, voy. Aludel.
Alma, voy. Alchimie, 18.
Almacen, *esp.* voy. Magasin.
Almade, voy. Almadie.
Almadia, *hisp.* voy. Almadie.
ALMADIE.
Almadraba, *esp.* voy. Madrague.
Almadraque, *hisp.* voy. Matelas.
Almadrava, *pg.* voy. Madrague.
Almafil, voy. Marfil.
Almagacen, *esp.* voy. Magasin.
ALMAGESTE.
Almagesto, *esp.* voy. Almageste.
ALMAGRA.
Almagre, *esp.* voy. Almagra.
Almarcab, voy. Alchimie, 19.
Almarcat, voy. Alchimie, 19.
Almarcen, *esp.* voy. Magasin.
Almarchas, voy. Alchimie, 19.
Almarchat, voy. Alchimie, 19.
ALMARGEN.
Almartack, voy. Alchimie, 19.
Almartaga, *esp.* voy. Alchimie, 19.
Almatrac, *prov.* voy. Matelas.
Almatracum, *b. lat.* voy. Matelas.
Almatricium, *b. lat.* voy. Matelas.
Almazem, *pg.* voy. Magasin.
Almece, *esp.* voy. Alchimie, 42.
Almehan, voy. Astronomie, 35.
Almena, *esp.* voy. Almène.
Almenar, *esp.* voy. Minaret.
Almenara, *esp.* voy. Minaret.
ALMÈNE.
Almerzamonnagied, voy. Astron. 10.
Almetat, voy. Alchimie, 19.
Almézérion, voy. Mézéréon.
ALMICANTARAT.
Almidana, *esp.* voy. Méidan.
Almirage, *esp.* voy. Amiral.
Almiraglio. *ital.* voy. Amiral.
Almirante, *esp.* voy. Amiral.
Almisadir, voy. Alchimie, 20.
Almisadre, voy. Alchimie, 20.

Angrec.
Anil.
Añil, *esp.* voy. Anil.
Añir, *esp.* voy. Anil.
Annora, voy. Alchimie, 22.
Anore, voy. Alchimie, 22.
Anoria, *esp.* voy. Noria.
Añoria, *esp.* voy. Noria.
Anotasier, voy. Alchimie, 20.
Anoxadic, voy. Alchimie, 20.
Antaric, voy. Alchimie, 23.
Antarit, voy. Alchimie, 23.
Antérit, voy. Alchimie, 23.
Anthonor, voy. Athanor.
Anticar, voy. Alchimie, 24.
Antimoine.
Antimonium, *b. lat.* voy. Antimoine.
Arabe.
Arac, *esp.* voy. Arack.
Araca, *pg.* voy. Arack.
Arack.
Aramech, voy. Azimech.
Arancia, *ital.* voy. Orange.
Arancio, *ital.* voy. Orange.
Araque, *pg.* voy. Arack.
Araxat, voy. Alchimie, 25.
Arbricot, voy. Abricot.
Arcaduz, *esp.* voy. Albatros.
Archegaye, voy. Zagaie.
Ardeb.
Arfil, *esp.* voy. Fou.
Argali.
Argan.
Argane, voy. Argan.
Argel, *hisp.* voy. Arzel.
Argousin.
Arided, voy. Astronomie, 14.
Ἀριθμός, voy. Rame.
Arioph, voy. Astronomie, 14.
Arisph, voy. Astronomie, 14.
Armaga, *esp.* voy. Harmale.
Ἀρμαλα, voy. Harmale.
Armazem, *pg.* voy. Magasin.
Arquifoux, voy. Alquifoux.
Arrabil, *pg.* voy. Rebec.
Arracife, *esp.* voy. Récif.
Arraes, *pg.* voy. Réis.

Arraez, *esp.* voy. Réis.
Arrafiz, *esp.* voy. Artichaut.
Arrate, *esp.* voy. Arratel.
Arratel.
Arrecife, *esp.* voy. Artichaut.
Arrecife, *hisp.* voy. Récif.
Arrel, *esp.* voy. Arratel.
Arrelde, *esp.* voy. Arratel.
Arrezafe, *esp.* voy. Artichaut.
Arriscador, *esp.* voy. Risque.
Arrisco, *esp.* voy. Risque.
Arroba, *hisp.* voy. Arrobe.
Arrobe.
Arrobe, *pg.* voy. Rob.
Arrope, *esp.* voy. Rob.
Arsanail, voy. Arsenal.
Arsenal.
Ἀρσενικός, voy. Alchimie, 29.
Arsina, *langued.* voy. Arsenal.
Artichaut.
Articiocco, *ital.* voy. Artichaut.
Ἀρτυτικός, voy. Artichaut.
Arzel.
Arzena, *ital.* voy. Arsenal.
Arzenale, *ital.* voy. Arsenal.
Asagi, voy. Alchimie, 32.
Asangue, voy. Astronomie, 15.
Asani, voy. Patard.
Aschémie, voy. Astronomie, 16.
Aschère, voy. Astronomie, 17.
Ased, voy. Alchimie, 26.
Asesino, *esp.* voy. Assassin.
Asingar, voy. Alchimie, 27.
Aslani, voy. Patard.
Asoch, voy. Azoth.
Assaci, voy. Assassin.
Assagaïs, voy. Zagaie.
Assassi, *b. lat.* voy. Assassin.
Assassin.
Assassino, *pg.* voy. Assassin.
Assesini, *b. lat.* voy. Assassin.
Assogue.
Assucar, *pg.* voy. Sucre.
Astaroth.
Astarté, voy. Astaroth.
Asugar, voy. Alchimie, 27.
Asugia, voy. Astronomie, 18.

AZERBE.
AZEROLLE.
Azerolo, *pg.* voy. Azerolle.
Azevar, *pg.* voy. Azerbe.
Azevre, *pg.* voy. Azerbe.
Azimar, voy. Alchimie, 49.
AZIMECH.
Azimela, *pg.* voy. Smala.
AZIMUTH.
Azinhavre, *pg.* voy. Alchimie, 49.
Azob, voy. Alchimie, 33.
Azoc, voy. Azoth.
Azoch, voy. Azoth.
Azofar, voy. Alchimie, 47.
Azogue, *esp.* voy. Assogue.
Azolum, *b. lat.* voy. Azur.
Azorafa, *esp.* voy. Girafe.
AZOTH.
Azougue, *pg.* voy. Assogue.
Azub, voy. Alchimie, 33.
Azucar, *esp.* voy. Sucre.
Azul, *hisp.* voy. Azur.
AZUR.
Azura, *b. lat.* voy. Azur.
Azuric, voy. Jargon.
Azurro, *ital.* voy. Azur.
Azurrum, *b. lat.* voy. Azur.
Azzardo, *ital.* voy. Hasard.
Azzeruola, *ital.* voy. Azerolle.

BAAL.
Babironsa, voy. Babiroussa.
Babirosa, voy. Babiroussa.
BABIROUSSA.
BABOUCHE.
Babucha, *esp.* voy. Babouche.
BACBUC.
Baccoche, *ital.* voy. Abricot.
Bachich, voy. Bakchich.
BADAMIER.
Badana, *hisp.* voy. Basane.
Badea, *hisp.* voy. Pastèque.
Badeha, *hisp.* voy. Pastèque.
Badiana, *esp.* voy. Badiane.
BADIANE.
Baiac, voy. Abit.
BAIRAM.

BAKCHICH.
Balacchan, voy. Balais.
BALAIS (Rubis).
Balaja, *esp.* voy. Balais.
Balascio, *ital.* voy. Balais.
Balasse, voy. Alcarraza.
Balays, voy. Balais.
Balax, *hisp.* voy. Balais.
Balaxo, *esp.* voy. Balais.
Baldac, voy. Baldaquin.
Baldacchino, *ital.* voy. Baldaquin.
Baldaco, *ital.* voy. Baldaquin.
Baldakinus, *b. lat.* voy. Baldaquin.
Baldaqui, *esp.* voy. Baldaquin.
BALDAQUIN.
Baldekinius, *b. lat.* voy. Baldaquin.
Baldekinus, *b. lat.* voy. Baldaquin.
Balduquino, *esp.* voy. Baldaquin.
BALÉRON.
Balérong, voy. Baléron.
Balija, *esp.* voy. Valise.
Ballota, *lat. bot.* voy. Ballote.
BALLOTE. *Addit.*
Βαλλωτή, voy. Ballote.
Balsa, *b. lat.* voy. Balzan.
BALTADJI.
BALZAN.
Balzane, voy. Balzan.
BAMBOU.
Bango, *pg.* voy. Bangue.
BANGUE.
Baracane, *ital.* voy. Bouracan.
Baracanus, *b. lat.* voy. Bouracan.
BARAT.
Barbacana, *esp.* voy. Barbacane.
BARBACANE.
Barbacão, *pg.* voy. Barbacane.
Barbiroussa, voy. Babiroussa.
Βάρβιτος, voy. Berbeth.
Barbitus, *lat.* voy. Berbeth.
Barda, *ital.* voy. Barde.
Bardaque, voy. Alcarraza.
BARDE.
Barracanus, *b. lat.* voy. Bouracan.
Barragan, voy. Bouracan.
Barraz, voy. Raze.
Barregana, *pg.* voy. Bouracan.

Bostangi.
Botagra, *esp.* voy. Boutargue.
Boudjou.
Bougie.
Boun-upas, voy. Upas.
Bouracan.
Boutargue.
Boutarque, voy. Boutargue.
Bran ou Brane.
Bringella, *pg.* voy. Aubergine.
Brodequin.
Bubon-upas, voy. Upas.
Bugia, *esp.* voy. Bougie.
Bulbul.
Bulu, voy. Bambou.
Buna, voy. Café.
Bunchos, voy. Café.
Bunnu, voy. Café.
Burnous.
Busa, voy. Bosan.
Buttagra, *ital.* voy. Boutargue.
Butter, voy. Patard.

Caaba.
Cab.
Cabacius, *b. lat.* voy. Cabas.
Cabacus, *b. lat.* voy. Cabas.
Cabale.
Caballa, *ital.* voy. Gabelle.
Caban.
Cabas.
Cabassio, *b. lat.* voy. Cabas.
Cabaya, *pg.* voy. Caban.
Cabaz, *pg.* voy. Cabas.
Cabella, *ital.* voy. Gabelle.
Cacara, voy. Catiang.
Cacatoès.
Cacatois, voy. Cacatoès.
Caço, *pg.* voy. Casse.
Cadali, voy. Kadelée.
Cadelium, *lat. bot.* voy. Kadelée.
Cadi.
Cadie.
Cadilesker, voy. Cadi.
Cafard.
Café.
Cafess, voy. Cabas.

Cafre, *hisp.* voy. Cafard.
Caftan.
Caïd.
Caïmacan.
Caïque.
Caiulacca, voy. Laque.
Cajan, voy. Catiang.
Cajeput.
Cajou, voy. Cajeput.
Caju, voy. Cajeput.
Cakile.
Caladion.
Caladium, *lat. bot.* voy. Caladion.
Calafatare, *ital.* voy. Calfater.
Calafatear, *esp.* voy. Calfater.
Calafetar, *hisp.* voy. Calfater.
Calam.
Calambac.
Calambart, voy. Calambac.
Calambou, voy. Calambac.
Calambouc, voy. Calambac.
Calambour, voy. Calambac.
Calambourg, voy. Calambac.
Calant, voy. Chaland.
Calapite.
Calcatar, voy. Colcothar.
Calender.
Calfacter, voy. Calfater.
Calfaicter, voy. Calfater.
Calfater.
Calfeutrer, voy. Calfater.
Calibre.
Califa, *hisp. ital.* voy. Calife.
Calife.
Calioun.
Caliver, *angl.* voy. Calibre.
Calpak, voy. Colback.
Camar, voy. Alchimie, 10.
Came, voy. Kima.
Camocan.
Camocas, voy. Camocan.
Camphora, *b. lat.* voy. Camphre.
Camphre.
Canang.
Canari.
Canarium, *lat. bot.* voy. Canari.
Cande, *esp.* voy. Candi.

CHAGRIN.

CHAH.

Chahban, voy. Chaban.

CHALAND.

CHÂLE.

CHALEF.

Chalval, voy. Chewal.

Chama, *lat. bot.* voy. Kima.

CHAMPAC.

Chamsin, voy. Khamsin.

Chaoux, voy. Chiaoux.

Chara, voy. Alchimie, 36, et Astronomie, 22.

CHARABE, *pg.* voy. Carabé.

CHARABIA.

Chat-el-Arab, voy. Chott.

Chaube, voy. Café.

Chaveco, *pg.* voy. Chébec.

CHÉBEC.

CHÉBULE.

Cheik, voy. Cheikh.

CHEIKH.

CHEIRANTHE.

Cheiranthus, *lat. bot.* voy. Cheiranthe.

Cheiri, voy. Cheiranthe.

Chelub, voy. Algénib.

Chénib, voy. Algénib.

Chepula, *lat. bot.* voy. Chébule.

Cheramella, *pg.* voy. Carambolier.

Chéramelle, voy. Carambolier.

Chérembellier, voy. Carambolier.

CHÉRIF.

Cherivia, *pg.* voy. Carvi.

Chermelle, voy. Carambolier.

Chermes, *lat. bot.* voy. Kermès.

Chermisi, *ital.* voy. Cramoisi.

CHÉRUBIN.

Chervis, voy. Carvi.

CHEWAL.

CHIAOUX.

CHIBOUQUE.

Chico, *esp.* voy. Chicane.

Chiffe, voy. Chiffon.

CHIFFON.

Chiffone, *ital.* voy. Chiffon.

CHIFFRE.

CHIPER.

Choca, *pg.* voy. Chicane.

CHOTT.

Chrima, voy. Rusma.

Chrisma, voy. Rusma.

Chupa, *esp.* voy. Jupe.

CID.

Cifera, *ital.* voy. Chiffre.

Ciffre, voy. Chiffre.

Cifra, *hisp.* voy. Chiffre.

CIMETERRE.

Cimitarra, *hisp.* voy. Cimeterre.

Cimiterre, voy. Cimeterre.

CINNOR.

Cinzolino, *esp.* voy. Zinzolin.

CIPAYE.

Cipher, *angl.* voy. Chiffre.

Citracca, *ital.* voy. Cétérach.

CIVETTE.

Coheul, voy. Alcool.

COLBACH.

Colcotar, *esp.* voy. Colcothar.

COLCOTHAR.

COLOUGLI.

COR.

Coracora, *pg.* voy. Caraque.

Coran, voy. Alcoran.

CORGE.

Corocora, *pg.* voy. Caraque.

Corsak, voy. Fennec.

COS.

Coss, voy. Cos.

COTON.

Cotone, *ital.* voy. Coton.

Cottone, *ital.* voy. Coton.

Couchecousse, voy. Couscous.

COUFIQUE.

Coulicoys, voy. Coulilaban.

COULILABAN.

Couloghlou, voy. Colougli.

Coulougli, voy. Colougli.

COURBAN.

Courge, voy. Corge.

COUSCHITE.

Couscou, voy. Couscous.

COUSCOUS.

Couscoussou, voy. Couscous.

Edich, voy. Alchimie, 38.
Efendi.
Effendi, voy. Efendi.
Eissarop, *prov.* voy. Sirop.
Elémi.
Elgebar, voy. Astronomie, 4.
Elisire, *ital.* voy. Élixir.
Élixir.
Embelgi, voy. Emblic.
Emblic.
Emblicus, *b. lat.* voy. Emblic.
Emblique, voy. Emblic.
Émir.
Enif.
Enrocar, *esp.* voy. Roquer.
Enxabeque, *pg.* voy. Chébec.
Enxebe, *esp.* voy. Alchimie, 33.
Ephah, voy. Gomor.
Épinard.
Erraca, *esp.* voy. Arack.
Escafe, voy. Escarpin.
Escafignon, voy. Escarpin.
Escafiflon, voy. Escarpin.
Escafilon, voy. Escarpin.
Escafinon, voy. Escarpin.
Escapine, voy. Escarpin.
Escaques, *pg.* voy. Échecs.
Escarpim, *pg.* voy. Escarpin.
Escarpin.
Escas, voy. Échecs.
Escaupile, voy. Escarpin.
Esceques, voy. Cheikh.
Eschapin, voy. Escarpin.
Eschappin, voy. Escarpin.
Eschas, voy. Échecs.
Eschec, voy. Échecs.
Escoffier, voy. Escarpin.
Escoffraie, voy. Escarpin.
Espinaca, *esp.* voy. Épinard.
Espinace, voy. Épinard.
Espinafre, *pg.* voy. Épinard.
Espinard, voy. Épinard.
Espinoce, voy. Épinard.
Espinoche, voy. Épinard.
Essyrop, voy. Sirop.
Estragão, *pg.* voy. Estragon.
Estragon.

Etanin, voy. Astronomie, 33.
Eyalet.
Eyssiroc, *prov.* voy. Siroc.

Fabagelle, voy. Fabrègue.
Fabago, *lat. bot.* voy. Fabrègue.
Fabrègue.
Facardin, voy. Astronomie, 32.
Facchino, *ital.* voy. Fakir.
Fagara, voy. Fagarier.
Fagarier.
Fairy, *angl.* voy. Péri.
Fakir, voy. Faquir.
Falaca, *pg.* voy. Falaque.
Falaque.
Falca, *esp.* voy. Falque.
Falque.
Falua, *hisp.* voy. Felouque.
Faluca, *esp.* voy. Felouque.
Falucho, *esp.* voy. Felouque.
Fanega, *esp.* voy. Fanègue.
Fanègue.
Fanga, *pg.* voy. Fanègue.
Faquin, voy. Faquir.
Faquino, *pg.* voy. Faquir.
Faquir.
Farat, voy. Haras.
Farda, *pg.* voy. Hardes.
Fardaggio, *ital.* voy. Fardeau.
Farde.
Fardeau.
Fardel, *hisp.* voy. Fardeau.
Fardello, *ital.* voy. Fardeau.
Fardes, voy. Hardes.
Fardillo, *esp.* voy. Fardeau.
Fardo, *hisp.* voy. Fardeau.
Fargue, voy. Falque.
Farsange.
Fasdir, voy. Alchimie, 1.
Féci, voy. Fez.
Fellah.
Felouque.
Feluca, *ital.* voy. Felouque.
Fennec.
Fetfa.
Fetva, voy. Fetfa.
Fez.

Ghazel.
Ghiazzerino, *ital.* voy. Jaseran.
Giangelina, *pg.* voy. Zinzolin.
Giannetto, *ital.* voy. Genet.
Giaour.
Giara, *ital.* voy. Jarre.
Giarda, *ital.* voy. Jarde.
Giarro, *ital.* voy. Jarre.
Gibbar.
Gibet.
Giedvar, voy. Zédoaire.
Ginete, *hisp.* voy. Genet.
Gir, voy. Alchimie, 14.
Girafa, *hisp.* voy. Girafe.
Girafe.
Giraffa, *ital.* voy. Girafe.
Girafle, voy. Girafe.
Girbe.
Giubette, *ital.* voy. Gibet.
Giubetto, *ital.* voy. Gibet.
Giulebbe, *ital.* voy. Julep.
Giulebbo, *ital.* voy. Julep.
Giuppa, *ital.* voy. Jupe.
Γλάβος, voy. Grèbe.
Gnacare, voy. Nacaire.
Gnaccare. *ital.* voy. Nacaire.
Golgotha.
Γολγοθᾶ. voy. Golgotha.
Gomor.
Γομόρ, voy. Gomor.
Gomuti ou Gomito.
Gong.
Gonne, voy. Dame-jeanne.
Goramy, voy. Gourame.
Goudran, voy. Goudron.
Goudron.
Gouldran, voy. Goudron.
Goule.
Goultran, voy. Goudron.
Goum.
Goura.
Gourame.
Gourami, voy. Gourame.
Gouramier, voy. Gourame.
Gourbi.
Gourbil, voy. Gourbi.
Gourgandine.

Gourmand.
Grabeau, voy. Grabeler.
Grabeler.
Grèbe.
Guadamaci, *esp.* voy. Gamache.
Guadamecim, *pg.* voy. Gamache.
Guarismo, *esp.* voy. Algorithme.
Guèbre.
Guède, voy. Alizari, *note.*
Guiduar, voy. Zédoaire.
Gumileme, *pg.* voy. Elémi.
Gutta-percha.
Gutte (Gomme-).

Ζαραβοτάνα, voy. Sarbacane.

Habalzélin, voy. Habzéli.
Habaziz, voy. Habzéli.
Habbaziz, voy. Habzéli.
Habe, voy. Caban.
Habelassis, voy. Habzéli.
Habelzélin, voy. Habzéli.
Habzéli.
Hachich.
Hadid, voy. Alchimie, 38.
Hadji.
Hager, voy. Alchimie, 28.
Haje.
Hallali.
Han, voy. Khan.
Hanifite.
Haracium, *b. lat.* voy. Haras.
Haras.
Hardes.
Harem.
Haren, *esp.* voy. Harem.
Haret.
Harma, *esp.* voy. Harmale.
Harmaga, *esp.* voy. Harmale.
Harmala, *lat.* voy. Harmale.
Harmale.
Harmula, *lat.* voy. Harmale.
Harret, voy. Haret.
Hasard.
Hatti-chérif.
Hebbe, voy. Helbe.
Hegira, *esp.* voy. Hégire.

KANCHIL.
Κάρεον, voy. Carvi.
Κάρον, voy. Carvi.
Karratus, b. lat. voy. Carat.
Kasdir, voy. Alchimie, 1.
Κασύθη, voy. Cuscute.
Κασύτας, voy. Cuscute.
KAVA.
Kazdir, voy. Alchimie, 1.
KAZINE.
Kebulus, b. lat. voy. Chébule.
Keiri, voy. Cheiranthe.
Κεράτιον, voy. Carat.
KERMÈS.
KETMIE.
Ketnice, voy. Ketmie.
Κῆτος, voy. Astronomie, 20.
KHAMSIN.
KHAN.
Khandjar, voy. Alfange.
Khanjar, voy. Alfange.
Kharadj, voy. Caratch.
KHARBÉGA.
KHÉDIVE.
KIBLA ou KIBLAT.
Kibrit, voy. Alchimie, 45.
Kibrith, voy. Alchimie, 45.
KIMA.
Kinnor, voy. Cinnor.
KIOSQUE.
Κιταράκ, voy. Cétérach.
Κόρος, voy. Cor.
Kubbe, voy. Alcôve.
KURTCHIS.
Kymenna, voy. Cuine.

Lacca, ital. voy. Laque.
Lacre, hisp. voy. Laque.
Λαζούριον, voy. Azur.
Lambico, ital. voy. Alambic.
Lambique, pg. voy. Alambic.
LAMPOUJANE.
Lance gaie, voy. Zagaie.
LANGIT.
Lanquas, voy. Galanga.
LANTARD.
LAQUE.

Laranja, pg. voy. Orange.
LASCAR.
Laud, esp. voy. Luth.
Lazarino, ital. voy. Azerolle.
Lazuli (Lapis-), voy. Azur.
Lazulum, b. lat. voy. Azur.
Lazur, b. lat. voy. Azur.
Lazurius, b. lat. voy. Azur.
Lazzarolo, ital. voy. Azerolle.
Lazzeruola, ital. voy. Azerolle.
LEBBECK.
Lelilies, esp. voy. Hallali.
LÉVIATHAN.
Λιβάνος, voy. Oliban.
Lilac, esp. voy. Lilas.
LILAS.
Lilazaro, pg. voy. Lilas.
Lima, hisp. voy. Limon.
Limão, pg. voy. Limon.
Lime, voy. Limon.
LIMON.
Limone, ital. voy. Limon.
Liquidambar, voy. Ambre.
LISME.
Liuto, ital. voy. Luth.
LOG.
Lonlarus, lat. bot. voy. Lantard.
LOOCH.
LORI.
LUTH.

Macabes, esp. voy. Macabre.
MACABRE (Danse).
Macaleb, voy. Mahaleb.
Macalep, voy. Mahaleb.
MÂCHE.
Macholeb, voy. Mahaleb.
MADRAGUE.
Magacen, esp. voy. Magasin.
MAGASIN.
Magazzino, ital. voy. Magasin.
Magreb, voy. Garbin.
MAHALEB.
MAHARI.
Maharram, voy. Moharrem.
MAHOMÉTAN.
Mahona, esp. voy. Mahonne.

Meschita, *ital.* voy. Mosquée.
Mesgue, voy. Alchimie, 42.
Mèsi, voy. Alchimie, 42.
MESQUIN.
Mesquinho, *pg.* voy. Mesquin.
Mesquita, *pg.* voy. Mosquée.
Mest, voy. Alchimie, 42.
Mestech, *catal.* voy. Mistique.
MÉTEL.
Metelle, voy. Métel.
Methcal, voy. Mescal.
Méthel, voy. Métel.
Metical, *pg.* voy. Mescal.
MÉZÉRÉON.
Mézérion, voy. Mézéréon.
Mezquino, *esp.* voy. Mesquin.
Mezquita, *esp.* voy. Mosquée.
MILS.
MINARET.
Minarete, *esp.* voy. Minaret.
Mino, voy. Mainate.
MIRAMOLIN.
Mire, voy. Marfil.
Mirmumnus, *b. lat.* voy. Miramolin.
MIRZA.
Misadir, voy. Alchimie, 20.
Misal, voy. Alchimie, 42.
MISCHNA.
Mistic, voy. Mistique.
Mistico, *esp.* voy. Mistique.
MISTIQUE.
Mitical, *esp.* voy. Mescal.
Mixadir, voy. Alchimie, 20.
Mrž, voy. Almène.
MOBED.
Mocajardo, *ital.* voy. Moire.
Modium, *lat.* voy. Almude.
Mofatra, *pg.* voy. Mohatra.
Mohair, *angl.* voy. Moire.
MOHARREM.
MOHATRA.
MOIRE.
MOISE.
Moisine, voy. Moise.
MOKA.
Moli, voy. Harmale.
MOLLAH.

Mollita, *esp.* voy. Musulman.
MOLOCH.
Momia, *hisp.* voy. Momie.
MOMIE.
Monção, *pg.* voy. Mousson.
Monson, voy. Mousson.
Monzon, *esp.* voy. Mousson.
Morabito, *esp.* voy. Marabout.
Morfil, voy. Marfil.
Moringa, *lat. bot.* voy. Moringe.
MORINGE.
Moringha, voy. Moringe.
MORTAISE.
Mortaja, *esp.* voy. Mortaise.
Morunga, voy. Moringe.
Morungu, voy. Moringe.
Mosca, *ital.* voy. Mosquée.
Moslemita, *esp.* voy. Musulman.
MOSQUÉE.
Mosulin, voy. Mousseline.
Μόσχος, voy. Musc.
Mouaire, voy. Moire.
MOUCRE.
MOUSSELIN.
MOUSSELINE.
MOUSSON.
MOZARABE.
Mozzetta, *ital.* voy. Aumusse.
Mucajardo, *ital.* voy. Moire.
Muchachim, *pg.* voy. Matassins.
MUEZZIN.
MUFTI.
Muharrem, voy. Moharrem.
Mulato, *hisp.* voy. Mulâtre.
MULÂTRE.
Muley, voy. Mollah.
Mumia, *pg.* voy. Momie.
Mumie, voy. Momie.
Mummia, *ital.* voy. Momie.
MUPHTI.
Murça, *pg.* voy. Aumusse.
Muri, voy. Astronomie, 36.
Murselina, *pg.* voy. Mousseline.
Musa, *lat. bot.* voy. Musacées.
Musa, *esp.* voy. Moise.
MUSACÉES.
Musadir, voy. Alchimie, 20.

Olibane, voy. Oliban.
Olibano, *hisp.* voy. Oliban.
Olibanum, *b. lat.* voy. Oliban.
OLINDE.
Olmafi, voy. Marfil.
Ὄπιον, voy. Affion.
Oque, voy. Ocque.
Orafle, voy. Girafe.
ORANGE.
ORANG-OUTAN.
ORCANÈTE.
Orchanet, voy. Orcanète.
Orenge, voy. Orange.
Orraca. *pg.* voy. Arack.
OTTOMANE.
Ouaran, voy. Varan.
Οὐγκία, voy. Ocque.
Oulad, voy. Béni.
Ouléma, voy. Uléma.
Ourdou, voy. Urdu.
Overo, *esp.* voy. Aubère.

Pactac, voy. Patard.
Padichah, voy. Chah.
PAGODE.
PANDANUS.
Πάνδοκος, voy. Fonde.
Πανδοχεῖον, voy. Fonde.
Πάνδοχος, voy. Fonde.
PANGOLIN.
Pantoum, voy. Pantoun.
PANTOUN.
Papagaio, *pg.* voy. Papegai.
Papagallo, *ital.* voy. Papegai.
Papagayo, *esp.* voy. Papegai.
Papagey, *allem.* voy. Papegai.
PAPEGAI.
Papegault, voy. Papegai.
Papegaut, voy. Papegai.
PAPOU.
Pappagallo, *ital.* voy. Papegai.
Papuga, *pol.* voy. Papegai.
PÂQUES.
PARA.
Παρασάγγης, voy. Farsange.
PARSIS.
Pasan, voy. Bézoard.

Pascha, *lat.* voy. Pâques.
Paseng, voy. Bézoard.
Pastar, voy. Patard.
PASTÈQUE.
Pataca, *hisp.* voy. Patard.
Patacão, *pg.* voy. Patard.
Patacca, *ital.* voy. Patard.
Patacchia, *ital.* voy. Patache.
Patacchio, *ital.* voy. Patache.
Patacco, *ital.* voy. Patard.
PATACHE.
Patacho, *pg.* voy. Patache.
Patacon, *esp.* voy. Patard.
Patacus, *b. lat.* voy. Patard.
Patagio, *ital.* voy. Patache.
Patagon, voy. Patard.
Pataque, voy. Patard.
PATARD.
Patardus, *b. lat.* voy. Patard.
Patart, voy. Patard.
Patarus, *b. lat.* voy. Patard.
Patascia, *ital.* voy. Patard.
Patassa, *ital.* voy. Patache.
Pataxo, *pg.* voy. Patache.
Pateca, *pg.* voy. Pastèque.
Pazain, voy. Bézoard.
Penide, voy. Alphénic.
Penidium, *b. lat.* voy. Alphénic.
Percha, voy. Gutta-percha.
PÉRI.
Πηνίον, voy. Alphénic.
Phéci, voy. Fez.
PILAU.
PIROGUE. *Addit.*
POTIRON.
Poutargue, voy. Boutargue.
Praecox, *lat.* voy. Abricot.
Πραικόκκιον, voy. Abricot.
PRAO.
Pro, voy. Prao.
PUNCH.
PURIM.

Quarne, voy. Carme.
Querne, voy. Carme.
Québrit, voy. Alchimie, 45.
Quebula, *lat. bot.* voy. Chébule.

Rock.
Romaine.
Romana, *hisp.* voy. Romaine.
Romano, *ital.* voy. Romaine.
Romman, voy. Romaine.
Roque, *hisp.* voy. Roquer.
Roquer.
Rotang, voy. Rotin.
Rotin.
Roumano, *lang.* voy. Romaine.
Roumô, *lang.* voy. Romaine.
Roupie.
Ruc, voy. Rock.
Rusma.
Ryott, voy. Raïat.

Sabaoth.
Sabbat.
Saccharum, *lat.* voy. Sucre.
Sacre.
Σάκχαρον, voy. Sucre.
Sadder.
Safar.
Safena, *pg.* voy. Saphène.
Saffre, voy. Safre.
Safina, *esp.* voy. Saphène.
Safleur, voy. Safran.
Saflor, voy. Safran.
Safran.
Safre.
Sagou.
Sagus, *lat. bot.* voy. Sagou.
Saïque.
Salamalec.
Salep.
Salepo, *pg.* voy. Salep.
Sambac.
Sambach, voy. Sambac.
Sampac, voy. Champac.
Sandal.
Sandalo, *hisp. ital.* voy. Sandal.
Sangiac.
Sanna, *ital.* voy. Morfil.
Sanneterre, voy. Cimeterre.
Sansal.
Santal, voy. Sandal.
Σανταλον, voy. Sandal.

Sapan.
Saphar, voy. Safar.
Saphène.
Saphre, voy. Safre.
Sappan, voy. Sapan.
Sarabatana, *pg.* voy. Sarbacane.
Saragousti.
Sarangousti, voy. Saragousti.
Saravatana, *pg.* voy. Sarbacane.
Sarbacane.
Sarbatane, voy. Sarbacane.
Sarraglio, *ital.* voy. Sérail.
Sarrail, voy. Sérail.
Sasdir, voy. Alchimie, 1.
Satan.
Satin.
Σαφήνης, voy. Saphène.
Scacatus, *b. lat.* voy. Échecs.
Scacchi, *ital.* voy. Échecs.
Scaccomatto, *ital.* voy. Échecs.
Scaffones, *b. lat.* voy. Escarpin.
Scappino, *ital.* voy. Escarpin.
Scario, voy. Sucre.
Scarpa, *ital.* voy. Escarpin.
Scarpino, *ital.* voy. Escarpin.
Scead, voy. Scheat.
Scera, voy. Astronomie, 22.
Schah, voy. Chah.
Scheat.
Schédar, voy. Zédaron.
Schédir, voy. Zédaron.
Scheikh, voy. Cheikh.
Scheva.
Schibboleth.
Schiite.
Schuh, *all.* voy. Escarpin.
Sciabecco, *ital.* voy. Chébec.
Scilocco, *ital.* voy. Siroc.
Sciloppo, *ital.* voy. Sirop.
Scimitarra, *ital.* voy. Cimeterre.
Scirocco, *ital.* voy. Siroc.
Sciroppo, *ital.* voy. Sirop.
Sciruppus, *b. lat.* voy. Sirop.
Scofoni, *b. lat.* voy. Escarpin.
Scuffones, *b. lat.* voy. Escarpin.
Sébeste.
Sebesten, voy. Sébeste.

Sumach, voy. Sumac.
Sumbul.
Summagre, *pg.* voy. Sumac.
Sumpit.
Sunnite.
Suradain, voy. Astronomie, 38.
Συρικόν, voy. Jargon.
Surrapa, *pg.* voy. Sirop.
Surmeh, voy. Alcool, *note* 2.
Syricum, *lat.* voy. Jargon.
Syrupus, *b. lat.* voy. Sirop.

Tabaisir, voy. Tabaschir.
Taballo, *ital.* voy. Timbale.
Tabaschir.
Tabaxir, voy. Tabaschir.
Tabi, *hisp. ital.* voy. Tabis.
Tabis.
Tabour, voy. Tambour.
Tabur, voy. Tambour.
Taça, *pg.* voy. Tasse.
Taffetas.
Tafilete, *esp.* voy. Filali.
Talapoin. *Addit.*
Talc.
Talco, *hisp.* voy. Talc.
Talg, *all.* voy. Talc.
Talisman.
Talmud.
Talpack, voy. Colback.
Talque, *esp.* voy. Talc.
Tamarandi, voy. Tamarin.
Tamaras, *esp.* voy. Tamarin.
Tamarin.
Tamarindi, *ital.* voy. Tamarin.
Tamarindo, *hisp.* voy. Tamarin.
Tambaca, *pg.* voy. Tombac.
Tambor, *hisp.* voy. Tambour.
Tambour.
Tambura, voy. Tambour.
Tamburo, *ital.* voy. Tambour.
Tandour.
Tanzimat.
Tara, *hisp. ital.* voy. Tare.
Taragona, *esp.* voy. Estragon.
Τάραξις, voy. Taraxacum.
Tarasacon, voy. Taraxacum.

Taraxacées, voy. Taraxacum.
Taraxacon, voy. Taraxacum.
Taraxacum.
Tarbouch.
Tarchon, voy. Estragon.
Tarchonante, voy. Estragon.
Tarchonanthus, *lat. bot.* voy. Estragon.
Tarcon, voy. Estragon.
Tare.
Targa, *ital.* voy. Targe.
Targe.
Targone, *ital.* voy. Estragon.
Targum, voy. Drogman.
Tari, voy. Téréniabin.
Tarif.
Tarifa, *hisp.* voy. Tarif.
Tariffa, *ital.* voy. Tarif.
Τάριχος, voy. Boutargue.
Τάριχον, voy. Boutargue.
Ταρκάσιον, voy. Carquois.
Tarquais, voy. Carquois.
Tartar, voy. Tartre.
Tartaro, *hisp. ital.* voy. Tartre.
Tartarum, *b. lat.* voy. Tartre.
Tartre.
Tasse.
Tatar, voy. Turc.
Tatule, voy. Métel.
Taza, *esp.* voy. Tasse.
Tazza, *ital.* voy. Tasse.
Τέλεσμα, voy. Talisman.
Téréniabin.
Térenjubin, voy. Téréniabin.
Terniabin, voy. Téréniabin.
Τζίφρα, voy. Chiffre.
Τζυκανίζειν, voy. Chicane.
Τζυκάνιον, voy. Chicane.
Thérenjabin, voy. Téréniabin.
Thuban.
Tibbar, voy. Tiber.
Tiber.
Timariot, voy. Zaïm.
Timbal, *esp.* voy. Timbale.
Timbale.
Timballo, *ital.* voy. Timbale.
Tincal.

Xir, voy. Élixir.
Xirque, *esp.* voy. Siroc.
Χρῖσμα, voy. Rusma.
Χυμία, voy. Alchimie.

Yataghan.
Yed.
Yseloc, voy. Siroc.
Ysir, voy. Élixir.
Ysserop, voy. Sirop.
Yxir, voy. Élixir.

Zaffera, *ital.* voy. Safre.
Zafferano, *ital.* voy. Safran.
Zafre, *esp.* voy. Safre.
Zagaie.
Zaibac, voy. Alchimie, 3.
Zaibach, voy. Alchimie, 3.
Zaibar, voy. Alchimie, 3.
Zaïm.
Zain.
Zaino, *hisp. ital.* voy. Zain.
Zalacca, voy. Rotin.
Zambach, voy. Sambac.
Zambecco, *ital.* voy. Chébec.
Zanna, *ital.* voy. Marfil.
Zang, voy. Zéen.
Zaouia.
Zara, *ital.* voy. Hasard.
Zarbatana, *esp.* voy. Sarbacane.
Zarcão, *pg.* voy. Jargon.
Zarfa, voy. Alchimie, 47.
Zarne, voy. Alchimie, 29.
Zarnec, voy. Alchimie, 29.
Zarnich, voy. Alchimie, 29.
Zarquão, *pg.* voy. Jargon.
Zarra, *pg.* voy. Jarre.
Zebd, voy. Alchimie, 50.
Zebeb, voy. Alchimie, 48.
Zecca, *ital.* voy. Sequin.
Zecchino, *ital.* voy. Sequin.
Zédaron.
Zédoaire.
Zedoaria, *esp.* voy. Zédoaire.
Zeduaria, *pg.* voy. Zédoaire.
Zedvar, voy. Zédoaire.

Zéen.
Zefiro, *ital.* voy. Chiffre.
Zegi, voy. Alchimie, 32.
Zekkat.
Zenit, *ital.* voy. Zénith.
Zénith.
Zenzifur, voy. Alchimie, 49.
Zéodaire, voy. Zédoaire.
Zephyrum, *b. lat.* voy. Chiffre.
Zéro.
Zérumbet.
Zet, voy. Alchimie, 32.
Zettovario, *ital.* voy. Zédoaire.
Zezi, voy. Alchimie, 32.
Ziamet, voy. Zaïm.
Zibatum, voy. Alchimie, 3.
Zibet, voy. Civette.
Zibeth, voy. Civette.
Zibetto, *ital.* voy. Civette.
Zil.
Zilcadé.
Zilhagé, voy. Zilcadé.
Zinckar, voy. Tincal.
Zingar, voy. Alchimie, 27.
Zingifur, voy. Alchimie, 49.
Ziniar, voy. Alchimie, 27.
Zinzolin.
Zirbo, *pg. ital.* voy. Girbe.
Zircon, voy. Jargon.
Zirgelin, *pg.* voy. Gengeli.
Zmala, voy. Smala.
Zouave.
Zouidja.
Zub, voy. Alchimie, 50.
Zubd, voy. Alchimie, 50.
Zubenel, voy. Astronomie, 29 et 30.
Zuccarum, *b. lat.* voy. Sucre.
Zucchero, *ital.* voy. Sucre.
Zufagar.
Zukker, *dan. all.* voy. Sucre.
Zumaque, *esp.* voy. Sumac.
Zurappa, *pg.* voy. Sirop.
Zurna.
Zurumbet, *esp.* voy. Zérumbet.
Zynfer, voy. Alchimie, 49.

INDEX

DES

MOTS ARABES, PERSANS, TURCS, MALAIS ET HÉBREUX.

N. B. Les mots arabes ne sont pas rangés par racines, mais placés à leur ordre alphabétique avec les termes persans, turcs et malais. Ceux-ci sont accompagnés de l'indication de leur nationalité : *pers., turc* ou *t., mal.* Pour ne pas faire un index particulier des mots hébreux, on les a intercalés ici, suivant l'ordre marqué dans le tableau du système de transcription. (Voy. à la suite de la préface.)

Nous n'avons pas cru nécessaire de relever les quelques mots javanais accidentellement cités.

اب *pers.* voyez Julep.

ابار voy. Alchimie, 17.

ابليس voy. Eblis.

ابن voy. Béni.

ابن رشد voy. Carambolier.

ابن سينا voy. Avicenne.

ابو voy. Aboumras.

ابو طاقة voy. Patard.

ابو كلب voy. Patard.

ابيشم voy. Biasse.

ابيض voy. Abit.

اثلة voy. Atlé.

اثمد voy. Antimoine, Bismuth, et Alchimie, 12.

اجار *pers.* voy. Achars.

اخر النهر voy. Achernar.

اذن voy. Muezzin.

ارادة voy. Iradé.

ارتجت *pers.* voy. Artichaut.

ارجان voy. Argan.

ارجل voy. Arzel.

اردب voy. Ardeb.

اردشوكة voy. Artichaut.

ارز voy. Raze.

ارسلان *turc,* voy. Patard.

ارضى شوكى voy. Artichaut.

اركلى voy. Argali.

آزاد درخت *pers.* voy. Azédarac.

آزرگون *pers.* voy. Jargon.

ازملة voy. Smala.

اسپناخ *pers.* voy. Épinard.

اسد voy. Alchimie, 26; Astronomie, 24, et Nébulasit.

اسرب voy. Alchimie, 7.

اسريقون voy. Jargon.

اسفاناج voy. Épinard.

اسفناج voy. Épinard.

اسكاف voy. Escarpin.

اسكوف voy. Escarpin.

اسلام voy. Islam.

اشرف voy. Aigrefin.

اشنة voy. Usnée.

اصغر voy. Astronomie, 25.

اصم voy. Zain.

اعيان voy. Ayan.

اغا *turc,* voy. Aga.

افندى *turc,* voy. Efendi.

افيون voy. Affion.

اقى *mal.* voy. Coulilaban.

اكبرى voy. Aigrefin.

اكسير voy. Élixir.

اكليل voy. Astronomie, 1.

أكوغ mal. voy. Gong.

الله voy. Allah.

اتم voy. Bey.

امام voy. Imam.

امان voy. Aman.

امطار voy. Matras.

املج voy. Emblic.

آمله pers. voy. Emblic.

אמן voy. Amen.

امير voy. Amiral, Émir.

امير المومنين voy. Miramolin.

امين voy. Amen.

انبيق voy. Alambic.

انف voy. Enif.

آنك voy. Alchimie, 15.

אנך voy. Alchimie, 15.

انگبين pers. voy. Téréniabin.

انگشت pers. voy. Saragousti.

اوازى pers. voy. Avanie.

اوانى pers. voy. Avanie.

اوبوطيلون voy. Abutilon.

اوج voy. Auge.

اوده turc, voy. Odalisque.

اودەلق turc, voy. Odalisque.

اوردو turc, voy. Urdu, Horde.

اورغ هوتن mal. voyez Orang-ou-tan.

اوغلان turc, voy. Icoglan, Azamo-glan.

اوقش mal. voy. Upas.

اوقه turc, voy. Ocque.

اولاد voy. Béni.

ايالة voy. Eyalet.

بچ اوغلان voy. Icoglan.

ايبر mal. voy. Ayer.

ائمام voy. Imam.

بابوش voy. Babouche.

باى روس mal. voy. Babiroussa.

بائغ mal. voy. Durion.

بادام pers. voy. Badamier.

باداورد voy. Bédégard.

بادزهر voy. Bézoard.

بادلجان pers. voy. Aubergine.

بادنجان voy. Aubergine.

بادنكان pers. voy. Aubergine.

بادورد voy. Bédégard.

باديان pers. voy. Badiane.

باذاورد voy. Bédégard.

بازار voy. Bazar.

بازهر voy. Bézoard.

باطاقة voy. Patard.

بالنجى turc, voy. Baltadji.

باى روغ mal. voy. Baléron.

بان voy. Ben.

باوغ mal. voy. Bavang, Culilaban.

ببغا voy. Papegai.

ببغان voy. Papegai.

بتكده pers. voy. Pagode.

بجاية voy. Bougie.

بخشيش pers. voy. Bakchich.

بخور voy. Alboucor.

بدوى voy. Bédouin.

برات turc, voy. Barat.

برادة voy. Alcarraza.

بزان voy. Bran.

برج voy. Barbacane.

بربط voy. Berbeth.

بردة voy. Bordat.

بردعة voy. Barde.

بردك voy. Alcarraza.

بردى voy. Alvarde.

بوص voy. Albara.

برقوق voy. Abricot.

بتكان voy. Bouracan.

تبوراك *pers.* voy. Tambour.

تبير *pers.* voy. Tambour.

تتار *pers.* voy. Turc.

ترنج *pers.* voy. Téréniabin.

توربد voy. Turbith.

ترتير voy. Tartre.

תרגם voy. Drogman.

ترجمان voy. Drogman.

ترخون *pers.* voy. Estragon.

ترسانة voy. Arsenal.

ترسخانة voy. Arsenal.

ترك *pers.* voy. Turc.

تركش *pers.* voy. Carquois.

تركمان *pers.* voy. Turc.

ترنجبين voy. Téréniabin.

ترنگبين voy. Téréniabin.

تريفغ *mal.* voy. Trépang.

تست *pers.* voy. Tasse.

تعريف voy. Tarif.

تفتة *pers.* voy. Taffetas.

תלמוד voy. Talmud.

تمباك *mal.* voy. Tombac.

تمرهندى voy. Tamarin.

تنباك voy. Tombac.

تنظيمت voy. Tanzimat.

تنكار voy. Tincal.

تنكال voy. Tincal.

تنكار *pers.* voy. Tincal.

תנור, تنور voy. Athanor, Tandour.

تنين voy. Astronomie, 23.

توتيا voy. Tutie.

توتياناك *pers.* voy. Toutenague.

توغ *turc,* voy. Toug.

تومان voy. Toman.

تير voy. Carquois.

تيمار voy. Zaïm.

توبج voy. Girbe.

ثعبان voy. Thuban.

ثعلب voy. Salep.

ثور voy. Astronomie, 19.

جائ voy. Astronomie, 27.

جانب voy. Algenib.

جاوى voy. Benjoin.

جبار voy. Gibbar et Astron. 4.

جبة voy. Jupe.

جبر voy. Algèbre.

جبلى voy. Javaris.

جدوار voy. Zédoaire.

جدى voy. Astronomie, 5.

جربوع voy. Gerboise.

جرة voy. Jarre.

جرذ voy. Jarde.

جريد voy. Djérid.

جزم voyez Astron. 21. Au lieu de جزم Coupure, il faut lire جسم *djesm*, Corps.

جلاب voy. Julep.

جلجلان voy. Zinzolin.

גלגלתא voy. Golgotha.

جادى voy. Gemmadi.

جاع voy. Amalgame.

جبلن *mal.* voy. Jambose.

جبو *mal.* voy. Jambose.

גמרה voy. Gémara.

جعة voy. Amalgame.

جن voy. Djinn.

جنجلان voy. Gengéli.

جنون voy. Astronomie, 30.

جوزاء voy. Bételgeuse. Astron. 18.

جوكان voy. Chicane.

جونة voy. Dame-jeanne.

جيار voy. Alchimie, 14.

גי-הנם voy. Géhenne.

جبر voy. Alchimie, 14.

دار صناعة voy. Arsenal.

داى voy. Dey.

داى *turc*, voy. Dey.

دبران voy. Aldébaran.

دجاجة voy. Astronomie, 2.

در *pers.* voy. Sadder.

درا voy. Doura.

درانج voy. Doronic.

درة voy. Doura.

درخت *pers.* voy. Azédarac.

درد voy. Tartre.

دردى voy. Tartre.

درس voy. Medreça.

درقة voy. Targe.

درنج voy. Doronic.

درونج voy. Doronic.

درهم voy. Dirhem.

درين *mal.* voy. Durion.

دجانة voy. Dame-jeanne.

دمشق voy. Damas.

دوار voy. Douar.

دورى *mal.* voy. Durion.

دوغ voy. Alchimie, 4.

دولامان *turc*, voy. Dolman.

دوم voy. Doum.

دوبغ *mal.* voy. Dugong.

دينار voy. Dinar.

ديوان voy. Divan, Douane.

ديوانى voy. Divani.

ذرة voy. Doura.

ذنب voy. Denab et Nébulasit.

ذهب voy. Alchimie, 37.

ذو الحجة voy. Zilcadé.

ذو الفقار voy. Zufagar.

ذو القعدة voy. Zilcadé.

ذيب voy. Avives.

ذيبة voy. Avives.

راحة voy. Raquette.

راس voy. Réis, et Astronomie, 23, 27 et 28.

راقوت voy. Racahout.

رامح voy. Azimech.

رب voy. Rob.

رباب voy. Rebec, Ripopée.

ربع voy. Arrobe.

ربوب voy. Ripopée.

רבּי voy. Rabbin.

ربيع voy. Rébi.

رجابل voy. Mahari.

رجب voy. Redjeb.

رجل voy. Arzel, Rigel.

رخ voy. Rock, Roquer.

ردف voy. Astronomie, 14.

رديف voy. Rédif.

رز voy. Mortaise.

رزاز voy. Alchimie, 25.

رزة voy. Gâche.

رزق voy. Risque.

رزمة voy. Rame.

رسغ voy. Raquette.

رشته *pers.* voy. Riste.

رصاص voy. Alchimie, 25.

رصيف voy. Récif.

رطل voy. Arratel.

رعية voy. Raïa.

רק voy. Raca.

رقم voy. Récamer.

ركبة voy. Astronomie, 13.

رماد voy. Alchimie, 21.

رمان voy. Romaine.

رمانة voy. Romaine.

رمبت *mal.* voy. Ramboutan.

رمبوتى *mal.* voy. Ramboutan.

رمضان voy. Ramadan.

رى voy. Tare.

سوعسكر voy. Sérasquier.

שרפים voy. Séraphin.

سرمه voy. Alcool, note 2.

سرنا *pers.* voy. Zurna.

سرناپا *pers.* voy. Girafe.

سروز *mal.* voy. Zurna.

سريقون voy. Jargon.

שטן voy. Satan.

سفسار voy. Censal.

سفوى voy. Sophi.

سفين voy. Saphène.

سغ *mal.* voy. Sapan.

سقاء voy. Alezan.

سكان voy. Escarpin.

سكب voy. Alchimie, 2.

سكة voy. Sequin.

سكر voy. Sucre.

سلام voy. Sélan.

سلام عليك voy. Salamalec.

سلب voy. Solive.

سلطان voy. Sultan.

سليب voy. Solive.

سم voy. Simoun.

سماق voy. Sumac.

سماك voy. Azimech.

سبل *mal.* voy. Sébile.

سمت voy. Zénith, Azimuth.

سمسار voy. Censal.

سمفت *mal.* voy. Sumpit.

سمفيتى *mal.* voy. Sarbacane.

سموت voy. Azimuth.

سموم voy. Simoun.

سن voy. Marfil.

سنا voy. Séné.

سنبل voy. Sumbul, Schibboleth.

سنة voy. Sunnite.

سنجاق *turc*, voy. Sangiac.

سنى voy. Sunnite.

سودان voy. Sultan.

سورة voy. Sourate.

سورى *pers.* voy. Jargon.

سيامغ *mal.* voy. Siamang.

ستيد voy. Cid.

سيدى voy. Cid.

سيسبان voy. Sesban.

سيلقون voy. Jargon.

شاب voy. Alchimie, 33.

شاشية voy. Chachia.

شال *pers.* voy. Châle.

شامى voy. Astronomie, 16.

شاه *pers.* voy. Chah, Échecs.

شايقة *turc*, voy. Saïque.

شت voy. Alchimie, 33.

شتباك voy. Chébec.

שבת voy. Sabbat.

شبك voy. Chibouque.

شبكة voy. Chébec.

שבלת voy. Schibboleth.

شراب voy. Sirop.

شرب voy. Sirop.

شرق voy. Siroc.

شرقى voy. Siroc.

شرناق voy. Axirnach.

شروب voy. Sirop.

شريف voy. Chérif, Hatti-chérif.

شط voy. Chott.

شطرك voy. Cétérach.

شعبان voy. Chaban.

شعرى voy. Astronomie, 17.

شعير voy. Sucre.

شغال *pers.* voy. Chacal.

شف voy. Chiffon.

שפרות voy. Sephiroth.

شقاقل voy. Sécacul.

شكر *pers.* voy. Téréniabin, note.

عسكر voy. Cadi, Sérasquier.

עשתרת voy. Astaroth.

عشر voy. Achour.

عشور voy. Achour.

عصارة voy. Alizari.

عطارد voy. Alchimie, 23.

عفريت, عفرية voy. Afrite.

عقاب voy. Alchimie, 6.

عقراب voy. Astronomie, 24 bis.

علماء voy. Uléma.

عمارة voy. Imaret.

עמר voy. Gomor.

عل voy. Amalgame.

عناق voy. Astronomie, 3.

عنبر voy. Ambre.

عنكبوت voy. Alancabuth.

عوار voy. Avarie.

عوان voy. Avanie.

عوانية voy. Avanie.

عين voy. Ayan.

غارة voy. Algarade.

غازية voy. Razzia.

غبار voy. Alchimie, 5.

غدامس voy. Gamache.

غراب voy. Astronomie, 7.

غربال voy. Grabeler.

غربى voy. Garbin.

غرغجه pers. voy. Gourgandine.

غرف voy. Carafe.

غزال voy. Gazelle.

غزل voy. Ghazel.

غزوة voy. Razzia.

غيصا voy. Astronomie, 6.

غول voy. Algol, Goule.

غيهب voy. Grèbe.

فارس voy. Alfier.

فارس pers. voy. Parsis.

فاغرة voy. Fagarier.

فانيد voy. Alphenic.

فتوى voy. Fetva.

فرد voy. Alphard, Fardeau.

فردة voy. Farde, Fardeau.

فرس voy. Alfier, Haras, et Astro-nomie, 11.

فرسنك pers. voy. Farsange.

فرض voy. Hardes.

فرقد voy. Astronomie, 39.

فرمان voy. Firman.

فستق voy. Abricot.

فضة voy. Alchimie, 39.

فطر voy. Potiron.

فقوص voy. Cahas.

فقير voy. Faquir.

فكة voy. Astronomie, 12.

فلاح voy. Fellah.

فلس voy. Astronomie, 33.

فلقة voy. Falaque.

فلك voy. Felouque.

فلوكة voy. Felouque.

فم الحوت voy. Fomalhaut.

فندق voy. Fonde.

فنك voy. Alphanette, Fennec.

فنيقة voy. Fanèque.

فوة voy. Alizari, note.

فوتة voy. Foutah.

فوطة voy. Foutah.

فيل voy. Fou, Marfil.

فيلالي voy. Filali.

فاكر mal. voy. Fagarier.

فرج mal. voy. Gutta-percha.

فرهو mal. voy. Prao.

فتكولغ mal. voy. Pangolin.

فتقوه mal. voy. Papou.

كابلى voy. Chébule.

كابين *pers.* voy. Kabin.

كاچغ *mal.* voy. Catiang.

كاس voy. Casse.

كاسه *pers.* v. Casse.

كافر voy. Cafard.

كافور voy. Camphre.

كاڤق *mal.* voy. Capoc.

كاكنج voy. Alkékenge.

كاهربا *pers.* voy. Carabé.

كايوڤند *mal.* voy. Cajeput.

كايولاك *mal.* voy. Laque.

كبابة voy. Cubèbe.

كبريت voy. Alchimie, 45.

كبير voy. Astronomie, 26.

كپن *pers.* voy. Caban.

كتخدا voy. Alezan.

كتران *pers.* voy. Goudron.

كحل voy. Alcool.

كدى *mal.* voy. Kadelée.

كده *pers.* voy. Pagode.

כר voy. Cor.

كراز voy. Alcarraza.

كركم voy. Curcuma.

כרכם voy. Curcuma.

كركمة voy. Curcuma.

كمبل *mal.* voy. Carambolier.

كمنتغ *mal.* voy. Carmantine.

كروان *pers.* voy. Caravane.

كروانسراى *pers.* voy. Caravansérail.

כרובים voy. Chérubin.

كرويا voy. Carvi.

كريس *mal.* voy. Criss.

كسكس voy. Couscous.

كسوارى *mal.* voy. Casoar.

كشوت voy. Cuscute.

كشوثا voy. Cuscute.

كشوث voy. Cuscute.

كشوثا voy. Cuscute.

كعبة voy. Caaba.

كفار voy. Cafard.

ككار *mal.* voy. Catiang.

ككتو *mal.* voy. Cacatoès.

كلاددى *mal.* voy. Caladion.

كلاق *mal.* voy. Calapite.

كلب voy. Patard, et Astron. 25.

كلمبق *mal.* voy. Calambac.

كعخا voy. Camocan.

كنارى *mal.* voy. Canari.

كناغ *mal.* voy. Canang.

كنچيل *mal.* voy. Kanchil.

כנור voy. Cinnor.

كور ٢ *mal.* voy. Caraque.

כוס voy. Casse.

كوس *pers.* voy. Cos.

كوشك *turc*, voy. Kiosque.

כושי voy. Couschite.

كوفة voy. Coufique.

كولت لاوغ *mal.* voy. Culilaban.

كهربا voy. Carabé.

كهوة voy. Café.

كيم *mal.* voy. Kima.

كيمك *mal.* voy. Camocan.

كيميا voy. Alchimie.

گارو *mal.* voy. Calambac.

گبر *pers.* voy. Giaour, Guèbre.

گته *mal.* voy. Gutte (Gomme-).

گته فرچ *mal.* voy. Gutta-percha.

گرامه *mal.* voy. Gourame.

گرامى *mal.* voy. Gourame.

گره *mal.* voy. Goura.

گز *pers.* voy. Téréniabin.

گل *pers.* voy. Julep.

گلاب *pers.* voy. Julep.

كمبير *mal.* voy. Gambir.

مرده سنك *pers.* voy. Alchimie, 41.

مرزم voy. Astronomie, 10.

مرقشيثا voy. Marcassite.

مرقشيشه voy. Marcassite.

مرقشيطا voy. Marcassite.

مركب voy. Markab.

مرنج voy. Moringe.

مرنج voy. Moringe.

مرى voy. Astronomie, 36.

مزربة voy. Madrague.

مستعرب voy. Mosarabe.

مسجد voy. Mosquée.

محخرة voy. Mascarade.

مسط voy. Mistique.

مسك voy. Musc.

مسكين voy. Mesquin.

مسلم voy. Musulman.

مسلم voy. Mousselin.

מסורה voy. Massore.

משנה voy. Mischna.

مصل voy. Alchimie, 42.

مصلق voy. Bangue.

مطرة voy. Matras.

مطرح voy. Matelas.

مطرقة voy. Matraca.

مطمورة voy. Matamore.

معدية voy. Almadie.

معزرون voy. Mézéréon.

مغرب voy. Garbin.

مغرة voy. Almagra.

مغكا *mal.* voy. Mangue.

متغكست *mal.* voy. Mangoustan.

متغكى ٢ *mal.* voy. Manglier.

متغكى *mal.* voy. Mangoustan.

متغكيستى *mal.* voy. Mangoustan.

مفتى voy. Mufti.

مقابر voy. Macabre.

مقام voy. Caïmacan.

مقنطرات voy. Almicantarat.

مكارى voy. Moucre.

ملاك *mal.* voy. Emblic.

ملح voy. Alchimie, 40.

מלך voy. Melchite, Moloch.

ملوخيا voy. Mélochie.

ملوخية voy. Mélochie.

ملوكية voy. Mélochie.

همبو *mal.* voy. Bambou.

منا voy. Almène.

منارة voy. Minaret.

منقالجت *turc,* voy. Mangal.

مؤازى voy. Moise.

موبد *pers.* voy. Mobed.

مؤذن voy. Muezzin.

مورى voy. Astronomie, 36.

موزة, موز voy. Musacées.

موسم voy. Mousson.

موصلى voy. Mousseline.

مولد voy. Mulâtre.

مولى voy. Mollah.

موم voy. Momie.

مؤمنين voy. Miramolin.

موميا voy. Momie.

مومية voy. Momie.

مهارى voy. Mahari.

مهر voy. Mahari.

مهند voy. Olinde.

ميرزا *pers.* voy. Mirza.

ميل *pers.* voy. Mils.

ميمون voy. Maimon.

مينا *mal.* voy. Mainate.

ناب الغيل voy. Marfil.

ناجد voy. Astronomie, 10.

نار voy. Minaret.

ناركيل voy. Narghileh.

ناعورة voy. Noria.

APPENDICE.

Arsenal. Parmi les exemples d'expressions arabes où un mot est précédé de l'article, bien que suivi de son complément, on peut citer الربع دايرة *ar-roub' daïra*, quadrant, quart de cercle. Voyez Abou'l-Wéfa, *Almageste*, fol. 11 v°. (Man. n° 1138, ancien fonds arabe de la Bibliothèque nationale.)

Astronomie. Dans l'explication du mot *cazimi*, au lieu de جزم *djezm*, coupure, il faut lire جسم *djesm*, corps, mot constamment employé par les astronomes en parlant des astres doués d'un diamètre apparent. جزم est une fausse lecture pour جرم *djirm*, qui se dit, en effet, des corps célestes.

Sicle. Poids et monnaie chez les Hébreux. Ce mot, qui nous est venu par le latin de la Bible, *siclus*, est l'hébreu שֶׁקֶל *cheqel*, qui se rattache à la racine *chaqal*, peser, en arabe ثقل *thaqal*. (Voyez au mot Mescal, p. 233.)

TABLE DES MATIÈRES.